청년정치혁명시리즈 2

MZ세대라는
거짓말

MZ세대라는
거짓말

초판 1쇄 인쇄 ㅣ 2021년 12월 25일
초판 1쇄 발행 ㅣ 2022년 01월 05일

지은이 ㅣ 박민영
기 획 ㅣ 문병길
펴낸이 ㅣ 최화숙
편집인 ㅣ 이정기
펴낸곳 ㅣ 미래세대

등록번호 ㅣ 제1994-000059호
출판등록 ㅣ 1994. 06. 09

주소 ㅣ 서울시 성미산로2길 33(서교동) 202호
전화 ㅣ 02)335-7353~4
팩스 ㅣ 02)325-4305
이메일 ㅣ pub95@hanmail.net ㅣ pub95@naver.com

ⓒ 2022 박민영 문병길
ISBN 979-89-5775-288-3 03330
값 16,000원

청년정치혁명시리즈 2

MZ세대라는 거짓말

박민영 지음 | 문병길 기획

미2H세대

대한민국의 미래를
미래세대인 청년들이 그리게 하라

먼저 '청년혁명시리즈'가 제1권 〈20대 남자, 그들이 몰려온다〉 출간과 함께 사회적 반향을 일으키며 성공적 출발을 한 것을 축하합니다.

청년, 2030, MZ세대 등 젊은 세대에 대한 논의가 뜨겁습니다. 대선 정국과 맞물려 정치권에서 불어온 이러한 세대에 대한 관심, 그 열풍은 지난 4.7 서울시장 보궐선거에서 시작된 것으로 보입니다. 젊은 세대의 여론이 선거에 크게 작용하여 성취를 이룬 결과, 대선의 스윙보터, 키워드로 자리매김을 하였습니다.

저는 92년도 독일에서 공부를 마친 후 올해 초까지 오랜 시간 캠퍼스에서 교수로서 청년 학생들과 가까이 있으면서 호흡해 왔습니다. 청년이라는 글자는 같아도 시대적 변천과 경제적 환경요인에 따라 청년들의 집단적 사고 의식은 변화하여 왔습니다. 알다시피 청년 의식은 독재 권력에 저항하여 민주화를 이루어 내었으며 공정과 평등이라는 시민의식을 주도해 왔습니다. 말하자면 청년들은 안티테제로서 이 시대의 과제를 주도하고 질문을 던져 왔던 것입니다.

오늘의 대한민국 청년들은 어떻습니까? '3포세대'가 삶을 포기한다는 '삶포세대'로까지 갔다는 자조의 목소리가 들립니다. 아프니까

청춘이다라는 말로 위안삼기에는 현실은 엄혹합니다. 저는 대한민국의 미래를 책임질 젊은 층에게 기성세대로서, 학자로서, 도의적 죄책감과 무한 책임을 느낍니다.

내가 만난 이 책은 단순히 한 청년의 절규에 그치지 않습니다. 2030세대의 관점에서 그 문제를 진단하고 정책적 대안까지 제시하는 박민영 저자의 통찰력은 저에게 다시 한 번 큰 울림으로 다가왔습니다. 대선관계자는 물론이고 2030 세대의 시대적 고민에 관심 있는 우리 모두에게 이 책은 현상에 대한 본질적 이해의 틀을 제시하고 있습니다. 그들을 모르고 그들을 단편적으로 논해서는 미래를 가늠할 수 없지 않겠습니까?

바야흐로 대전환의 시대입니다. 대한민국의 미래가 달려 있습니다. 미래 젊은이들은 벌써 그들이 살아나갈 포스트 코로나 시대를 준비하고 있습니다. 기존과 완전히 다른 뉴노멀이 새로운 표준으로 다시 태어날 것을 기대합니다. 이 책은 그래서 청년에겐 깊은 공감을, 기성세대에겐 MZ세대를 이해하고 지지하는 기본 지침서가 될 것입니다.

우리가 나아가야 할 혁신의 실마리를 청년세대에게 물어보아야 합니다. 지금 우리가 누리고 있는 현재는 어쩌면 미래세대의 현재를 잠시 빌려서 살고 있는 것이기에 그러합니다. 이제 새로운 대한민국의 미래를 위해 지금 오늘의 대한민국 청년을 응원합니다.

황준성

〈원코리아 혁신포럼〉 공동대표 (전 숭실대 총장)

'요즘 것들' 위키피디아

"요즘 엠지(MZ)세대는 이런 거 어떻게 생각하니?"

필자가 'MZ세대'라는 단어를 처음 접한 순간이었다. 당연히 필자는 "MZ세대가 무어냐?"고 되물었고. 질문한 교수님께선 "요새 젊은 애들을 그렇게 불러"라며 머쓱해하셨다.

그 일이 있고 난 뒤 반년이라는 시간이 흘렀다. 이제 더 많은 어른들이 MZ세대라는 말을 사용한다. 그러나 필자는 아직도 MZ세대가 뭔지 모르겠다. 또래 친구들도 마찬가지다. "엠지(MZ)세대라는 말 들어봤냐?"고 물으면 열에 다섯은 "금시초문"이라는 반응이 돌아온다. 들어봤다는 친구들조차 "뉴스에서 봤다. 2030세대 말하는 것 아니냐"는 식의 모호한 반응을 보일 뿐이었다. 심지어 MZ라는 단어를 주로 사용하는 어른들조차, 지칭하는 대상과 떠올리는 이미지는 각양각색이다. '그냥 나보다 어리면 다 MZ세대'라고 생각하는 게 아닐까 싶을 정도다.

MZ세대라는 단어가 이처럼 모호하게 다가오는 이유는 무엇일까? 일단 연령대가 너무 넓기 때문이다. 중·고등학생부터 40대 초반까지 모두 MZ세대에 포함된다. 20대 초중반에 아이를 낳은 40대를 가정하면, 중·고등학생이 된 자식과 같은 MZ세대로 분류되고 있다는 의미다. 연령대 자체를 폭넓게 묶다 보니, 규정되는 특성까지 지나치게 다양하고 포괄적이다. 가성비와 가심비, 감성과 개성, 경험과 공감, 공유경제와 구독경제, 복고와 메타버스, 젠더와 환경. 나열하자면 끝도 없다.

같은 연령대조차 공유하는 특성이 천차만별인데, 한 세대(30년)에 달하는 세월을 한데 묶고 각자의 특성을 단순 취합하는 방식으로 세대를 규정하고 있다는 것이다. 비유하자면 '닭의 머리' '돼지의 몸통' '용의 꼬리' '호랑이의 다리'를 짬뽕한 해괴한 생명체를 가리키며 "이게 바로 MZ세대야!"라고 주장하는 꼴이다. 그러니 닭도, 돼지도, 용도, 호랑이도 공감하지 못하는 게 당연하다. 오직 그 동물들에 대해 잘 모르는, 관찰자 시점의 기성세대 어른들만이 "그런 동물도 존재할 수가 있군!"이라며 영혼 없는 동의를 표할 뿐이다.

이처럼 당사자들에게도 낯선 MZ세대라는 말은 어쩌다 학계의 정설처럼 받아들여지게 됐을까? '수요자'가 아닌 '공급자' 중심의 개념이기 때문이다. 더 정확히는 MZ세대 당사자가 아닌 시장의 마케터들이나 정치고관심층 등 MZ세대의 마음을 사로잡아야 하는 사람들을 겨냥한 말이기 때문이다. 그래서 별다른 문제의식 없이 통용되며, 그들에게 편리한 방식으로 확장되어온 것이다.

그러나 당사자성이 배제된 개념은 한계에 봉착할 수밖에 없다. 특히 정치권에서 'MZ세대'를 앞세운 전략들은 모조리 실패로 끝났다. 윤석열 후보의 '민지(MZ)야 부탁해'가 대표적이다. 청년세대의 목소리를 듣겠다는 취지는 좋았으나 청년들의 가려운 부분을 전혀 긁어주지 못했고, 그 결과 윤 후보의 20대 지지율은 경선이 끝나는 시점까지 2~5%에 머물렀다.

정치에도 '창조적 파괴'가 필요하다. 구시대의 잔재를 허물어야만 새로운 가치를 받아들일 수 있기 때문이다. 필자가 가장 먼저 해체하고 싶은 게 바로 MZ세대다. 일단 M과 Z부터 분명히 구분해야 한다. 학생들이 중심이 되는 Z세대와 취업 준비생부터 과장급 사회인까지 포괄하는 M세대는 관심사부터 정서까지, 같은 부분을 찾기가 더 어려울 정도로 다르기 때문이다. 한편 페미니즘·PC 등 '정체성 정치'가 뿌리 깊게 자리한 현재는 성별로도 완전히 다른 정치적 성향이 나타난다.

필자가 〈20대 남자, 그들이 몰려온다〉(박민영, 아마존북스)에서 '이대남'과 '이대녀'라는, 상대적으로 협의의 개념을 사용한 이유 또한 그 때문이다. 이런 시도가 복잡하고 짜증스럽게 느껴질 수 있다. 그러나 그 어떤 세대보다도 개성이 뚜렷하고 개인주의 성향이 강한 새로운 세대의 마음을 사려고 하면서, 과거 '586세대'나 'X세대'보다도 쉽고 단순한 개념으로 접근하려는 발상부터가 난센스다. 그 사실을 받아들이는 게 먼저다. 핵심은 교집합을 찾되 M과 Z, 남성과 여성을 나누는 하나의 절차를 추가하는 것이다.

◆ 1,500만 청년(2030세대) 유권자의 마음을 얻는 법

이를테면 MZ세대는 주로 SNS와 커뮤니티를 통해 정보를 얻는다. 기성세대 어른들이 언론 등 전통미디어에 의존하는 것과는 대조적이다. 또한, 커뮤니티는 자체 공론화 기능이 뛰어나 무수한 '바이럴'이 일어나곤 한다. 홍준표 후보의 2030세대 지지율을 단숨에 끌어올린 '무야홍' 바람 역시 커뮤니티의 공이었다.

그러나 커뮤니티 문화를 이해하는 것에서 끝나면 안 된다. M과 Z, 남성과 여성이 각기 속해있는 커뮤니티, 소위 '서식지'가 다르기 때문이다. 커뮤니티 문화가 MZ세대의 교집합이라고 한다면, 그 안에서의 차이를 발견하기 위해서는 이 서식지를 구분하는 절차가 필요하다는 의미다. 이처럼 각자의 서식지가 달라지는 이유는, 당연하게도 연령대별·성별 관심사와 취향 및 성향 등이 천차만별이기 때문이다.

커뮤니티마다 가입 절차와 활동 양식 등 규칙도 상이하다. '남초(남성 중심의)' 커뮤니티는 개방성을, '여초(여성 중심의)' 커뮤니티는 폐쇄성을 특징으로 한다. 익명 활동이 중심이 되는 '디시인사이드'에 남성들이, 엄격한 가입 절차를 요구하는 '다음 카페'에 여성들이 많은 현상도 마찬가지 이유로 이해할 수 있다. 따라서 이대남의 마음을 얻으려면 이대남이 중심이 되는 커뮤니티를, 이대녀의 마음을 얻으려면 이대녀가 중심이 되는 커뮤니티를 각각 파악해 전략을 수립해야한다.

행사를 기획할 때도 똑같다. 'MZ세대를 위한' 행사라고 하면 당최 누구를 위한다는 것인지 알 길이 없다. 대학생이면 대학생, 취준생이면 취준생, 게이머면 게이머, 신혼부부면 신혼부부. 층층이 관심사가 나뉘며 심지어 그 안에서도 수도권 대학생과 지방 대학생, 공시생과 창준생, RPG게이머와 FPS게이머 등 세분화된 관심사가 존재하기 때문이다. 두 마리 토끼를 잡으려다 두 마리 토끼를 모두 놓치기 십상이다. 하물며 동시에 수십 마리를 잡으려고 하니 성공할 리 만무하다. 그런 허무맹랑한 도전은 안 하느니만 못하다. 조금 더 품을 들이는 한이 있더라도, 하나씩 집토끼로 만들어가려는 노력이 필요한 이유다.

그러려면 먼저 청년을 '공부'해야 한다. '청년을 잘 모른다'라는 사실을 인정하는 게 시작이라는 것이다. MZ세대라는 개념을 앞세운 '민지(MZ)야 부탁해' 등의 기획은 마치 "내 자식에 대해 다 안다"라고 착각하는 부모를 보는 듯한 거부감을 선사할 뿐이다. 일단 청년들을 모아놓고 떠들다 보면 뭐라도 나올 거라는 생각이 곧, "오늘부터 30분간 대화하자"며 윽박지르는 꼰대 아버지를 연상시킬 뿐이라는 말이다. 따라서 성공적인 청년정책 수립을 위해선 MZ세대라는 획일화된 개념을 벗어던지고, 청년 개개인을 더 유심히 들여다봐야 한다.

이를테면, 청년세대가 민감하게 반응하는 이슈는 정치보다는 사회 이슈다. 사회 이슈가 훨씬 직관적이기 때문이다. 쉬운 예로 '화천대유 사태'와 '20개월령 여자 영아 강간치사' 사건을 놓고 봤을 때, 전자는 실체적 진실을 파악하기 위한 이해의 과정이 수반되어야 하지만, 후자는 선악의 구도가 간결하고도 명확하다. 더구나 범죄는 내 안전과도 직결되는 사안이다. 안 그래도 정치 효능감이 낮은 청년세대가 범죄 등 사회 이슈에 더 큰 관심을 갖는 건 지극히 당연한 현상이라는 의미다.

그러나 정치고관심층에 해당할수록 이런 자연스러운 차이를 도외시하기 쉽다. 홍준표 후보가 "이런 사람은 사형시켜야 한다"는 단순한 메시지 한 줄로 청년세대에 엄청난 반향을 일으킬 수 있었던 이유도, 다른 정치인들은 도외시하는 '블루오션'을 잘 공략했던 덕이었다.

이때 중요한 건 메시지의 옳고 그름이 아니다. 진짜 사형을 집행하고 말고를 떠나, 청년세대가 관심을 갖는 이슈에 '카타르시스'를 선사했다는 그 자체로 사회적 응보감정이 정화되는 효과가 존재하기 때문이다. 자식이 부모에게 응석을 부리는 이유는, 어떤 행동을 기대해서라기보다는 관심을 달라는 사인이다. 정치인들도 그처럼 자식을 대하는 부모의 입장에서 생각하고 접근하는 게 중요하다.

정책도 마찬가지다. 청년세대의 관심사에 소구하지 않으면서, 청년세대의 지지를 기대하는 것만큼 아이러니한 상황이 또 있을까. 청년세대의 지지를 받는 후보들을 보면 지속적으로 일자리 · 공정 · 젠더 등 청년세대의 관심도가 높은 분야에 메시지나 정책들을 내놓는다는 공통점이 발견된다. 특히 복잡한 메커니즘이 작동하는 일자리와 달리, '사법고시 부활'이나 '할당제 폐지' 등 공정·젠더 이슈는 대통령의 의지만 있으면 즉각적인 변화가 이루어질 수 있기에 반향이 클 수밖에 없다.

그러나 무작정 이슈를 던지는 게 능사는 아니다. 그만큼 구도가 명확하고 첨예한 이슈이기 때문이다. 그중에서도 젠더 이슈는 깊게 건드리게 되면 반대편을 완전히 적으로 돌릴 수 있다는 점에서 제대로 된 이해를 바탕으로 한 신중한 접근이 중요하다. 페미니즘을 어수룩하게 받아들인 대가로 이대남과 이대녀 모두에게 버려진 문재인정부를 반면교사로 삼아야 한다.

어쨌건 중요한 건 관심과 공부다. 민감한 이슈라고 해서 회피하게 되면, 양쪽 모두에게 버림받을 수도 있다. 필자가 비판받을 걸 각오하고 〈20대 남자, 그들이 몰려온다〉를 세상에 내놓은 이유도 그 때문이다.

〈20대 남자, 그들이 몰려온다〉가 2030세대의 서사를 설명하기 위한 '총론'이었다면, 〈MZ세대라는 거짓말〉은 그들의 마음을 어떻게 사로잡을 것인지에 대한 답을 내놓은 '각론'이다. 따라서 이 책의 키워드를 꼽자면 MZ세대·2022대선·청년·정치·관심·공부·정책이다.

'제1부'에서는 MZ세대라는 거짓말을 전격 해체하는 걸 시작으로, 지난 국민의힘 대선 경선에서 홍준표 후보의 약진 비결을 파헤치고 '캐스팅 보터'이자 '스윙 보터'가 된 청년들의 마음을 사로잡기 위한 구체적인 방법론을 제시할 생각이다.

다음으로 '제2부'에서는 청년들이 주로 관심을 가지는 정치·일자리·저출산·공정·젠더 등의 이슈에 대한 필자의 생각과 대안을 밝혀볼 것이다. 물론 필자가 청년세대 전체의 대표는 아니다. 따라서 청년세대 전반의 정서와 '경향성'을 반영하기 위한 여론조사 등의 증거를 제시하고, 찬반이 나뉘는 주제에 대해선 찬반의 입장을 골고루 제시하는 형태로 글을 전개해나갈 것이다. 생각이 달라도 좋다. 오히려 생각이 달라야 좋다. 그래야 정반합의 과정을 거쳐 더 좋은 결론에 도달할 수 있기 때문이다. 이번에도 치열하게 토론해볼 것이다. 청년들을 위한, 더 나은 미래를 위해서.

차 례

Part 1
2022년 대선과 2030세대

Part

1

2022년 대선과 2030세대

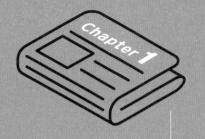

MZ세대,
그들은 누구인가?

01

MZ세대라는 거짓말

사방이 'MZ 천국'이다.

출근길 훑어보는 포털기사에도, 점심시간 짬짬이 들여다보는 SNS 메시지에도, 스치듯 눈에 들어오는 길거리 잡지 문구에도, 심지어는 퇴근길 라디오나 뉴스에서도 온통 MZ세대를 이야기한다. 실제 데이터도 일치했다. '썸 트렌드' 빅데이터 분석 결과, 2021년 대한민국은 MZ세대라는 단어를 엄청난 빈도로 소비하고 있었다. 10월 기준으로 하루 언급량만 3만여 건에 달하며, 매일 900여 개의 MZ세대 관련기사들이 쏟아져 나왔다. 분야도 정치·경제·사회·문화 등 가지각색이었다. 우리 사회가, 일편 과하다는 생각이 들 정도로, MZ세대에 주목하고 있다는 것이다.

필자는 서른을 앞둔 20대 남성이다. 기성세대 어른들의 분류에 따르면 MZ세대에 속한다. 그런 MZ세대 당사자임에도 불구하고

MZ세대라는 단어를 접하면 관심을 받고 있다는 고마운 마음이 들기보다는, 어쩐지 나도 모르는 새 나도 모르는 내 이야기가 공공연히 떠돌아다니는 듯한 꺼림칙함과 위화감이 엄습한다. 그들이 지칭하는 MZ세대의 특징들을 보며 "내 이야기 같다"라는 공감대가 생기기보다는 "내가 그런 사람이었어? 진짜?"라는 의구심만 들기 때문이다. 이 또한 필자만의 생각은 아닌 것 같다. 실제 많은 청년이 MZ라는 단어에 동의하지 않거나, 심지어는 그 같은 기준으로 자신을 정의하는 행위 자체를 불쾌하게 생각하는 걸 보면 말이다. 실제 MZ세대 관련기사들을 보면 "아무 데나 MZ세대 갖다 붙이지 마라"라는 등 MZ세대라는 정의 자체를 불편해하는 댓글들을 심심찮게 발견할 수 있었다.

어째서 이런 괴리가 생기는 걸까. 필자가 생각하는 이유는 두 가지다. 첫째, MZ세대라는 구분 자체가 지나치게 넓은 연령대를 너무 많은 특징으로 포괄하고 있기 때문이다. MZ세대는 때로는 '순수한 이상주의자'로, 때로는 '자기 이익에는 얄미울 만큼 현실적인 개인주의자'로, 때로는 '자기 모습이 남들에게 어떻게 보일지 신경을 곤두세우는 집단주의적 감수성의 소유자'로 묘사된다. 그들이 생각하는 MZ세대란 이상적이면서 현실적이고, 개인주의적이면서 집단주의적인, 23개의 자아를 가진 다중인격의 소유자라는 것이다. 20년이 넘는 시간을 한데 아우르려다 보니 발생한, 무리한 정의의 결과다.

둘째, MZ세대라는 말이 지나치게 남용되고 있다. 얼추 청년세대와 관련된 사안이면 예외 없이 'MZ세대'라는 단어를 포함시켜 소위

'어그로[1]'를 끄는 식이다. 이를테면, 2021년 9월 2일 조선일보에서 보도된 〈MZ세대 병사 등쌀에… 軍 "대대장 잘 보살펴라"〉 기사의 본문을 보면, 제목이 무색하게 'MZ세대'에 대한 언급은 단 한 차례밖에 등장하지 않는다. 애초에 'MZ세대 병사'라는 정의부터가 부적절하다. 통상 21~22세에 입대하는 병사의 나이는 100에 99가 20대인데, 40대 초반까지 포괄하는 MZ세대라는 개념을 굳이 끌어올 필요가 없다는 의미다.

MZ의 정의 자체를 오용하는 사례도 많다. 한 예로 2021년 11월 1일 라이센스뉴스에 보도된 〈MZ세대부터 3040고객 겨냥… 에이X알, 애슬X저 라인 '널디핏' 론칭〉이라는 기사는 제목부터가 불편하다. MZ세대가 18세부터 42세까지를 포괄하는데, 'MZ세대'를 헤드라인 첫 단어로 던져놓고 사실상 같은 의미를 가진 '3040고객'이라는 단어를 재차 사용하고 있기 때문이다. 이 외에도 'MZ세대가 열광'하고 'MZ세대가 주목'하는 현상들을 소개하며 이들의 마음을 사로잡기 위한 마케팅 방법을 제시하는데, 사실상 젊은 세대 전체를 포괄하며 전체 인구의 3분의 1을 차지하는 MZ세대의 공통분모를 찾아 마케팅 전략을 수립하는 것이 가능할지도 의문이지만, 그런 공략이 효과적일 리도 없다. 대충 '청년처럼 보이기만 하면' MZ세대로 퉁쳐버린 결과, 단어의 정의와 의미는 퇴색되고 어그로만 남은 꼴이다.

그래서, MZ세대는 거짓말이다.

---

1) 관심을 끌고 분란을 일으키기 위하여 인터넷 게시판 따위에 자극적인 내용의 글을 올리거나 악의적인 행동을 하는 일을 말한다. [국어사전]

◇ M세대 vs Z세대

창조적 파괴가 필요하다. 파괴가 과격하다면 해체라도 해야 한다. 가장 단순한 방법은 M세대와 Z세대를 분리하는 것이다. 실제로 M세대와 Z세대는 관심사부터 라이프스타일, 언어생활 등 모든 분야에 있어 현저한 차이를 나타내며, 이에 착안한 조사들이 꾸준히 이루어지고 있다. 대표적인 것이 '오픈서베이'에서 발간하는 〈Z세대 트렌드 리포트〉다. 조사 대상은 크게 4가지 집단으로 분류된다. M세대(26~35세)와 Z세대(14~25세), 남성과 여성이다. 구체적으로는 M세대 전체를 비교군으로 설정해 Z세대 남성과 여성 각각의 특성을 규명한다.

관심사부터 살펴보자. Z세대의 최고 관심사는 '앞으로의 진로와 직업(71.7%, 복수 응답)'이었다. 반면 M세대는 '재테크(79.2%)'에 가장 관심이 많았다. M세대와 Z세대 모두 외모에 관심이 많았으나 양상은 상이했다. 구체적으로 M세대의 경우 패션·헤어·성형 등 '외모관리(56.5%)'보다는 '다이어트, 운동(72.5%)'에 관심이 많았던 반면 Z세대의 경우 '다이어트, 운동(57.5%)'보다는 '외모관리(58.5%)'에 더 많은 관심을 나타냈다. 사회적 관심사 역시 비슷하면서 달랐다. Z세대 최고의 관심사는 단연 '성평등, 젠더갈등(54.1%)'이었다. M세대의 경우 '환경보호(41.6%)'에 가장 관심이 많았으며, '성평등, 젠더갈등(39.5%)'는 2순위였다.

라이프스타일도 비슷하면서 다른 양상을 보였다. 특히 결혼과 출산에 있어 Z세대는 M세대에 비해 개인주의적 성향을 나타냈다. 정확히는 "결혼을 꼭 할 필요가 없다고 생각한다"에 Z세대는 54.3%가, M세대는 51.0%가 동의했다. "아이는 꼭 낳을 필요가 없다고 생각한다"에도 Z세대는 59.2%가, M세대는 50.5%가 동의했다. 한편, '부모와의 소통' 측면에서는 Z세대가 훨씬 원활한 관계를 유지하는 것으로 나타났다. "나는 부모님과 잘 통한다고 생각한다"는 질문에 Z세대는 57.3%가 동의했지만 M세대는 오직 42.3%만이 그렇다고 답한 것이다.

기타 SNS를 활용하는 시간과 방식, 선호하는 브랜드, 정보를 접하는 매체 등에 있어서도 M세대와 Z세대는 큰 차이를 보였다. 이 조사에서 M세대의 최고령 표집은 36세로, 본래 M세대의 정의에 따른 최고령(42세)보다 좁게 책정됐다. 그런데도 이런 차이가 발생한다. 하물며 성별 인식 격차는 더 하면 더 했지, 덜하지 않다. 정치적 성향과 가치관, 주로 활동하는 커뮤니티, 정보를 소비하는 방식 모두 완벽하게 다르다. MZ세대라는 구분이 공허하게 느껴질 수밖에 없는, 그래서 보다 세분화된 접근이 필요한 이유다.

따라서 앞으로는 'MZ세대'라는 용어를 사용하지 않을 것이다. 대신 '2030세대'라는 용어를 사용할 것이다. 또한, 필요에 따라 '20대 남자'와 '20대 여자'를 구분할 것이다. 마찬가지로 '30대 남자'와 '30대 여자' 역시 구분할 것이다. 그게 청년세대를 제대로 이해하는 첫걸음이기 때문이다. 기성세대 어른들이 보기엔 복잡하고 짜증스러운 구분일지 모른다. 그러나 도리가 없다. 적당히 MZ세대로 뭉뚱그려 날로 먹을 생각이었다면, 대단한 오산이다. 그러나 걱정할 필요 없다.

모두가 같은 선상에서 출발하는 것이기 때문이다.

그리고 그럴 만한 충분한 가치가 있다. 청년은 국가의 미래이며, 장차 더 많은 청년이 정치권으로 쏟아져 나올 것이기 때문이다. 그들이 4·7 보궐선거의 이변을 주도했으며, 제1야당의 36세 당대표를 탄생시켰다. 나아가 국민의힘 경선에서는, 비록 기성세대에 패하긴 했지만, 지지율 4%의 군소후보였던 홍준표 예비후보의 지지율을 41.50%까지 끌어올렸다. 누구도 그 같은 세대교체의 바람 앞에 자유로울 수 없다. 지금까지가 미풍이었다면 앞으로는 태풍이 몰려올 것이다. 어차피 직면한 현실이라면 제대로 이해하는 게 낫지 않겠나. 광맥을 찾는 게 귀찮다며 백날 돌바닥을 파봤자 공염불에 불과하다. 반대로 광맥을 찾은 사람은 적은 힘만 들이고도 막대한 보물을 취할 수 있다. 지금부터 광맥을 탐지하러 떠날 것이다. 청년이라는 이름의 광맥을.

02

2030세대의
서식지

정치권에서 정보가 퍼지는 세 개의 경로가 있다. 첫째는 '레거시 미디어(기성 언론매체들)'다. 뉴미디어 시대, 입지가 줄어든 건 사실이나 여전히 가장 검증된 정보를 가장 빠르게 전달하는 매체가 언론이라는 사실까지 변한 건 아니다. 또한, 기성세대 어른들은 여전히 종이신문이나 포털의 언론 기사를 통해 정보를 수집한다. 따라서 정치권과 언론은 불가분의 관계에 있다. 언론이 기사를 쓸 때 가장 중시하는 건 '야마2)'다. 기사의 가장 중요한 구성 요소는 단연 '헤드라인'이기 때문이다. 아무리 좋은 정책과 메시지여도 헤드라인이 나오지 않는다면 기사화되기 어려우며, 기사

---

2) 방송 현장에서 사용되는 일본 속어로, 프로그램에서 가장 핵심이 되는 부분이나 특종 등을 뜻한다.

화되지 않는 정책과 메시지는 무가치하다. 정치인들이 무엇보다도 기사화될 만한 '워딩'을 만드는 데 총력을 기울이는 것도 그 때문이다.

둘째는 뉴미디어, 그중에서도 '유튜브'다. 현대인들이 남녀노소 무관하게 애용하는 플랫폼이 유튜브이며, 정치 역시 예외가 아니다. 심지어 유튜브는 언론의 입지까지 위협하고 있다. 실제 지난 '한강 의대생 사건' 당시 많은 국민이 "나는 유튜브만 신뢰한다"라고 강변할 정도였으니 더 부연할 필요가 없을 것이다. 옳고 그름을 떠나서 유튜브를 통해 취득되는 정보를 전적으로 신뢰하는 이들이 늘어나고 있다는 의미다. 오직 유튜브를 통해서만 정치 뉴스를 접하는 어른들도 많다. 이를테면 진성호 전 조선일보 주필이 운영하는 채널 '진성호방송'은 구독자가 150만명에 달하며, 채널을 개설한 지 5년도 채 되지 않아 전체 영상의 조회수가 20억에 육박하는 기염을 토했다. 주요 시청층은 단연 60대 이상 노년층이다.

마지막 셋째는 인터넷 클럽들 또는 인터넷 커뮤니티(이하 '커뮤니티')들이다. 이번 꼭지에서 다루고자 하는, 2030세대의 서식지가 바로 이 커뮤니티다.[3] 본래 커뮤니티는 회원들이 정보를 공유하기 위해 모인 공간이었다. 그러나 현재는 비슷한 관심사를 가진 사람들끼리 모여 정치·경제·사회 등 다양한 주제로 공감대를 나누는 공간으로 발전했다. 대표적으로 '디시인사이드'는 디지털카메라로 찍은

---

[3] 물론 대부분 커뮤니티에는 작게라도 정치 이슈를 다룰 수 있는 카테고리가 존재하며, 중장년층도 커뮤니티를 이용한다. 그러나 인터넷에 익숙한 2030세대가 지배하는 공간이 커뮤니티이며, 정치에 관심이 많은 2030세대가 가장 애용하는 공간이 커뮤니티인 것도 사실이다.

사진을 공유하는 플랫폼이었는데, 관심사에 따라 '갤러리'의 형태로 분화되면서 국내 최대 이용자 수를 자랑하는 현재에 이르렀다.

관심사에 따라 커뮤니티가 형성되는 만큼, 커뮤니티의 회원들이 갖는 성별이나 연령대 등의 특성 또한 천차만별이다. 이를테면 '에펨코리아'의 경우 주로 20대 이하, 'MLB파크'는 40대 이상 남성들이 이용하며, '여성시대'는 20대 여성, '더쿠'나 '레몬테라스'는 30대 이상 여성들이 주로 모인 커뮤니티다. 이처럼 회원들의 특성이 다양한 만큼 커뮤니티의 문화도 다양하다. '클리앙'처럼 존댓말을 사용하지 않으면 제재가 이루어지는 곳도 있는 데 반해, '디시인사이드'처럼 반말을 사용하는 게 기본값인 경우도 있다.

또한, 여성들이 중심이 되는 커뮤니티는 대체로 회원가입을 위한 절차가 엄격한데, 심하게는 주민등록증을 들고 찍은 사진을 요구하기도 한다. 남성 회원들의 가입을 차단하기 위해서다. 활동 규칙 및 관리 규정도 엄격한 편이며, 익명게시판이 활성화되었다는 점도 주된 특징 중 하나다. 관리가 엄격한 만큼 '밭갈이⁴⁾'를 당할 위협은 적지만, 반대로 다른 의견이 용인되지 않아 확증편향에 갇히게 될 우려가 크다. 실제로 여성 중심의 커뮤니티는 한 번 형성된 생각이나 입장을 잘 바꾸지 않는 경향이 있다.

---

4) 다른 성격을 가진 커뮤니티의 회원들이 일거에 다른 커뮤니티에 몰려가 해당 커뮤니티의 분위기와 성향 자체를 뒤바꿔버리는 행위를 일컫는다. 본래 친여 성향이었던 커뮤니티에 반여 성향의 회원들이 몰려와 해당 커뮤니티의 정체성 자체를 반여 성향으로 뒤바꿨을 경우 밭갈이에 성공한 것이며, 다른 말로 '테라포밍(타 행성의 환경을 지구와 같게 바꾸는 행위)'에 성공했다고 표현하기도 한다.

반대로 남성이 중심이 되는 커뮤니티는 회원가입 자체를 강제하지 않거나, 절차 자체가 간소화되어 있는 경우가 많다. 기본적으로는 '자유주의'를 표방한다는 의미다. 물론 기본적인 이용규칙은 존재하지만, 그들이 중시하는 건 규칙보다는 관습 혹은 문화에 의한 조정이다. 실제 남성이 중심이 되는 커뮤니티는 특정 회원들끼리 과한 친목을 형성한다거나, 특정 회원을 '신격화'하는 행위를 극도로 거부한다. 특정 회원들이 커뮤니티의 중심이 되면, 원하든 원하지 않든 신규 회원들에 대한 배타성이 커지며 그렇게 형성된 위화감이 커뮤니티를 고여 썩게 만들기 때문이다. 심하게는 특정 회원의 커뮤니티 내 닉네임을 언급하는 행위마저 회원들의 공통된 합의로 배척한다. 하물며 특정 커뮤니티 회원들의 마음을 사보겠다며 다른 커뮤니티에 화력지원을 요청하는 경우 대참사가 벌어질 수 있다.

실제 4·7 보궐선거 직후 김남국 더불어민주당 의원이 "20대와 소통하겠다"라며 에펨코리아를 방문한 일이 있었다. 그러나 반대 성향의 커뮤니티인 클리앙과 '딴지일보'에 화력지원을 요청했다는 사실이 밝혀지면서 뭇매만 맞고 끝났다. 대놓고 커뮤니티를 점령하러 오는 행위가 그 자체로 커뮤니티 문화에 반하기 때문이다. 커뮤니티를 제대로 이해하지 않은 채 무작정 들이대고 보는 것이 패착이 될 수밖에 없는 이유다.

◇ 커뮤니티, 왜 중요한가?

2030세대의 마음을 사로잡기 위해 커뮤니티를 이해해야 하는 이유는, 2030세대가 정보를 접하는 가장 직접적인 창구이기 때문이다. 중장년층 이상 기성세대가 언론과 유튜브에서 정치 관련 정보를 얻는다면, 2030세대는 주로 커뮤니티에서 정치 관련 정보를 취한다. 또한, 커뮤니티는 '유튜브 라이브' 등 실시간 댓글 여론을 확인할 수 있는 경우처럼 정치적 행위에 대한 가장 즉각적인 피드백이 돌아오는 곳이기도 하다. 특히 경선 토론과 같이 특정 발언에 대한 호응이나 사실관계 확인, 추가 토론 등이 가장 활발하게 이루어지는 공간 역시 커뮤니티다. 지금도 대다수 정치인에게 참모 혹은 실무자 선에서라도, 커뮤니티 모니터링이 기본이다.

물론 특정 커뮤니티 여론을 맹신해서는 안 된다. 강조하듯 서로 다른 특성, 즉 편향성을 기본으로 하는 것이 커뮤니티의 본질이기 때문이다. 다른 모든 플랫폼과 마찬가지로 좋아하는 정치인에게는 한없이 관대하며, 싫어하는 정치인에게는 한없이 적대적인 것이 커뮤니티다. 따라서 특정 커뮤니티의 여론을 얻기 위해선, 해당 커뮤니티의 성향은 물론 언어나 문화 등 다양한 측면을 이해하는 게 순서다. 실제 대선 경선 8강 토론에서 등장한 원희룡 전 제주도 지사가 보여준 "나는 '귤재앙'입니다"라는 자기소개 역시 꾸준한 모니터링의 결과였으며, 실제 해당 워딩을 사용하던 특정 커뮤니티의 긍정적인 호응을 이끌어내는 데 성공했다.

이외에도 커뮤니티의 효용은 무궁무진하다. 지난 국민의힘 대선 경선에서 홍준표 후보의 약진이 시작된 장소도 커뮤니티였다. '무야 홍'과 같은 밈(유행에 따른 2차 창작물, Meme)은 물론 직접 홍보용 포스터나 쇼츠(1분 이내의 짧은 영상, Shorts)까지 직접 제작해 배포하는 바이럴(인터넷 이용자의 자발적 마케팅)이 일어나는 건 기본이다. 유튜브나 포털기사 등에 선플(악플)·좋아요(싫어요) 테러로 여론을 선도하기도 하며, 타 커뮤니티 밭갈이, 네거티브 제보 등 각양각색의 활동을 하는 '사이버 전사'가 양성되는 곳도 커뮤니티다. 이처럼 네티즌에 의해 이루어지는 '온라인 점조직' 형태의 자발적 선거운동은 공직선거법에 위반될 소지도 없을뿐더러 비용조차 들지 않는 선거운동의 새로운 패러다임이다. 그렇게 2030세대 남성들을 중심으로 한 특정 커뮤니티들은 지지율 4%에 불과했던 군소후보의 지지율을 10배 넘게 끌어올려 여론조사 1위에 등극시켰다.

커뮤니티에 서식하는 2030세대의 정치적 영향력은 갈수록 커질 것이다. 사이버 세상은 그들이 유일하게 '갑'이 될 수 있는 세상이며, 동시에 가장 손쉽게 영향력을 행사할 수 있는 '홈그라운드'이기 때문이다. 이번 국민의힘 대선 경선에서도, 비록 당심까지 주도하지는 못해 경선에서 패배했지만, 그들이 느낀 효능감은 강력하면서도 가시적이었다. 당(캠프)에서 논평을 작성하고, 공보팀이 그 논평을 언론에 전달하고, 그렇게 기사화된 내용을 재생산하는, 기민하지 못한 선거운동의 유통기한이 다가오고 있다. 그러니 이해해야 한다. 그리고 그들의 입맛에 맞는 후보가 되어, 그들의 화력을 철저히 '이용'해야 한다.[5] 이 사이버 전사들의 활약에 대한 더 자세한 이야기는, 이어지는 두 번째 챕터에서 다룰 예정이다.

---

5) 마찬가지로 여성 중심의 커뮤니티에서도 바이럴이 일어나며, 자발적으로 선거운동에 참여하는 등 적극적인 모습이 나타난다. 이낙연 후보가 경선에서 낙선한 뒤에는 이낙연 후보의 핵심 지지층인 2030세대 여성들이 포털기사를 장악하는 진풍경이 펼쳐지기도 했다.

03

2030세대의
관심사

바야흐로 SNS 시대다.
페이스북과 트위터에는 헤아릴 수 없을 만큼 많은 메시지와 정보들
이 범람하며, 인스타그램은 '명함'으로 불릴 만큼 일상에 침투했다.
그런 SNS는 자신을 드러내는 공간이며, 남들과 일상을 나누는 공간
이다. 동시에 SNS는 정치에 큰 관심이 없는 2030세대가 사회적 이
슈를 접하는 또 하나의 뉴미디어다. 커뮤니티에서 정치담론을 논하
는 2030세대가 정치고관심층에 해당했다면, SNS를 통해 단편적인
정보를 소비하는 2030세대는 정치저관심층에 해당한다.

그리고 2030세대 대다수는 정치저관심층이다. 한국언론진흥재
단이 제공한 자료에 따르면 18~24세 청년의 57%는 뉴스를 보기 위
해 가장 먼저 '소셜미디어나 메시징앱'을 찾는다고 답했다. 다음으
로는 페이스북(28%), 트위터(12%), 인스타그램(9%) 등 SNS였다. M

세대에 가까운 25~34세 청년들 역시 마찬가지 경향성을 나타냈다. 이 자료를 바탕으로 한 '스토리오브서울'의 심층취재 결과도 흥미롭다. 청년들이 페이스북을 통해 가장 자주 접하는 언론매체는 위키트리(22%)와 인사이트(12%) 등으로, 레거시 미디어의 '조중동·한경오' 지형과는 동떨어진 양상을 보였다. 인스타그램의 경우에는 인사이트가 27%로 전체의 4분의 1을 차지했다. 레거시 미디어 중 유일하게 순위에 이름을 올린 긴 '중앙일보'뿐이었다. 따라서 정치저관심층의 지지를 이끌어내기 위해선 SNS 선거운동이 필수적이다.

더 중요한 건 그들의 관심사를 이해하는 것이다. 인사이트와 위키트리 등을 통해 그들이 접하는 뉴스는 기성세대의 그것과는 결이 다르다. 민주언론시민연합이 분석한 '인사이트 기사 주제별 분포'에 따르면 이들이 발행한 기사의 절반 이상은 기업홍보 또는 연예인 관련이었다. 범죄 등 사회 이슈도 상위권에 올랐다. 공통점은 무겁고 정치적인 주제보다는 직관적이고 흥미로운 주제에 더 많은 관심을 보인다는 것이다. 레거시 미디어의 기사를 읽을 때도 같은 양상이 나타난다. 촉법소년들이 저지른 흉악 범죄나 연예인 등 인플루언서들의 사건 사고, 일반인들의 엽기 행각 등은 기사화도 잘 되며 관심도도 높다.

실제 네이버 기사의 '연령별 많이 읽은 뉴스'에서 그 증거를 찾을 수 있다. 정치 뉴스를 주로 소비하는 건 단연 50대 이상 기성세대, 그 중에서도 특히 남성이다. 반대로 사회 뉴스를 주로 소비하는 건 2030 세대 청년들이다. 'N번방' 이슈가 한창이던 2020년 4월 17일의 현황을 살펴보자. 10대가 가장 많이 클릭한 뉴스는 온라인 개학에 대한 것이었다. 20대와 30대는 공통으로 'N번방과 공범'에 대한 뉴스에 관심을 가졌다. 상위 5개의 기사가 모두 해당 뉴스로 채워질 정도였다. 40대는 다양한 이슈에 고른 관심을 보였으며, 50대 이상은 상위권 뉴스가 모두 정치 뉴스로 점철됐다. 2030세대의 주요 관심사는 단연 사회 이슈라는 분명한 증거다.

　문화도 빼놓을 수 없다. 남성은 게임, 여성은 드라마 등 콘텐츠 관련 이슈에 관심이 많다. 일상적으로 즐기는 취미와 관련된 사안이니 당연한 이야기다. 논쟁적인 이슈가 아닌 만큼 뉴스화되거나 정치권의 개입이 작용할 여지도 적다. 그러나 예외적인 상황들도 존재한다. '셧다운제[6]'와 같은 규제가 이루어질 때다. 올 초에는 소위 '3N(NCSOFT, NEXON, Netmarble)'으로 불리는 3대 게임사가 일제히 확률형 아이템 조작 논란에 휘말리며, 소비자 보호를 위해 종래 '자율규제'로 이루어지던 확률형 아이템 관련 법안을 개정해야 한다는 목소리가 쏟아져나왔다. 이 과정에서 2030세대가 자발적으로 모금에 참여해 '트럭 시위(트럭 모니터에 메시지를 띄워 주위를 주행하는 등의 형태로 벌어지는 시위 방식)'를 벌이기도 했다. 집단행동에 인색한 세대라는 걸 생각했을 때, 그들의 진정성이 단적으로 드러나는 대목이다.

---

[6]　청소년들의 심야시간 게임 이용을 제한하는 법으로, 도입 초기부터 논란이 됐다. 올해 초에는 교육 목적으로도 널리 활용되는 '마인크래프트'가 셧다운제 때문에 '성인게임'으로 등극하는 참사가 벌어지면서 또 한 번 논란이 됐다. 결과적으로 셧다운제는 도입 10년 만에 폐지되었으며, 내년 1월 1일부터는 가정 내 자율적으로 게임 이용시간을 정하는 '게임시간선택제'로 제도가 일원화된다.

◇ 정치인들이 간과하는 블루오션

그렇다면 정책과 제도의 공급자인 정치권은 어떨까. 공교롭게도 수요자인 2030세대의 관심사에 부합하는 메시지를 던지는 정치인들은 찾아보기 어려웠다. 확률형 아이템 이슈가 터졌을 때도 국민의힘 하태경 국회의원 등 극히 일부 정치인들을 제외하면, 해당 이슈에 관심을 보이거나 메시지를 내는 정치인은 없었다. 당시 '메이플스토리'의 경우에는 KBS 등 공중파 방송에 연이어 보도되었을 정도로 사태가 심각하게 돌아갔는데도 철저히 '청년 일부의 문제'로 치부되었다는 의미다. 덕분에 디시인사이드의 '메이플스토리 갤러리'까지 직접 찾아가 청년들과 소통을 시도했던 하태경 국회의원은, 법안 제출 등 직접적인 대안을 제시하지 않았음에도, '청년들의 이슈에도 폭넓게 관심을 보이는 깨어있는 정치인'이라는 이미지를 확보할 수 있었다.[7]

지난 20대 대선 경선에서도 마찬가지 양상이었다. 몇몇 후보들을 제외하면, 하나같이 '청년 당사자의 관심사'가 아닌 '자신들이 생각하는 청년들의 관심사'에 초점을 맞춰 접근했고, 당연하게도 청년들의 마음을 얻는 데 실패했다. 모든 부모가 "내 자식을 다 안다"라고 호언장담하지만, 사실은 아무것도 모르는 것과 똑같은 이치다.

대체 청년 관련 이슈로 무엇이 있었을까? 7월엔 '안산 사태'가 뜨

---

7) 토론배틀로 뽑힌 국민의힘 젊은 대변인들의 페이스북 메시지에서 이와 같은 특징들을 쉽게 발견할 수 있다. 특히 안산 사태나 성소수자 군인 관련 메시지를 다룬 양준우 대변인은, 민감한 주제인 만큼 비판도 많이 받았으나, 2030세대의 핵심 스피커 중 한 명으로 급부상하게 되었다.

거운 이슈였다. 8월부터는 '30대 남성 미혼율 50% 돌파', '2022년 현역병 판정률 90% 돌파' 등 사회 이슈가 떠올랐으며, '8년간 20대만 순자산 35% 감소', '실태조사조차 안 된 은둔 청년 3.4% 돌파', '비경제활동 인구 대비 니트족 비율 22%', '영 케어러(병든 부모나 조부모를 부양하며 학업을 이어가는 청년) 급증' 등 청년세대의 먹고사니즘 문제가 폭발적으로 다뤄졌다. 그뿐인가. 20대는 "코로나바이러스로 죽은 환자보다 백신을 맞고 의문사한 사람이 더 많다"라는 말이 나올 만큼 백신에 대한 우려가 큰 상황에서 'PCR 검사 유료화' 등 사실상의 벌금을 동반하는 '백신패스'가 논란이 됐을 때도 목소리를 내는 후보는 없었다.

그래도 홍준표, 유승민 후보의 경우, 방향의 '옳고 그름'을 떠나, 젠더 이슈에 적극적인 관심을 보였고, 관련 인사들을 대거 영입하는 등의 노력을 보였다. 지엽적인 이슈까지 다루지는 않았으나 넷플릭스 〈D. P.〉[8] 등 드라마를 소스로 병역 문제를 다루기도 했으며, '20개월령 여자 영아 강간치사' 사건을 공유하며 사형집행을 천명하기도 했다. 교육제도나 학제개편, 공정 관련 공약을 낸 것도 홍준표, 유승민 후보가 유일했으며, 유승민 후보는 '촉법소년 연령 하향 및 소년법 폐지'까지 공약하며 우리 사회의 안전 문제까지 신경 쓰는 모습을 보였다. 그런 두 후보가 경선 내내 2030세대, 특히 20대 지지율에서 나

---

8) 2021년 8월 27일부터 송출된 넷플릭스 드라마로, 탈영병들을 잡는 군무이탈 체포조(D.P.) 준호와 호열이 다양한 사연을 가진 이들을 쫓으며 겪는 이야기들을 담고 있다.

란히 1 · 2위를 차지하는 건 전혀 이상할 게 없다는 의미다.

심상정 후보가 20대, 특히 여성들에 강세를 보이는 이유도 마찬가지다. 기본은 페미니즘 노선에 대한 지지일 것이나, 노동 조건들과 삶의 질 개선 등 청년들의 '삶'과 직결되는 화두를 던지는 건 심상정 후보뿐이다. 산업재해 문제에 관심을 기울이고 해결책을 모색하는 정당도 정의당이 유일하다. 경제 · 외교 · 안보 등 굵직한 이슈에 취약하며, 페미니즘 노선에 대한 기호를 인식하지 못한다는 커다란 한계가 존재하지만, 청년층에 소구할 역량만큼은 충분하다는 것이다. 그러니 2030세대의 지지를 받지 못하는 후보들은, 청년 '이슈가 없어서'가 아니라 그냥 청년에 '관심이 없어서' 청년들에 소구하지 '않았던' 것이고, 그에 맞는 성적표를 받아든 것에 불과하다는 결론이다.

◇ 논평, 2030세대는 안 읽는다

접근하는 방법 또한 문제가 많다. 2030세대에 절대로 전달되지 않는 방식의 창구에 지나칠 정도로 의존하고 있다. 논평의 효용 자체를 부정하려는 게 아니다. 과거에 총과 칼로 전쟁을 치렀듯, 현재는 글과 말로 전쟁을 치르는 것이고, 정치인의 입장이 가장 빠르게 대중에게 전달될 수 있는 방식이 바로 논평이다. 또한, 여전히 기성세대 어른들은 논평을 찾아서 읽어볼 정도로 관심이 많다. 따라서 논평의 역할과 의미 전체를 폄훼할 생각은 없다. 그러나 일부 정치고관심층을 제외한다면, 적어도 청년층에는 논평이 무용한 게 사실이다.

뉴미디어 시대, 헤아릴 수 없을 만큼 많은 정보가 범람한다. 심지어 커뮤니티에 글을 쓸 때는 '3줄 요약'이 필수라고 할 만큼, 2030세대 사이에서는 길고 무거운 글에 대한 거부감이 크다. 페이스북을 이용하는 청년들이 하나의 게시물을 열람하는 데 사용하는 평균 시간이 3초 남짓에 불과하다고 하니, 더 설명할 필요조차 없을 것이다. 그나마 페이스북을 통해 전달되는 논평 등 메시지는 상황이 나은 편이다. 공보팀을 통해 전달되는 대변인 논평은 기사화 자체가 잘 안 되며, 기사화가 되어도 읽는 사람들만 읽기 때문에 전과 같은 파급력을 갖기가 어렵다. 논평에 의존하는 방식으로는 2030세대에 소구하기 어렵다고 보는 이유다.

논평은 재미도 없다. 천편일률적인 양식을 취하기 때문이다. 다뤄지는 주제도 다분히 정치적인 이슈, 그중에서도 정치인 개인(메신저)에 대한 것이 대다수다. 정치에 대단한 관심이 있는 2030세대가 아니고서야 눈여겨볼 이유가 없다는 것이다.

이번 경선에서 가장 논란이 됐던 '고발 사주'나 '대장동' 관련 이슈를 예로 들어보자. 일단 사건의 전개부터가 복잡하다. 고발 사주의 경우 국민의힘 김웅 국회의원부터 조성은 씨, 박지원 국가정보원장과의 관계까지 엮여 있는 사람들이 한둘이 아니고 무수한 연결고리를 거쳐 마지막에 이르러서야 윤석열 후보를 겨냥한다. 대장동은 더하다. 김만배 등 이재명 후보의 측근은 물론, 해외로 도피 중인 MBC 전 기자부터 권순일 전 대법관에, 국민의힘 곽상도 전임 국회의원의 아들까지 안 엮인 사람을 찾는 게 더 어려울 정도이며, 실질적 '설계자'를 찾는 추리의 과정까지 더해지니 정치권에서 발로 뛰는 사람들조차도 따라가는(follow-up) 게 어려울 정도다. 하물며 일반인, 그중에서도 정치 이슈에 관심이 크지 않은 2030세대는 어떻겠냐는 것이다.

마무리도 한결같다. 특검 등을 "촉구한다"거나, 누군가 "사퇴해야한다"거나, 임명을 "철회하라"거나, 행동에 "사과하라"는 선언적 결론뿐이다. 공세적으로 의견을 개진하는 데 그칠 뿐, 실질적인 대안을제시하지는 못한다는 것이다. 물론 앞선 두 사건 모두 누가 당선될지를 좌우할 정도의 커다란 사건이다. 사과건 촉구건 정치인이 의견을 표명하는 것도 당연하다. 그러니 국민의힘 경선에서 대장동 이슈를 가장 무거운 화두로 다룬 것이 이상한 일도 아니다. 또한, 정치 이슈에 관심이 많은 중장년층 이상 유권자들에게 소구하기에는 더없이좋은 주제로, 원희룡 전 제주지사의 경우 '대장동 1타 강사' 이미지를앞세워서 국민의힘 대통령선거 후보 경선의 최종 단계에 후보자로서진입하는 기염을 토하기도 했다.

문제는 대장동 이슈에 다른 이슈들이 모조리 잡아먹히는 양상을 보였다는 점이다. 그리고 그것이 해당 이슈에 접근성이 떨어지는2030세대의 담론을 소외시키는 결과를 낳았다. 그 결과 대장동 등이슈에 많은 공을 들인 윤석열, 원희룡 후보는 20대 지지율이 0~5%정도에 머무를 수밖에 없었다. [9]

---

[9] 당연히 모든 유권자에게 소구할 수는 없으며, 경선에서 최종 승리를 거머쥐었다는 점에서 (당시) 두 예비후보의 선택은 전략적으로 옳았다. 다만, 본선에서는 2030세대의 지지를 얻어내야최종 승리를 쟁취할 수 있기에 전략 선회가 필요하다는 사실을 제언하는 것이다.

정치는 생물이다. 정확히 뿌린 대로 거둔다. 오해라는 말도 무의미하다. 도외시해서 문제가 됐건, 실언으로 문제가 됐건 관심이 없거나 속 안의 진심이 나왔다고 보는 편이 타당하기 때문이다. 정치 문법을 몰라서 그랬더라도, 그 또한 스스로의 정치적 역량 문제로 부정할 수 없는 본인 과실이다. 2030세대에 소구하지 못하는 정치인들이 철저한 자기객관화를 통해 '자기혁신'을 꾀해야 하는 이유다.

04

홍준표 후보의
약진과 패배

                             2030세대 청년들의 마음을 얻은 정치인들의 면면을 살펴보자. 하나같이 앞서 언급한 2030세대의 서식지와 관심사를 적절한 방법론을 통해 잘 파고든 사람들이다. 가까운 예로 홍준표 후보가 있다. 의도했건 안 했건, 공약부터가 철저히 2030세대의 관심사를 겨냥하고 있다. '모병제 도입', '사법고시 부활', '정시 100% 확대' 등 선명함을 위해 구체성을 포기했다는 아쉬움은 있어도, 2030세대 당사자의 이야기를 했던 건 분명하다.

    의견을 전달하는 방식 역시 경이로울 만큼 2030세대 청년들의 문화와 맞닿아 있었다. 지난 8월, 홍준표 후보는 페이스북에 '20개월령 여자 영아 강간치사' 관련기사를 공유하며 "이런 놈은 사형해야 하지 않겠냐", "내가 대통령이 되면 이런 놈은 사형시키겠다"라는 짧고 굵은 메시지를 남겼다. 대선후보의 메시지라기엔 지나치게 투박한,

두 줄짜리 메시지였지만 호응은 엄청났다. 관련기사들이 쏟아졌고, 윤석열 후보의 '두테르테' 발언까지 가세하며 포털뉴스를 완전히 점령할 정도였다. 개인적으로 이 메시지가 홍준표 후보 부활의 신호탄이었다고 생각한다.

구체적으로 분석해 보자. 일단 이슈 선정부터가 기가 막힌다. 일단 주제부터 2030세대가 공통으로 관심을 보이는 범죄·사회 이슈다. 형식 역시 전형적인 논평의 형태를 취하지 않았고, 3초 안에 각인될 만큼 간결하면서도 강렬했다. 또한, 대안도 선명했다. 국민적 공분을 산 흉악범을 향해, 옳고 그름을 떠나서, "사형시키겠다"라는 것만큼 직관적이면서도 투명한 대안은 없을 것이다. 더구나 사형제는 여전히 찬성과 반대가 팽팽하게 맞서는 이슈로 '애프터 디베이트(After debate)' 형태의 바이럴이 일어나기도 더없이 좋았다.

추석 전후로 홍준표 후보의 20대 지지율은 다자구도에서 40%를 오가는 수준으로, 가히 압도적이었다. 심지어는 과거 '돼지발정제' 등 막말 논란으로 20대 여성의 지지를 받기는 어려울 거라는 예상조차 깨졌다. 국민의힘 경선 내내 홍준표 후보는 20대 여성층에서도 가장 높은 지지를 받았다. 그 이유가 뭘까. 상기 언급한 전략적인 측면들과 함께 이준석 대표를 존중하는 모습을 보여준 행보 등이 큰 몫을 했을 것이나, 그것 말고도 다른 변수가 존재했다고 생각한다. 바로, 홍준표 후보는 국민의힘 내에서도 철저한 '외톨이'였다는 사실이다.

스스로 버린 것이든, 버림받은 것이든 홍준표 후보는 세력이 없었다. 캠프도 간소했고, 참모의 간섭을 받지 않는 만큼 발언에도 거침이 없었다. 26년이나 정치에 몸담은 사람답지 않은 이런 의외성은, 아이러니하게도 현재 2030세대의 처지와 크게 다르지 않았다. 현재 2030세대는 정치적 노마드(외톨이)이며 자신들의 부모가 되어줄 수 있는 존재를 간절히 찾고 있었기 때문이다. 그런 그들의 눈에 내어줄 품이 남은, 그리고 기꺼이 그 품을 내어줄 준비가 되어 있는 홍준표 후보는 알을 깨고 나와 처음 마주한 어미 새와도 같은 존재였을 것이나. 또한, 이 사람이라면 이준석 대표의 개혁노선을 존중하면서도 새로운 바람을 불러일으켜 줄 것이란 어렴풋한 희망을 품게 됐을 것이다. 그래서 더 필사적으로 홍준표 후보의 선거운동을 도왔다. 그런 긍정적인 상호작용을 이어가며 긴밀한 유대가 형성된 것이 2030세대에서 홍준표 후보가 약진할 수 있었던 가장 중요한 이유였다고 생각한다. 오세훈 서울특별시시장, 이준석 당대표에 이어 홍준표 후보를 대통령으로 만들어 세 번째 '킹메이커'가 될 수 있을 거라는 기대감과 효능감이 2030세대를 지배하는 정서였다.

◆ 예견된 패배, 그리고 간절함의 눈물

그러나 홍준표 후보는 패배했다. 사실 예정된 결과였다. 경선 룰은 당원과 여론조사를 정확히 50%씩 반영하는 방식이었고, 홍준표 후보는 모든 여론조사의 당심에서 20% 이상 뒤지고 있었기 때문이다. 산술적으로 여론조사에서 20%를 넘게 이겨야 간신히 따라잡을 수 있는 현저한 차이였다. 더구나 책임당원의 진입장벽이 '당비 1,000

원'으로 낮아진 점도, 세력과 조직력을 가졌다는 점에서, 윤석열 후보에게 웃어주는 상황이었다. 옳고 그름을 떠나, 바닥에서 바닥으로 전해지는 소위 '막걸리 정치'의 영향력은 여전히 건재했다는 것이다. 이제 막 정치에 관심을 기울이기 시작한 2030세대는 그런 내막을 알 정도로 노련하지 못했고, 안타까운 결과를 받아들 수밖에 없었다. '그래도 홍준표 후보가 이기지 않을까?'라는 막연한 기대로 가득했는데, 기대가 컸던 만큼 받아든 결과에 대한 실망감도 컸을 것이다.

여기서 잠시 커밍아웃을 하자면, 필자는 홍준표 후보를 지지하지 않았다. 정책을 공부한 사람으로서 도저히 받아들이기 어려울 정도의 극단성을 띠고 있었기 때문이다. 그렇다고 내용이 잘 정돈된 것도 아니었다. 물론 본선 과정에서 많은 보완 과정을 거칠 것이며, 그 공약들이 100% 실현되지도 않겠지만 좌건 우건 극단을 지향해서는 안 된다는 생각까지 떨쳐버리지 못했다. 그런데도 홍준표 후보의 낙선에 형언하기 어려운 실망감이 몰려왔다. 직접 찾아가지는 않았으나 해단식 현장을 가득 채운, 금방이라도 눈물을 쏟아낼 것 같은 기색의 또래 청년들을 보는 것만으로도 자연스레 그 감정에 동화되고 말았다. 비록 지향하는 방식과 지지하는 후보는 달랐지만, 변화를 바라는 그들의 '간절함'만큼은 필자를 비롯해 2021년을 살아가는 2030세대 청년 모두의 공통된 정서이자, 시대정신이었기 때문이다.

홍준표 후보는 외톨이였다. 그래서 2030세대의 지지를 얻었다. 그러나 홍준표 후보는 결국 패배했다. 마찬가지로 외톨이였기 때문이다. 나와 같은 외톨이의 존재가, 나와 같은 외톨이라는 이유로 좌절할 수밖에 없는 광경을 바라보며 그 지지층들이 느꼈을 감정을 헤아려야 한다. 그건 단순히 '내가 지지하는 후보의 패배'가 아니라 '나 자신의 패배'였기 때문이다. 그래서 더 크게 절망할 수밖에 없었을 것이다. 또한, 오세훈 서울시장을 시작으로 강하게 관철해온 정치적 영향력과 그 영향력에 따른 효능감이 한풀 꺾이게 되는 좌절의 현장이기도 했다. 그러니 2030세대가 당에 실망해 '집단 탈당'을 일으킨 건 전혀 이상힐 일이 아니었다.

◇ 그들은 '위장당원들'이 아니다

그러나 어른들은 2030세대의 마음을 헤아리지 못했다. 되레 '위장당원들'이 본래 당을 찾아간 것에 불과하며, '역선택의 근거'라며 조롱했다. 또한, 2030세대가 홍준표 후보를 지지했던 이유는 "단순히 재밌어서"라고 이야기하며 홍준표 후보를 지지하던 청년 전체를 비합리적인 존재로 몰아세웠다. 그래도 정권교체라는 더 큰 목적을 위해 인내하자는, 이준석 대표의 개혁을 응원하기 위해 당에 남겠다는 청년 당원들조차 혀를 내두르며 돌아서게 만드는 광란의 현장이었다.

당연하게도 탈당한 2030세대는 위장당원들이 아니다. 여론조사에서 홍준표 후보가 20대로부터 받은 72.2%라는 지지율은, 4·7 보궐선거 당시 오세훈 후보가 20대 남성에게 받았던 72.5%의 지지율과도 일치하는 수치였다. 바로 6개월 전 실제 '선거'에서 국민의힘 오세훈 후보를 지지했던 20대와 이번 '경선'에서 국민의힘 홍준표 후보를 지지했던 20대의 수적인 차이가 없다는 것이다. 애초에 홍준표 후보는, 정말 조직적으로 움직이는 게 아니라면 조작의 여지가 없는, 이재명 후보와의 '양자 대결'에서도 윤석열 후보 이상의 강세를 보였다. 따라서 경선에서 홍준표 후보를 지지했던 20대 여론과 당원이 역선택이고 위장당원이라고 한다면, 오세훈 후보에게 실제 표를 던져준 20대 역시 역선택을 한 것이란 엉뚱한 결론이 도출된다. 실제 '컨벤션 효과'가 끝나가는 현시점, 20대는 남녀불문 40% 이상이 지지 후보가 없는 부동층이다.

"단순히 재밌어서" 지지한다는 주장도 언어도단이다. 실제 홍준표 후보의 지지율이 급상승하면서부터 이 같은 주장들이 제기되기 시작했는데, 이를테면 9월 25일 KBS '시사직격'에서 한 패널은 "사실 홍준표 후보는 2030세대를 위한 공약을 내놓은 적이 없다"며 "유튜브에 홍준표 관련 재밌는 '짤'이 많아서 2030세대한테 인기가 많다"는 막말을 서슴지 않았다. 경선이 끝난 직후 윤석열 후보 캠프 인사들의 인식도 크게 다르지 않았다. "주변 청년들에게 물어보니 홍준표 후보를 지지하는 이유는 '그냥 재밌어서'라고 하더라"며 불난 집에 기름을 부었다.

주변 청년들에게 직접 물어봐서 얻은 대답이라고 하니, 아예 허무맹랑한 이야기는 아닐 것이다. 또한, 재미 역시 홍준표 후보가 2030세대에 어필할 수 있었던 강력한 무기 중 하나였던 것은 부정할 수 없는 사실이다. 그러나 '재밌어서' 지지하는 것과 '재미로' 지지하는 건 완전히 다른 개념이다. 정말 "재밌다"는 이유 하나로 지지할 거라면, 대놓고 재미를 추구하는 국가혁명당의 허경영 후보를 지지하지, 어째서 홍준표 후보를 지지하겠는가. 또한, "재미있다"라는 이유 하나로 자발적으로 재미있는 짤을 만들어서 배포하고, 여론조사에 응답하고, 당원 가입까지 하는 청년이 어딨겠나.

지금 대한민국에 2030세대만큼 절박한 세대는 없을 것이다. 그들에게 이번 20대 대선은 생존의 문제다. 문재인 정부의 무능과 무책임을 경험하며 잘못된 정권의 폐해를 뼈저리게 느낀 이들이 바로 지금의 2030세대기 때문이다. 그런 2030세대가, 20대와 30대의 황금 같은 5년을 함께 보내야 할 사람을 뽑는 대통령선거에서 어떻게 재미로 누군가를 지지할 수 있다는 말인가. 다만 분노를 표출하는 것도, 호감을 표현하는 것도 익숙하지 않은 투박함이 그들의 절박함을 가리고 있을 뿐이다. 어떻게 정치에 참여해야 하는지조차 몰라서, 눈 뜨고 코 베이는 미숙함이 그들의 절박함을 드러나지 못하게 만들고 있을 뿐이다.

그게 지금의 2030세대, 어른들 표현의 MZ세대다. SNS로 뉴스를 접하고, 커뮤니티에서 정치 이슈를 다루며, 사회·문화 이슈에 관심이 많으며 안 그런 것 같지만 누구보다 정치에 진심이고 방법만 알려준다면 다른 어떤 세대보다도 적극적으로 참여할 준비가 되어 있는 미완의 존재가 바로 2030세대라는 것이다. 누가 그들의 마음을 달래주고 힘이 되어줄 것인가. 누가 그들의 마음을 얻을 수 있을 것인가. 이 화두는 이번 대선을 넘어 장차 정치지형 전반을 지배하는 화두로 자리할 것이다.

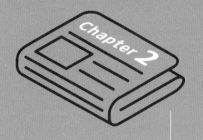

Chapter 2

2030세대,
왜 중요한가?

01

정치 노마드를
잡아라

2022년 대선에서 세대지형은 크게 '산업화세대(6070세대)'와 '민주화세대(4050세대)', 그리고 '2030세대' 세 부류로 나뉜다. 산업화세대는 전통적인 국민의힘 지지층이다. 2021년 11월, 현재도 70% 이상이 국민의힘 윤석열 후보를 지지한다. 반대로 민주화세대는 산업화세대의 대척점에 있다고 할 만큼 인식적 궤를 달리하며 주로 여당인 더불어민주당을 지지한다. 특히 40대의 경우 이재명 후보가 모든 세대에서 윤석열 후보보다 뒤처지는 여론조사에서도, 유일하게 이재명 후보를 더 많이 지지하는 세대다. 지난 4 · 7 보궐선거에서 박영선 후보가 거의 모든 세대, 성별에서 패배한 와중에도 40대 남성은 박영선 후보를 더 많이 지지했다. 모든 집단 구분이 그러하듯 개인차는 존재할 것이나, 세대별 분명한 경향성을 띠고 있다.

그러나 2030세대는 국민의힘이나 더불어민주당과 같은 기성 양대 정당들을 지지하지 않으며, 기성 양대 정당들이 2030세대를 대변한다고도 생각하지 않는다. 또한, 성별 양상에 있어서도 현격한 차이를 나타낸다. 2021년 5월 한국리서치 웹조사 결과에 따르면, 20대 여성의 59.5%는 내년 대선 지지 정당에 대한 물음에 "모르겠다"라고 답했다. 전 연령과 성별을 통틀어 가장 높은 수치였다. 마찬가지로 30대 여성도 51.5%가 "모르겠다"라고 답해 바로 뒤를 이었다. 박원순 사태부터 4·7 보궐선거까지 이어진 더불어민주당의 연속된 실정으로 민심이 이탈한 결과일 것이다. 설상가상, 2030세대 여성들이 지지했던 이낙연 후보가 경선에서 낙선하면서 더불어민주당을 비토하는 분위기는 더욱 고조되는 모양새다.

반대로 20대 남성의 경우 '여당 후보 지지'는 12.9%로 전 연령과 성별을 통틀어 가장 낮았고, '야당 후보 지지'는 58.5%로 60세 이상 남성 다음으로 높았다. 20대 청년들 사이에선 '청년'이라는 공통의 정체성을 초월하는 '젠더'라는 제3의 변수가 존재한다고 볼 수밖에 없는 것이다.[10] 그러나 이 같은 높은 지지율이 국민의힘이라는 기성정당에 대한 20대 남성의 충성심까지 증명해주지는 않는다. 앞서 언급했던, 윤석열 후보와 홍준표 후보를 둘러싼 세대 간 내홍이 그 증거다. 내가 원하는 후보라면 언제든 당도 버릴 수 있음을 보여주는 가장 강력한 신호, '탈당 러시' 등 거센 반발이 지금도 계속되고 있다.

---

10) 이에 대한 자세한 이야기는 '청년정치혁명 시리즈'의 1권인 〈20대 남자, 그들이 몰려온다〉 참조.

그런 2030세대는 부정할 수 없는 '정치 노마드(유목민)'다. 지향점은 다르지만, 처한 상황은 완전히 똑같다. 그들 모두 어떤 정치인도 자신들을 대변해주지 않는다고 생각하며, 지지 후보를 결정하지 못한 상황이다. 이런 분위기는 여론조사를 통해 가시적으로 드러나고 있다. 2021년 11월 SBS 의뢰로 '넥스트리서치'가 시행한 여론조사 결과 20대 남성은 42.6%, 여성은 40.2%가 지지 후보를 정하지 못한 '부동층'이었다. 지지 후보가 있다고 답한 경우에도 절반 이상이 '선택을 바꿀 의향이 있다'라고 답했다. 쉬운 말로 여기나 저기나 맘에 안 들고, 누군가를 택하더라도 '울며 겨자 먹기' 심정이지 진심은 아니라는 것이다. 하나의 정당이나 후보가 단절된 세대의 단절된 욕구를 모두 대변하기는 어려우며, 그런 한계는 이제 막 정치세력화에 착수한 2030세대를 또 한 번 소외시키는 결과를 낳았다.

◇ '스윙 보터'이자 '캐스팅 보터'
　－소외된 2030세대의 마음, 누가 얻어낼 것인가?

그러나 2030세대의 소외는, 아이러니하게도, 그들의 입지를 키우는 결과가 됐다. 전통적 충성심에 의한 산업화세대와 민주화세대의 지지가 공고한 가운데, 2030세대의 선택이 승부를 가를 것이란 전망이 지배적이기 때문이다. 실제로 2030세대(18~39세) 유권자 수는 1,494만명으로 전체의 34%를 차지한다. 또한, 이미 지지 후보가 있는 유권자를 설득하는 것보다는 아직 지지 후보를 결정하지 못한 부동층에 구애하는 편이 '가성비(가격 대비 성능)'가 좋은 게 당연하다. 이에 윤석열, 이재명 후보 모두 연일 청년들의 마음을 사기 위한 행보를 이어나가는 모습이다.

물론 의지만 앞서고 있다. 청년들의 마음을 얻겠다면서, 청년들의 정서와 전혀 맞지 않는 전략을 구사하고 있기 때문이다. 두 후보 모두 문제가 많지만, 특히 이재명 후보는 들어오려던 표까지 달아나게 할 만큼 미숙하다. 대표적인 실책이 페미니즘에 대한 잦은 입장 번복이다. 11월 초 이재명 후보는 "페미니스트 대통령이 되기 위해 노력하겠다"라며 20대 여성에 구애했다. 그러나 11월 5일 홍준표 후보 낙선으로 2030세대 남성층 이탈이 가속화되자, "페미니즘을 멈춰달라"는 특정 커뮤니티의 글을 몇 차례 언급하며 이번에는 20대 남성에 구애했다. 그러더니 11월 중순엔 "남성들의 불만은 신화"에 불과하고 "오히려 (할당제의) 혜택 보는 건 남성[11]"이라며 또 말을 바꿨다. 신뢰가 기본인 정치인이 손바닥 뒤집듯 말을 바꾸는 것 자체가 독이다. 하물며 2030세대의 가장 첨예한 이슈인 젠더 이슈에 대해, 제대로 된 공부나 고민조차 없이, 아무 말이나 내뱉고 있으니 양쪽 모두에 버림받기 딱 좋아 보인다.

---

11) 공무원시험에 적용되는 '양성평등채용목표제'의 경우 남녀 양쪽에 최소 채용 비율을 설정하여 한쪽 합격자가 70%를 넘지 않게 하는 것으로, 9급 공무원의 경우 남성이 더 많은 혜택을 받는 게 사실이다. 그러나 9급 공무원을 제외한, 7급 공무원과 5급 재경직 등은 여성들이 혜택을 받고 있으며 로스쿨·약대, 이공계 장학금 등 절대다수의 할당제는 오직 여성을 위해 존재한다. 9급 공무원의 사례 하나로 "오히려 남성이 혜택을 보고 있다"고 주장하는 건 명백한 허위사실이자, 호도라는 것이다.

다른 정책들도 생각 없이 떠드는 '아무 말 대잔치'다. 후보 선출 직후에는 '음식점 총량제'로 빈축을 사더니[12], 지난 11월 13일에는 '20대, 소득 5천만원 이하까지는 소득세 면제'라는 허무맹랑한 주장까지 제기했다. 당연하게도 엉터리 포퓰리즘이다. 형평성과 실현 가능성의 문제는 차치하고, 실효성조차 없는 정책이기 때문이다. 2016년 '잡코리아'에 따르면 신입사원 평균 연령은 28세(남성 28세, 여성 27세)다. 짐짐 지연되는 추세로 봤을 때, 4년제 대졸지를 기준으로 통상 28~29세에 첫 직장을 갖게 된다는 의미다. 설상가상 문재인 정부 들어 청년 약 30%가 실업자에, 비경제활동인구 중 구직 시도 자체를 포기한 '니트족'이 22%에 이른다고 하는데 일자리도 없는 청년들에게 1~2년 받을까 말까 한 면세 혜택을 준다고 뭐가 달라질까? 정돈되지 않은 날 것의 정책들을 여과 없이 드러내는 행보는 '불확실한 후보'라는 인상만 각인시키는 악수 중의 악수다.

기성세대는 '정권교체'와 '정권유지'의 프레임에서 다투지만, 2030세대는 다르다. 2030세대에게 중요한 건 '과거청산'이 아닌 '미래비전'이다. 2030세대에게 중요한 건 그들 자신의 삶이지, 진영의 승리와 같은 이념논쟁이 아니기 때문이다. 그러니 정권교체를 바란

---

12) 이 주장을 옹호하기 위해 더불어민주당의 위성정당인 열린민주당의 김성회 대변인은 '변호사 정원'을 예로 들며, 똑같이 통제하는 게 뭐가 문제냐는 식의 물타기 논리를 펼쳤다. 애초에 정원은 숫자로 정하지 않더라도 시험의 난이도를 통해 조절할 수 있다. 예측 가능성을 높이기 위한 안전장치에 불과하다는 것이다. 또한, 변호사는 법적 전문성을 요하는 직업으로 그에 상응하는 자격 검증 절차가 수반되는 건 너무도 당연하다. 그런 차이를 구분하지 못하는 건 '철학과 가치관의 문제'가 아닌 '지능과 상식'의 문제라고 생각한다.

다고 답하면서도 딱히 야당 후보를 지지하지도 않는, 모호한 입장을 취하는 것 아니겠나. 그런 2030세대의 마음을 얻기 위해선 '비집고 들어갈 틈'부터 만들어줘야 한다. 기성세대, 전통적인 지지층의 지지에만 안주해 청년담론을 괄시한다면 결코 2030세대를 끌어안을 수 없다. 결국에는 정권교체로 결집하지 않겠느냐는, 그래서 전통적인 지지층의 힘만으로도 승리할 수 있지 않겠느냐는 막연한 생각도 금물이다. 언제든 마음을 바꿀 수 있으며, 수틀리면 '미드로 달릴 수도 있는[13]' 존재가 바로 2030세대이기 때문이다. "공정하게 파멸하자"라며 '찢찍탈(이재명 찍고 한국을 탈출하겠다)'을 외치는 이들의 심리가 그와 같다.

가장 중요한 경제 정책부터 대폭 수정해야 한다. '기본소득'과 '공정'이라는 두 후보의 주장 모두 근본적인 대책이 아니며, 따라서 청년들에게 매력적으로 어필될 수도 없기 때문이다. 연 200만원의 청년기본소득으로 청년들의 삶이 개선될까? 당장 기분은 좋을지 몰라도 삶의 질을 개선하기에는 턱없이 부족하며 언젠가 갚아야 할 국가채무로 인식될 뿐이다. 공정은 더 관념적이다. 작금의 공정은 모두가 행복할 수 없으니, 누가 행복할지 결정하는 경쟁만이라도 공정하게 해달라는 '오징어게임'식 차선의 논리지 근본적인 해결책이 될 수 없다. 손에 잡히지 않는 공정이라는 '가치'를 대체 어떻게 되찾겠다는 것인지도 의문이다.

---

13) 10년 가까이 PC방 점유율 1위를 지키고 있는 게임, '리그 오브 레전드(League of Legends[LoL])'의 밈(Meme)으로, 팀원이 마음에 안 들면 내가 패배하는 걸 감수해서라도 팀원의 패배를 위해 기꺼이 게임을 망칠 수도 있다는 의미다.

경제 외에도 범죄와 안전, 삶의 질과 여가, 직장 내 고충 등 제대로 논의조차 되지 않는 무수한 청년담론들이 산재해있다. 앞서 언급했던 것처럼, 누구도 선점하지 않은 블루오션이기도 하다. 이런 의제들에 청년들의 눈높이에 맞는 정책적 대안을 제시하는 후보가 청년들의 마음을 살 수 있을 거라고 생각한다. 정책에 대한 더 자세한 이야기는 파트 2 '정책전쟁'에서 다룰 예정이다.

◇ '제3지대' 후보들이 나아가야 할 방향

양강 후보의 상황이 이렇다 보니, 반쯤 어부지리 효과로, 제3지대 후보에 대한 2030세대의 지지가 두드러진다. 지난 11월 12일 '엠브레인퍼블릭' 등 4개 업체가 진행한 가상 4자 대결 결과 20대 이하(18~29세)의 지지율은 이재명 후보(24%), 윤석열 후보(22%), 심상정 후보(13%), 안철수 후보(8%) 순이었다. 우스갯소리로 "진짜 1위는 '없음/무응답(31%)'"이라는 말이 나올 만큼 처참한 상황이지만, 심상정 후보의 13%는 눈여겨볼 만하다. 전체 지지율이 3~5%라는 점을 고려했을 때, 13%의 대다수가 여성이라는 한계가 존재하지만, 괄목할 만한 결과기 때문이다. 안철수 후보 역시 다른 세대에 비해 2030세대에서의 지지율이 높은 편이다. 전체 유권자의 3분의 1을 차지하는 2030세대다. 시간이 흘러 지금의 유소년, 10대 청소년들이 유권자가 될 즈음에는 더 많은 새로운 가치와 새로운 요구들이 떠오를 것이다. 그 새로운 가치와 새로운 요구들을 담을 수 있는 제3지대의 새로운 정당이 필요하다.

그러니 제3지대 후보들이 지향해야 할 방향은 단연 2030세대의 통합이다. 산업화세대의 국민의힘과 민주화세대의 더불어민주당이 기존 당원들의 요구를 무시하고 2030세대의 요구를 받아들일 가능성은, 지금까지의 추이를 살펴봤을 때 매우 낮다. 물론 2030세대가 기성 양대 정당들을 점령해버리는 경우의 수도 존재하지만, 그럴 가능성도 매우 낮다. 2030세대가 기성세대 이상의 강한 결집력을 보여줘야 하는데, 성별로 나뉘어 대립하는 만큼 절반의 힘을 발휘하는 게 전부일 것이기 때문이다. 기성세대와 비교했을 때 정치고관심층이 적은 것 또한 2030세대가 안고 있는 한계다. 그런 이유로 이번 대선에서 양당에 결합했던 2030세대는 자신들이 원하는 후보를 끝내 얻지 못했다. 따라서 2030세대가 기성 양대 정당들과 완전한 화학적 결합을 이룰 가능성도 매우 낮고, 대안을 찾아 나서게 될 개연성이 높다.

과제는 확장성이다. 선거제도를 획기적으로 개편하지 않는 한, 특정 지지층의 목소리만 담아내는 군소정당의 입지는 줄어들 수밖에 없다. 가장 안타까운 게 정의당이다. 작은 정당임에도 세대와 성별로 나뉘어 끊임없이 갈등하는 모양새기 때문이다. 민주노총의 노동담론은 2030세대의 노동담론과 괴리되며[14], 래디컬 페미니즘의 '여성우

---

14) 민주노총의 주요 의제는 '임금협상' 혹은 '고용안정성'과 같은 전통적인 의제다. 해당 의제들이 노동권의 기본인 것은 사실이나, 2030세대는 단순히 '돈을 많이 벌고' '오래 다닐 수만 있으면' 능사라고 생각하지 않는다. 나아가 노동을 통해 효능감을 느끼고자 하며, 일과 생활의

월주의'는 2030세대 남성들과 양립할 수 없는 가치다.[15] 심상정 후보는 "정의당은 여성우월주의를 주장하는 게 아니라 성별로 차별받지 않는 세상을 만들고자 한다"라고 주장하고 있지만, 그건 정의당의 주장일 뿐이다. 앞서 언급했듯 정치인에게 '오해'라는 말만큼 무의미하고 공허한 것도 없다. 유권자들이 그렇게 판단하고 있다면 오해라며 주장만 할 것이 아니라, 방법론적 선회를 고민해봐야 한다는 것이다.

실제로 정의당은 강민진 청년정의당(정의당의 청년조직) 대표와 류호정 국회의원, 장혜영 국회의원 3인방을 필두로 사실상 남성 전체와의 전쟁을 선포하는 모양새다. "페미니즘이 싫으면 여성을 죽이지 말라"라는 말에 담긴, 모든 남성은 '잠재적 가해자'라는 프레임은 당장 래디컬 페미니즘을 지지하는 여성들에게 잠깐의 카타르시스는 줄 수 있겠지만, 잠재적 협력자(남성)들마저 적으로 돌리는 방법론적 패착이기 때문이다. '범죄자'와 '일반 시민'을 구분해 범죄자를 철저히 고립시켜 계도해도 모자랄 판에, 범죄자와 남성 전체를 싸잡아 화력을 분산시키는 방식으로 어떻게 해결책을 찾겠다는 것인지 의문이다. 목적 자체가 해결이 아닌 일부 여성의 표를 얻기 위한 편 가르기라고 한다면 국회의원 자격 미달이라고 생각한다.

균형을 추구한다. 노동권에 대한 생각 역시 세대별 시각차가 존재한다는 것이다.

15) 2021년 11월 문화일보 여론조사에 따르면 2030세대 남성의 90% 이상이 페미니즘에 반대하며 여성가족부 폐지에 찬성하고 있었다. 2030세대 여성 역시 절반 가까이가 페미니즘에 반대하며, 여성가족부 폐지에 찬성한다고 답했다. '2030세대 남성 자체가 잘못된 존재'라고 주장할 생각이 아니라면 그들이 느끼는 불만의 실체가 무엇인지에 대해 더 진지하게 고민해야 할 것이다.

논리적으로도 틀려먹었다. '모든 백조는 하얗다'라는 명제는 단 한 마리의 흑조만 발견되어도 부정당하는 게 귀납법의 기본인데, 어떻게 몇 개의 사례만으로 모든 남성이 똑같이 폭력적이고 가부장적인 잠재적 가해자라고 규정지을 수 있나? 필자만 해도 사람을 때리기는커녕 모기 한 마리 못 잡는 여성적 남성이다. 여성에 대한 사회적 통념은 '꽃'과 같은 긍정적인 수식조차 거부하면서, 남성에 대해서는 잠재적 가해자라는 부정적 수식을 아무렇지 않게 사용하는 태도야말로 성차별적 인식(인성)의 발로다.

실제로 장혜영 국회의원이 한바탕 소란을 피운 직후 심상정 후보의 지지율은 종래 5% 내외에서 3% 미만으로 폭락하고 말았다. 우물 안에 갇혀 스스로 확장성을 내팽개치는 자가당착의 우를 범하고 있는 건 아닌지, 자기반성이 필요한 시점이다. 앞으로는 모르겠지만 적어도 지금까지는 정당투표에서 정의당을 지지했으며, 양당에 의한 복수의 정치가 끝나고 담론에 의한 숙의민주주의가 정착하기를 희망하는 한 유권자가 던지는 '애증'의 제언이다.[16]

---

16) 물론 '데이트 폭력'에 의한 살인사건이 젠더와 완전히 무관하다는 이준석 국민의힘 대표의 주장에도 동의하지 않는다. 그러나 이준석 국민의힘 대표는 적어도 특정 집단 전체를 싸잡아 가해자로 지목하지는 않는다. 단순화와 일반화 모두 문제지만, 갈등을 부추기는 후자의 문제가 더 크다고 생각한다.

02

온라인 속 선거판을
지배하는 자들(전편)

-사이버 전사들의 활약

코로나바이러스 위기가
'메타버스'와 같은 '언택트 경제(비대면 경제)'의 발전을 촉진했다는 말
은 정치권에도 그대로 적용된다. 오프라인 선거운동이 어려워지면서
온라인 선거운동에 의존하는 비중이 커졌기 때문이다. 또한, 온라인
선거운동은 공직선거법의 영향을 적게 받을 뿐 아니라 비용도 적게
드는 '저비용 고효율' 방식이다. 선거운동을 하려면 일단 페이스북과
인스타그램은 기본이고 트위터, 유튜브, 카카오톡(오픈) 채널까지 만
들어야 하는 게 변화한 정치권의 풍경이다.

그런 온라인 세상에 가장 익숙한 세대가 바로 2030세대다. 지
식백과에 MZ세대의 특성이라고 적힌 여러 특성 중에서 그래도 가
장 타당하다고 생각하는 특성 역시 그들이 '디지털 환경에 익숙하다'
라는 설명이기도 하다. 실제 2030세대 대다수는 커뮤니티와 SNS를

능숙하게 이용한다. 지난 5월 10일 '대학내일20대연구소' 조사 결과 MZ세대의 70% 이상이 '온라인 커뮤니티를 이용하고 있다'라고 답했으며, 그중 44.2%는 '온라인 커뮤니티를 매일 이용하고 있다'라고 답했다. 이용시간 역시 1시간 이상이라는 응답이 과반을 넘겼다. 여기에 커뮤니티 활동에 적극적으로 참여하지는 않지만 '눈팅(인터넷 게시판에 올라온 글이나 사진을 읽거나 보기만 하는 것)'은 하는 사람, 메신저 등에 공유되는 커뮤니티 게시물을 열람하는 사람까지 더하면 사실상 2030세대 전체가 커뮤니티를 이용하고 있다고 해도 과언이 아닐 것이다. 지난 몇 차례 선거에서 2030세대가 같은 방향으로 강하게 결집할 수 있었던 이유도, 그들이 커뮤니티를 통해 전파되는 정보와 정서에 강하게 동화되어 있기 때문이다. 그렇게 매일 온라인 세상과 오프라인 세상을 자유롭게 넘나들며 공감대를 형성하는 존재들이 바로 2030세대다.

그런 2030세대는 정치권 입장에서도 엄청난 잠재력을 지닌 존재들이다. 2030세대가 기성세대를 이길 수 있는 유일한 공간, '갑'이 될 수 있는 유일한 공간이 바로 온라인 세상이기 때문이다. 기성세대는 이해하기 어려운 각종 밈과 신조어들을 동원한 적응력이 2030세대가 가진 가장 큰 무기다. 바로 거기에 지지율 4%였던 홍준표 후보가 단 4달 만에 여론조사 1위로 떠오른 비결이 숨어있다.[17] 지금부터

---

17) 홍준표 후보는 제대로 된 캠프도 구축하지 않은 채 경선을 시작했다. 기자들을 위한 공간조차 경선 중반부에 겨우 만들어졌다고 한다. 우스갯소리로 "선거를 치르면서 오히려 돈을 벌었다"는 말까지 나올 정도였다. 사이버 전사들의 조력만으로 지지율을 끌어올렸다고 해도 과언이 아니라는 것이다.

그 사이버 전사들의 실체에 대해 파헤쳐볼 것이다. 적군일 때는 한없이 무섭지만, 아군일 때는 한없이 든든한 그들이 어떻게 선거판을 지배해왔는지, 어째서 그들을 반드시 '내 편'으로 만들어야 하는지, 지금부터 알아보도록 하자.

◆ 자발적 재능 기부를 통한 선거운동 동참

온라인 세상에는 숨겨진 능력자들이 많다. 그림을 잘 그리거나 포스터 등 디자인에 능숙한 소위 '금손(손재주가 좋은 사람)'들부터 시작해 각종 정치 현황과 정책에 빠삭한 '정문가(정치전문가)'까지, 각양각색 능력자들이 '닉네임'과 '아바타'로 정체를 감춘 채 암암리에 활약하는 공간이 바로 온라인 세상이다. 그들은 주로 인터넷 커뮤니티에 모여 정치 이야기를 나누며, 지지하는 정치인을 위해 기꺼이 자신의 재능을 기부한다. 경선 기간 내내, 한 명의 지지 후보를 일사불란하게 움직이던 커뮤니티의 모습은 점조직 형태의 선거캠프와도 같았다.

그렇게 만들어진 첫 바람이 바로 '무야홍' 바람이었다. 홍준표 후보에게 운이 따랐던 것 역시 사실이다. MBC '무한도전'에서 파생된 '무야호'라는 밈이 선풍적 인기를 끌고 있었기 때문이다. '호'만 '홍'으로 바꾸면 즉각 재활용될 수 있는 밈의 존재는 홍준표 후보에겐 엄청난 호재였음이 분명하다. 그러나 이러한 밈에 '무(적의) 야(당후보) 홍(준표)'과 같은 의미를 부여하고, 이를 소위 '짤(주로 인터넷상 사진이나 그림을 이르는 말로 짤방에서 유래)'로 만들어 전파하는 역할을 한 건 홍준표 후보를 지지하는 커뮤니티의 회원들이었다. 그들의 노력으로 '무야홍' 바람은 유튜브나 포털뉴스는 기본이고 '에브리타임' 등 대학생 커뮤니티에도 급속도로 퍼져나갔다. 또한, 2017년 대통령선거 후보자 토론회 당시 '비호감'으로 비판받았던 발언들이 시대를 거슬러 '사이다'로 승화되면서 각종 짤과 유튜브 쇼츠로 편집되어 마찬가지 경로를 통해 전파됐다.

경선 토론이 시작된 뒤에도 사이버 전사들의 활약은 대단했다. 기본적인 역할은 '화력지원'이다. 유튜브 실시간에서 응원 문구를 도배하는 건 기본이고 관련기사가 나오면 '좋아요' 공세와 댓글 작업을 통해 여론을 선점한다. 품이 많이 드는 자료수집 등의 수고로움을 덜어주기도 한다. 토론 직후 '팩트 체크' 등에 필요한 자료들을 직접 수집해 카카오톡(오픈)으로 제공하는 식이다. 상대 후보가 네거티브 공세를 취했을 때도, 해당 후보의 과거 발언들을 일일이 찾아 역공의 소재를 제공하기도 한다. 홍준표 후보도 직접 얘기한 것처럼, "캠프보다 낫다"라는 말이 절로 나올 정도의 재능 기부다. 사이버 전사들의 이런 전폭적인 지원이 없었다면 홍준표 후보가 단기간에 종래 쌓여있던 부정적 이미지를 희석하고, 유력 후보로 급부상하는 일도 일어날 수 없었을 것이다.

온라인 세상의 가장 큰 특징은 물리적 제약이 없다는 것이다. 정보가 하루 수백만, 수천만에 당도할 수 있다. 따라서 실질적으로 활동하는 2030세대는 소수일지언정, 그들이 온라인 세상에서 선점하는 영향력은 가히 상상을 초월할 정도다. 그렇게 형성된 집단의식은 세대 전반의 문화가 되고, 정서가 되어 깊이 뿌리내린다. 정치권과 언론에서 홍준표 후보에 대한 지지를 '재미'에 의한 지지로 '일시적 현상'에 불과하다고 진단했지만, 2030세대의 지지는 경선이 끝날 때까지 공고했으며 심지어는 '청년의꿈'이라는 인터넷 플랫폼의 형태로 지금까지 이어지고 있는 것만 봐도 그렇다. 지속가능성은 추후 관리의 영역이겠으나 그 공간이 또 다른 '사이버 여론 형성의 장'으로 자리하게 될 가능성도 농후하다.

필자 역시 경선 초까지는 커뮤니티의 영향력을 과소평가하고 있었다. 그들 일부의 주장일 뿐, 2030세대 전체 여론을 선도할 정도의 확장성을 갖는다고 생각하지 않았다. 그러나 커뮤니티의 분위기는 여론조사로 나타나는 숫자와 분명한 상관관계를 나타내고 있었다. 주변의 인식도 마찬가지였다. 정책이나 공약 등 미시적인 부분에서 크고 작은 견해차는 존재했으나, 거시적인 '정서'는 궤를 함께했다. 그렇게 온라인 선거운동의 위력을 몸소 확인할 수 있었다.

물론 2030세대의 집단의식을 긍정적으로만 평가할 건 아니다. 확증편향 등의 문제로 치우친 관점을 갖게 될 우려가 존재하기 때문이다. 특히 정치에 큰 관심이 없는 2030세대의 경우 커뮤니티를 통해 전달되는 파편적인 정보와 분위기에 편승해 지지 후보를 결정하게 될 수도 있다. 그러나 이 같은 문제는 비단 2030세대만의 문제가 아닌, 전 세대에 공통으로 나타나는 현상이다. 또한, 정치인에게 중요한 건 가치판단이 아닌 실제 활용이다. 그런 현상을 적극적으로 포착해서 이용하는 것 또한 정치인의 실력이라는 것이다.

◇ 농부는 오늘도 부지런히 밭을 간다

커뮤니티는 다른 커뮤니티에 영향을 미치기도 한다. 앞서 언급한 것처럼, 다른 커뮤니티에 침투해 해당 커뮤니티의 분위기를 자신들이 원하는 방향으로 바꿔버리는 일명 '밭갈이'가 그것이다. 손쉬운 타깃은 잠재적 지지자들이 다수 포진한 비슷한 성향의 커뮤니티다. 이를테면 '에펨코리아'와 디시인사이드 '새로운보수당 갤러리'는 활동 회원들의 연령대·성별·정치적 성향 등이 유사하다. 또한, '윤석열 후보는 안 된다'라는 공통의 정서가 있었다. 그러나 지지하는 후보는 달랐다. 새로운보수당 갤러리는, 갤러리 이름에서도 드러나듯, '개혁보수' 노선을 지지하는 지지자들이 모인 커뮤니티로, 유승민 후보를 지지하고 있었다. 반대로 에펨코리아는 홍준표 후보에 대한 지지 여론이 지배적이었다. 때문에, 홍준표 후보를 지지하는 에펨코리아 회원들과 유승민 후보를 지지하는 새로운보수당 갤러리 회원들의 알력다툼이 경선 내내 계속됐다.

　　힘의 우열은 각 후보의 행보에 따라 급변하는 양상을 보였다. 홍준표 후보가 첫 번째 경선 토론에서 조국 전 장관을 옹호하는 듯한 발언을 했을 때나, 공약 관련 약점을 노출했을 때는 "역시 유승민"이라는 분위기가 형성되며 홍준표 후보의 지지세가 약해지고, 유승민 후보가 '매일신문 프레스 18'에 출연해 페미니즘에 관해 입맛에 맞지 않는 발언을 했을 때는 다시 홍준표 후보의 지지세가 힘을 얻는 식이었다. 그러한 가변적 양상은 경선이 끝나기 직전까지 계속됐고, 많은 회원이 '소신투표(원래 지지했던 유승민 후보에 투표)'와 '전략투표(그래도 당선 가능성이 큰 홍준표 후보에 투표)' 중 갈등하는 모습을 보였다. 결국, 한쪽에 의한 일방적 밭갈이는 실패로 끝났지만 두 커뮤니티의 힘겨루기가 경선판을 뜨겁게 달궜던 건 분명하다.

윤석열 후보를 지지하는 6070세대, 노년층의 커뮤니티 역시 공략대상이다. 노년층의 경우 특정 커뮤니티보다는 유튜브 영상과 댓글을 이용하는 경우가 많아, 노년층 구독자를 다수 보유하고 있는 '진성호방송' 등이 주요 타깃이 됐다.

방법도 교묘하다. 철저하게 '같은 6070세대, 윤석열 후보 지지자'로 위장해 홍준표 후보를 비판하는 듯 옹호하는 댓글을 쓰거나, 윤석열 후보를 옹호하는 듯 비판하는 댓글을 쓰는 방식으로 여론을 선도한다. 메시지만 위장하는 게 아니다. 문체도 위장한다. 오프라인 세상에서 얼굴과 목소리 등 외적 차이로 사람을 구분한다면, 얼굴과 목소리를 알 수 없는 온라인 세상에서는 문체로 사람을 구분한다. 실제 문체는 문신과도 같다. 세대별로 사용하는 표현부터 문단의 구분, 이모티콘 활용까지 완벽하게 다른 양상을 보인다. "내가 20대인데, 우리 동년배들은 홍준표 같은 사람 지지 안 한다"라는 댓글이 좋은 예다. 작성자는 스스로 20대를 자처했지만, 통상 20대는 '동년배'와 같은 표현을 사용하지 않는다. 문체까지 완벽하게 동화되지 않는 한, 성공적인 밭갈이는 요원할 수밖에 없다는 것이다.

그 사실을 누구보다 잘 알고 있는 2030세대는 문체는 물론 설득할 수 있는 포인트를 정확하게 파악해 밭갈이를 시도한다. 이를테면 윤석열 후보의 "우리 문재인 대통령" 발언과 "전두환 전 대통령이 그래도 정치는 잘했다"라는 발언이 논란이 됐을 때 각종 유튜브 채널을 돌며, "윤석열 총장님 기대를 많이 했는데 실망했습니다… 문재인 대통령을 옹호하다니요. 있을 수 없는 일입니다", "젊은이들이 홍준표를 지지하는 이유를 몰랐는데… 세상 변화에 밝은 그들의 말이 맞는 건지도 모르겠습니다… 지지 철회를 고민 중입니다" 등의 댓글을 달아 여론 반전을 시도했고, 의도대로 전반적인 분위기가 변화하는 현상을 확인할 수 있었다. 경선 초중반, 2030세대에 편중됐던 홍준표 후보 지지율이 후반부에 접어들면서 6070세대로까지 확장될 수 있었던 배경에 이 같은 물밑 작업의 영향을 빼놓을 수 없을 것이다.

03

온라인 속 선거판을
지배하는 자들(후편)

-사이버 전사, 그들이 만들어낸 이변

사이버 전사들의 활약은 지지하는 후보를 지원하는 선에서 끝나지 않는다. 그들이 진가를 발휘하는 건 상대 후보에 대한 '네거티브 공세'를 펼칠 때다. 기본적으로 '싫어요'와 '악플' 테러다. 특히 상대 후보의 유튜브 채널까지 무더기로 찾아와 자행하는 '싫어요'와 '악플' 테러는 선거운동 담당 실무자들의 사기까지 뒤흔들어 적잖은 타격을 준다. 물론 이와 같은 온라인 선거전은 2030세대만의 전유물은 아니다. 오히려 '네이버' 기사의 경우 50대 이상 어르신들에 의한 여론 선점이 더욱 두드러지기 때문이다. 또한, 당원 게시판 등 전통적인 창구를 통한 집단 항의 역시 50대 이상 당원들에 의해 이루어지는 경우가 많다.

그러나 '트위터' 등 전파력이 높은 SNS를 활용한 네거티브 선전은 2030세대, 특히 여성층에서 확실한 강세가 나타난다. 주로 트위터를 통해 메시지를 내는 정치인은 더불어민주당 소속 또는 여타 친여 성향의 정치인들이다. 가장 팔로워가 많은 정치인 또한 1위가 문재인 대통령이며 2위가 조국 전 장관이다. 때문에, 지난 민주당 경선에서도 트위터상에서 여권 지지층 사이의 알력 다툼이 계속됐다. 그 중에서도 이재명 후보에 대한 네거티브 공세가 엄청났는데, '대장동 게이트'와 '전과 4범', '여배우 스캔들'과 같은 직관적인 소재를 시청각 자료로 가공하여 무한 'RT(리트윗)'하는 방식으로 이재명 후보에 대한 비호감도를 증폭시켰다.

그들의 활약은 경선이 끝난 뒤에도 계속됐다. 네거티브 공세를 무한히 확대·재생산하여 이재명 후보에 대한 비호감도가 올라갈 대로 올라갔을 뿐만 아니라, '사사오입' 논란까지 일어났기 때문이다.[18] 이에 이낙연 후보의 핵심 지지층인 2030세대 여성들이 결집하기 시작했고, 트위터를 거점으로 각종 포털뉴스를 장악해버리는 진풍경이 펼쳐졌다. 실제 사사오입 논란이 한창일 당시 관련 논쟁을 다룬 네이버 기사는, 댓글 단 회원의 70~80%가 '2030세대 여성'으로 기록되는 기염을 토하기도 했다. 통상 네이버의 정치 기사의 댓글 참여율은 50대 이상 남성층에서 압도적으로 높았기에, 2030세대 여성들의 절박함은 더욱 부각될 수밖에 없었다.

---

18) 더불어민주당의 20대 대통령선거 후보자 경선에서는 '결선투표제'가 도입됐으나, 이재명 후보가 총 50.29%를 득표하면서 무산됐다. 문제는 '무효표' 계산이었다. 정세균 후보 등 중도 사퇴한 후보들이 받은 표를 유효표로 계산했을 경우, 전체 표본이 늘어나 결선투표를 치러야 하는 상황이었기 때문이다. 이에 이낙연 후보 측의 경선불복 움직임이 감지되는 등 일촉즉발의 상황이 계속됐다.

이재명 후보를 비토하는 분위기는 '낙선운동'으로까지 이어졌다. 국민의힘의 '대장동 1타 강사' 원희룡 후보를 띄우는 게 주된 전략이었다. 실제 트위터상 원희룡 후보에 대한 언급량 추이는 이낙연 후보 낙선 직후 급증해, 한때는 윤석열·홍준표 후보를 뛰어넘을 정도로 폭증했다. 한편 이 같은 강한 앙금은 정권 연장을 목표하는 더불어민주당에게도 독이 됐다. 이재명 후보가 이낙연 후보의 지지율을 진혀 흡수하지 못했으며, '컨벤션 효과'조차 누리지 못했기 때문이다. 2021년 11월 중순까지도 이재명 후보의 지지율은 30%대 초중반 '박스권'에 머물러 있는 상황이다.

◇ 불의는 못 참는 '제보 천사'들

사이버 전사들은 내가 지지하는 후보의 일정과 기사뿐 아니라, 경쟁하는 상대 후보의 일정과 기사까지 일일이 찾아보며 공격 포인트를 물색한다. 그리고 언론이 미처 인식하지 못했던 사소한 잘잘못까지 파고들어 언론사에 직접 제보하는 형태로 기사화를 유도한다. 국민의힘 경선 중간 윤석열 후보의 손바닥에 그려진 '왕(王)' 자 논란 역시, 동시다발적인 제보의 시작은 온라인 커뮤니티였다. 그렇게 시작된 손바닥 王자 논란은 '천공 스승' 등 무속인 논란으로 이어졌고, 끝없이 파생되는 새로운 논란 속에 윤석열 후보는 엄청난 곤욕을 치를 수밖에 없었다.

또한, 지나가는 발언 하나까지 놓치지 않는다. 작은 말실수 하나도 '망언' 프레임에 휩싸이면 이미지에 엄청난 타격이 될 수밖에 없기 때문이다. 한 예로, 지난 10월 25일 대전발전포럼 발대식 당시 윤석열 후보의 "청년들이 깊은 식견이 없다 하더라도 안보에 대해 걱정하는 것을 보면 지금 우리의 외교가 엉망이라는 것을 방증하는 것"이라는 발언을 보고 "청년들이 깊은 식견이 없다"라는 부분을 발췌해, '청년 비하 발언'이라 제보한 것 또한 온라인 커뮤니티였다.

그 과정에서 이재명 후보와 마찬가지로 윤석열 후보의 비호감도 역시 폭증했다. 이를 반증하듯 한 여론조사에서는 20대 지지율 3%, 30대 지지율 9%, 40대 지지율 8%라는 안타까운 성적표를 받아들여야 했다. 그리고 이 같은 수치 역시 네거티브 공세의 근거가 됐다. 20~40대의 지지율을 나열한 '398'이라는 숫자를 앞세워 "(청년들의 지지를 받지 못하는) 이런 후보가 대통령에 당선되는 게 맞느냐"라는 내용의 포스터가 급속도로 퍼져나가기 시작한 것이다. 심지어는 홍준표 후보가 직접 가세해 자신의 페이스북 계정에 해당 포스터를 게시하기도 했다. 이 포스터를 직접 제작해 배포한 것도 온라인 커뮤니티였다. 중립적으로 지켜보는 사람조차 혀를 내두를 수밖에 없게 만드는, 정치권의 새로운 풍경이었다.

◇ 그들에게 '노회함'까지 더해진다면

결국, 사이버 전사들은 패배했다. 2030세대 남성과 여성 모두, 그토록 치열하게 매달렸는데도, 원하는 후보를 얻지 못했기 때문이다. '조직표'가 됐건 '사사오입' 등 규칙상의 문제가 됐건 2030세대는 기성세대가 만들어놓은 판 전체를 뒤집지는 못했다. 그러나 그들이 만들어낸 이변은 잠잠했던 정치권의 호수에 던진 물수제비와도 같았다. 종래 기성세대가 정치권에서 누리던 기득권을 위협할 만큼 실질적인 결과를 만들어냈기 때문이다. 실제 기성세대가 지지하던 양강 후보 모두 정말 '간발의 차'로 승리했다. 구체저으로 이재명 후보의 경우 마지막 선거인단 투표에서 28%를 득표하는 데 그쳐, 62%를 기록한 이낙연 후보에 한참 뒤졌다. 무효표 계산 방식만 달라졌더라면, 그래서 결선투표가 성사됐더라면, 여론의 향방은 얼마든지 달라질 수 있었다는 의미다. 윤석열 후보 역시 여론조사에서 홍준표 후보보다 11% 낮은 득표율에 그쳤다. 심지어 20대의 경우, 남녀를 모두 합산한 결과인데도, 72.3%가 홍준표 후보를 지지했다. 반면 윤석열 후보의 지지율은 12.8%에 불과했다. 경선 룰이 여론조사를 더 폭넓게 반영하는 방식이었다면, 혹은 2030세대가 당원투표를 장려하는 등 조직화를 시도했더라면, 결과는 얼마든지 달라질 수 있었다. 순식간에 턱 밑까지 치고 들어오는 2030세대의 반란에 기성세대 어른들 역시 등골이 서늘해짐을 느꼈을 것이다. 2030세대가 그런 잔망스러움에 더해 노회함까지 갖추게 될 5년 뒤 대선이 어떤 양상으로 치러질지, 더욱 기대되는 이유다.

거듭 강조하지만, 필자는 경선 당시 홍준표 후보도 윤석열 후보도 지지하지 않았다. 오히려 가까이 지켜본 입장에서 다른 어떤 정치인보다 개방적이라고 생각했던 원희룡 후보가 2030세대와 화학작용이 가장 잘될 거라고 생각했으며, 몇몇 사건만 아니었다면 실제로 그렇게 되었을 거라고 생각한다. 또한, 2030세대 사이버 전사들의 선거운동 방식이 그 자체로 훌륭했다며 치켜세우려는 것도 아니다. 다만, 이번 경선에 그들이 미친 영향력은 분명 대단한 것이었다는, 있는 그대로의 '사실'을 이야기할 뿐이다. 그 사실을 어떻게 받아들일지는 독자 개인의 몫이다. 마찬가지로 그 현상을 어떻게 활용할지를 고민하는 것도 정치인 개인의 몫이다.

패잔병으로 뿔뿔이 흩어진 2030세대는, 이번 대선에서 어떤 후보를 선택할 것인가? 그 2030세대의 마음을 사기 위해 기성세대 정치인들은 어떤 노력을 기울여야 할 것인가? 2030세대를 규합하기 위해 만들어진 '청년의꿈' 플랫폼은 어떤 형태로 그들의 의지를 계승할 것인가? 그리고 장차, 정치권에 어떤 방식으로 영향력을 행사할 것인가? 그 질문들이 우리에게 남은 심화 과제다.

04

또 하나의 이름, '미래세대'

일각에서는 2030세대에 주목하는 현상 자체가 2030세대에 대한 특혜라고 비판한다. 모든 세대가 각자의 어려움과 불만을 안고 살아가며, 모든 세대의 고충이 동등하게 중요한데 어째서 2030세대에 대해서만 유난스럽게 반응하느냐는 것이다.

그러나, 정말 그럴까? 사실관계를 따져보면 2030세대는 전체 유권자의 34%를 차지하고 있음에도 불구하고 정치권에서 놀라울 만큼 소외되어 있다. 말로만 "청년이 중요하다"라고 떠들 뿐, 실질적인 수혜는 전혀 돌아오고 있지 않다는 것이다.

21대 국회의 세대별 구성부터 살펴보도록 하자. 전체 300명의 국회의원 중 50대는 177명(59.0%)으로 과반을 크게 상회했다. 다음은 60대로 약 23%를 차지했다. 국회의원 10명 중 8명은 5060세대라는 의미다. 반면 20대 국회의원은 단 2명이었고, 70대 역시 단 3명으로 1% 수준에 그쳤다. 성별로는 남성이 81%, 여성이 19%였다. 국민적 대표성을 반영해야 할 국회 구성원부터가 특정 연령대와 성별에 지나치게 편중되어 있다는 의미다.

이 같은 편중은 법을 만들 때도 특정 연령대와 성별의 이익만을 대변하게 만든다. 지난 1월 5일 한국일보에서 전수조사한 결과, 2020년 발의된 약 7,000여 개의 법안 중에서 2030세대를 직접 겨냥한 법안은 단 91건(1.3%)에 불과했다. 6070세대를 겨냥한 법안 역시 91건(1.3%)이었다. 그나마 발의된 법안이 그 정도라는 것이지, 실제 통과된 법안은 각 3건으로 사실상 2030세대와 6070세대의 목소리는 국회에서 "지워졌다"라고 표현해도 과언이 아닐 정도였다. 이를 방증하듯 '근로자'나 '노동자' 등 종래 노동시장에 종사하던 4050세대 근로자들을 대상으로 발의된 법안은 337건이었으며, 청년과 노인들이 수혜를 보는 '취업' 혹은 '일자리' 등을 키워드로 하는 법안은 절반 수준(176건)에 그쳤다.

그렇다면 행정부는 청년들을 위해 일했을까? 소득주도성장이 단 1년 만에 실패로 끝나고, 청년 체감실업률이 30%에 육박한 상황에서도 행정부는 어떤 추가 대책도 마련하지 않았다. 그야말로 방치 상태라는 것이다. 애초에 소득주도성장은 성장이 아닌 분배 정책에 가깝다. 그 분배조차 자영업자의 소득을 아르바이트생에 이전하는, '을의 것을 뺏어서 을에게 나눠주는' 수준의 정책에 불과하다. 사실상 경제 정책에 없다고 봐도 무방하다는 것이다. 하물며 후속 대책조차 없었으니, 2016년 캠프 차원에서 했던 일 말고는, 아무 일도 안 했다는 결론이 도출된다. 선거에 참패한 뒤에야 신경 쓰는 척 시늉만 할 뿐이다. 2021년 4월 보궐선거 참패 이후 문재인 대통령은 청년 일자리 관련 "특단의 대책을 마련해달라"고 촉구했다. 그러나 역시 말뿐이다. 이후로 청와대와 행정부가 청년 일자리를 위해 어떤 특단의 대책을 마련했는지, 필자는 들어본 것이 없다.

물론 선거철이 되면, 청년 관련 포럼이나 기관들이 우후죽순 생겨나기는 하는데 역시 유명무실하다. 청년들에게 내어주는 자리는 허울뿐인 자리로 제대로 된 역할을 기대하기 어려우며, 통상 그와 같은 자리에 관심 있는 청년들은 이미 정치권에 경도된 경우가 많아 정말 평범한 청년들을 위한 대책이 마련되기 어렵다. 실제 2022년 대선에 뛰어든 양강 후보들의 정책만 해도, 유감스럽지만, 청년들을 위한 실질적인 고민의 흔적은 발견할 수가 없었다. 'MZ세대'나 '2030세대' 같은 키워드가 언론에 많이 등장한다고 해서, 청년세대가 그만큼의 혜택을 받고 있다고 생각한다면 대단한 착각이라는 것이다. 그야말로 'MZ세대(에 관심을 기울이고 있다)라는 거짓말'이다. 불과 5~6년 전, 청년들이 정치에 무관심했던 이유가 정치에서 효능감을 느낄 수 없다는 '소외감'으로부터 비롯되었다는 분석과도 일맥상통하는 내용이다.

◇ 인구구조 변화는 2030세대의 정치적 소외를 더욱 부추길 것이다

이처럼 청년들이 정치권에서 소외되는 현상은, 대대적인 정치경제체제 개편이 이루어지지 않는 한, 점점 심해질 수밖에 없다. 저출산·고령화에 따른 인구구조 변화 때문이다. 2021년 현재 우리나라의 인구구조는 2030세대·4050세대·6070세대가 각 3분의 1씩을 차지하는 균형적인 양상을 보인다. 적어도 '1인1표제' 하에서 누리는 권한은 동등한 수준이라는 의미다. 그러나 단 10년만 흘러도 60대 이상 유권자가 40%를 능가하는 등 심각한 불균형 상황이 야기된다. 지금의 10대, 그 이하의 미래세대는 지금보다 훨씬 열악한 정치지형에서 발언권을 박탈당할 가능성이 크다는 것이다.

더 큰 문제는 미래세대에게 부과될 부양 부담이다. 정치적 권리는 점차 배제되어가는데, 경제적 의무는 오히려 커질 수밖에 없는 불합리한 상황에 놓이게 되기 때문이다. 2021년 현재 우리나라는 경제활동인구 4명이 노인 1명을 부양하는 구조다. 그러나 15~20년만 지나도 노인 인구가 현재(약 700만명)의 두 배로 늘어나 경제활동인구 2명이 노인 1명을 부양해야 하는 상황에 놓이게 된다.[19] 다음 정부에서 '연금개혁'만 성공해도 소기의 목적은 달성한 거라는 자조적인 목소리가 나올 수밖에 없는 배경이다. 따라서 2030세대의 정치적 소외는, 장차 더 첨예한 세대갈등 양상으로 나타날 수밖에 없다.

---

[19] 통계청의 '장래인구추계' 참조

한편 세대갈등은 우리나라만의 문제가 아니다. 어디나 세대별 이해관계는 상이하며, 특히 선진국의 경우 우리나라와 같은 고령화 현상에 맞물려 이해관계 조율의 어려움을 겪고 있기 때문이다. 최근 가장 가시적으로 드러났던 현상이 '브렉시트(영국의 EU 탈퇴)'를 둘러싼 영국의 세대갈등이었다.

국민투표 직전까지도 '잔류'와 '탈퇴' 여론은 팽팽히 맞섰다. 2016년 6월 총 여론조사 평균을 집계한 결과 잔류가 45%로, 탈퇴(43%)를 2% 차로 근소하게 앞섰다. 그러나 지지 정당별, 소득수준별, 세대별 의견은 큰 차이를 보였다. 보수당 지지자들은 51%가 탈퇴를 선호해 잔류(37%)를 14%나 앞섰으며, 노동당 지지자들은 약 60%가 잔류를 선호했다. 또한, 부자들은 50%가 잔류를 선호해 탈퇴 의견(38%)을 크게 앞선 것에 반해, 빈자들은 52%가 탈퇴를 선호해 잔류(31%)를 크게 웃돌았다. 가장 큰 차이는 세대별 차이였다. 젊은 세대는 탈퇴(22%)의 세 배 가까운 60%가 잔류를 희망했지만, 노년층에서는 58%가 탈퇴를 선호한 것이다. 특히 세대를 중심으로, 브렉시트를 둘러싼 첨예한 갑론을박이 계속된 이유다.

결론은 어땠을까. 노년층의 승리였다. 탈퇴 51.9%, 잔류 48.1%의 초접전 끝에 도출된 결과였다. 청년층에서 더 분명한 선호를 나타내고 있었는데도, 결국 인구구조의 한계를 극복하지는 못했다는 것이다. 영국의 브렉시트는 영국 의회 하원의 조기 선거 등 정치적 격변은 물론 EU 전체의 결속까지 걸린 중대한 사건이었다. 때문에, 청년세대의 패배는 더 뼈아픈 좌절감으로 다가올 수밖에 없었다. 고령화가 진행되면서, 장차 세계 각국에서 중대한 의사결정을 둘러싼 세대갈등 양상은 더 첨예해질 것이다.

◇ 미래세대를 위해 해줄 수 있는 일

근래 정치권의 미스터리는 '포퓰리즘'의 영향력이 급격하게 약화했다는 것이다. 쉬운 말로, 돈을 주겠다는데도 마다하는 국민이 많아졌다. 당장 대선을 앞둔 '전 국민 재난지원금'만 해도 70% 가까운 국민이 반대하고 있지 않나. 2030세대의 여론도 무척 흥미롭다. '청년기본소득'부터 시작해 '기본주택'까지 주겠다는 이재명 후보를 마다하고, 오히려 '최저임금 적용을 유보'하겠다는 홍준표 후보를 지지했기 때문이다. 당장 나에게 이익이 되는 후보보다, 손해가 될 수도 있는 후보를 지지한다는 건 대의민주주의의 한계로 지적되는 '이기적 개인'으로서의 국민적 특성과도 괴리되는 신비로운 결과다.

어째서일까. 기본적으로는 교육 수준과 시민의식의 향상을 꼽을 수 있을 것이다. 문재인 정부의 원칙 없는 세금 살포로 국가부채가 전 세계에서 가장 빠른 속도로 늘어나고 있으며, 이 부채가 장차 2030세대를 옥죄는 빚으로 돌아올 것이라는 사실을 누구보다 잘 알기 때문이다. 또한, 겉만 번지르르한 감언이설이 결과적으로 자신들에게 도움이 되지 않았다는 사실을 깨달았기 때문이다. 이제 그들에게 중요한 건 구호나 공감이 아닌, 실력과 성과다. 2020년까지 3년 만에 최저임금 1만원을 만들어주겠다던 문재인 정부의 연평균 인상

률은, 결과적으로 박근혜 정부와 비슷했다. [20]

    2030세대는 그렇게 미래를 준비하고 있다. 어렴풋이라도, 도래할 미래를 예견하고 천천히 준비해나가고 있다. 그래서 이번 대선에서도 다른 어떤 세대보다 처절하게 자신들의 목소리를 관철하려 노력하고 있다.

    그러니 기성세대 어른들도 노력해야 한다. 상생을 위한 노력 말이다. 정치권이 대변하지 못하는 2030세대의 목소리는 2030세대를 위태롭게 하며, 출산 등 미래의 인생 계획 자체를 포기하게 만드는 악순환을 낳고 있다. 누구도 확신할 수 없는 미래에 베팅하지 않는다. 더구나 그 미래를 자신의 자식에게 물려줄 바에야, 출산 자체를 포기하는 편이 낫다고 생각하는 게 당연하다. 그런 불안감을 불식시키려는 노력 없이는 미래세대를 마주할 기회조차 잃어버리게 될 것이다.

    실제 세계 각국은 각자의 방식으로 미래세대를 위해 헌신하고 있다. 대표적으로 노르웨이는 지금 기성세대가 누리는 풍요를 미래세대도 누릴 수 있도록 '석유기금법'을 제정하고, 1,000조원에 달하는 '국부펀드[21]'를 조성했다. 당장 국가재정이 위태로운 순간에도 국부펀드만큼은 손대지 않으려고 엄격한 의결 절차까지 마련했다. 노르웨이 사례가 놀랍게 느껴지는 이유는 '이익당사자'인 미래세대가 아

---

20) 박근혜 행정부 시기의 연평균 최저임금 인상률은 대략 7.20%였으며, 문재인 행정부 시기의 연평균 최저임금 인상률은 대략 7.42%다.

닌 당장 현재의 풍요를 포기하는 기성세대 스스로 결정한 노력이라는 사실이다.

이외에도 독일은 연방행정부에 사회적 취약계층들을 관할하는 부처인 가족 · 노인 · 여성 · 청소년부를 만들어 운영하고 있으며, 이스라엘 역시 '미래세대위원회'를 신설해 지속가능한 발전을 논의하고 있다. 물론 우리나라도, 비록 소수 의견이긴 하나, 미래세대를 위한 목소리들이 제기되고 있다. 이를테면, 국회의원 선출에 종래 1인 선출 선거구 제도를 폐지하고 청년 · 중년 · 노인의 세대 권역을 만들어야 한다는 주장이다. 그러나 현재 우리나라의 정치지형에서 이 같은 획기적인 변화가 관철될 가능성은 희박해 보인다.

2030세대가 중요한 이유는, 달리 설명할 필요조차 없다. 그들은 그 자체로 중요하다. 기성세대의 자식이고 손주이며, 장차 국가를 이끌어갈 미래세대이기 때문이다. 그들의 정치적 이용 가치는 부수적인 문제일 뿐이다. 그러나 우리나라의 정치권은 어떤가. 선거철에만 2030세대를 찾고, 그마저도 정치적 이용 가치를 고려한 계산적 행보에만 그치는 수준이다. 자신들의 복수(정권교체, 혹은 정권유지)를 위한 수단으로 여길 뿐이라는 것이다. 지금 필자의 눈에 비치는 우리나라

---

21) 노르웨이 중앙정부는 석유 관련 수익을 적립하고서는 외국 기업들의 주식에 투자하는 대규모 공적노령연금기금과 공적노령연금 가입자들이 납부하는 보험료를 활용하여 노르웨이 국내 기업들의 주식에 투자하는 소규모 공적노령연금기금을 운영하고 있다. 이 가운데 전자의 전입 가능한 금전 규모는 회계연도마다 예상 실질수익률 이하로 엄격하게 고정(종래 4%에서 2022년부터 3%)되어 있다.

의 현실이 그렇다. 아마, 또래 청년들 역시 비슷한 생각일 것이다. 나아가 이런 생각들은 세대 간 혐오의 양상으로 조금씩 뿌리내리고 있다. 그 악순환의 고리를 끊어내기 위한 실마리는 다름 아닌 지금 결정권을 가진 기성세대, 어른들에게 있다.

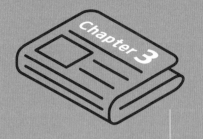

Chapter 3

어떻게
사로잡을 것인가?

01

2030세대의 언어를
이해해야

부모와 자식 간 의사소통에
어려움을 호소하는 사람들이 많다. 주로 자식들의 과민한 반응에 대
한 기성세대 어른들의 고충이다. 갈등의 원인도 시답잖다. "요새 만
나는 사람 없냐"는 일상적인 질문에도, "알아서 한다"라며 신경질적
으로 반응하는 경우가 부지기수다. 심지어는 "왜"라는 질문조차 간섭
으로 여기고, 견디지를 못한다. 그러니 부모에 대한 존중이 중시되던
과거를 살았던 기성세대 어른들이 그런 자식들의 반응에 이질감을
느끼는 건 너무도 당연하다. 그런데 또 들어보면 우리 집 자식만 이
러는 건 아니라고 하니, 몸서리치며 '요즘 것들' 전반의 문제로 치환
해버리는 것도 무리는 아니다.

이유가 뭘까. 애착과 신뢰 및 부모와의 관계 등 상대적인 측면을
제외하면 '가족이니까 편해서', '가치관이 달라서', '언어가 달라서' 크

게 세 가지 측면으로 나누어볼 수 있을 것이다. 가족이기 때문에 불편한 감정을 즉각 드러내는 건, 부정적으로만 볼 문제는 아니다. 외려 불편함을 즉각적으로 표출하지 못하는 관계가 더 건강하지 못한 관계라고도 볼 수 있다. 문제는 가치관과 언어다. 사생활을 중시하는 청년들 사이에서는 아주 친한 친구 사이라 해도 '지켜야 할 선'이 분명하다. 쉬운 예로, 취업을 준비할 시기에는 "결과 어떻게 됐냐" 혹은 "요새 무슨 일 하냐"라는 질문도 큰 실례가 될 수 있다. 하물며 기성세대 어른들의 여과 없는 직설적 화법은 청년들의 통상적인 문화에서는 용인되지 않는 '날 것'의 형태를 취할 때가 많다. 의사소통에 어려움을 느끼는 쪽이 지극히 자연스럽다는 의미다.

정치권도 마찬가지다. 그 어느 세대보다 예민한 감수성을 지녔으며, 개인의 인격과 사생활을 중시하는 2030세대에게는 작은 말실수조차 치명적인 실수로 인식될 수 있다. 근래 정치권에서 가장 많이 도마 위에 오르는 건 단연 구시대적 '젠더감수성'에 의한 실언들이다. 2030세대가 가장 부담스럽게 느끼는 표현은 단연 무언가를 "해야 한다"라는 당위와 의무의 부과다. 그 자체로 구속과 강제성을 내포한 억압적인 의미를 담고 있기 때문이다. 그리고 이 "해야 한다"라는 표현은 주로 '성적 역할 구분'과 결합하는 경우가 많다. 이와 같은 일종의 '혐오 표현'에 민감하게 반응하는 것은 성별과 무관한, 2030세대 전반의 정서다.

대표적인 게 "집에서 설거지나 해라" 혹은 "집에서 애나 봐라"와 같은 여성혐오적 표현이다. 많은 부침 끝에 근래에는 이 정도 수준의 막말은 사라졌지만, 아직 갈 길이 멀다. 지난 4월 재보궐선거 당시 국민의당 안철수 후보는 더불어민주당 박영선 후보를 향해 "도쿄에 아파트 가진 아줌마"라며 비난했다. 군이 방점을 중년 여성을 얕잡아 보는 '아줌마'라는 표현에 찍어 빈축을 산 것이다. 안철수 후보는 스스로 "여성정책에 최선을 다하고 있다"라고 표현할 만큼 여성들의 권익 향상에 관심이 많은 정치인이다. 그런데도 저런 수준이라니 민망힐 따름이다.

겉으로는 의미가 잘 드러나지 않는 혐오 표현들도 많다. 실제 같은 시기 더불어민주당에서는 박영선 후보를 두고 "엄마의 마음으로 아이를 보살피고 기르는 마음가짐, 딸의 심정으로 어르신을 돕는 그런 자세를 갖춘 후보"라는 표현을 사용했다. 치켜세우는 듯하지만 '아이를 보살피고' '누군가를 돕는' 행위를 여성의 전유물로 여기는 구시대적 가치관이 내재한 탓에 역시 비판에 직면할 수밖에 없었다. 언어 선정에 신중을 다하지 않는다면, 선의도 악의로 왜곡될 수 있다.

남성들에 대한 혐오 표현도 마찬가지다. 여성과 마찬가지로 남성이기에 무언가를 "해야 한다"라는 의무를 부과하는 걸 달갑게 여길 남성은 없을 것이다. 이번 국민의힘 경선에서 구설수가 있었던 건 홍준표 후보였다. 후보자 토론회에서 '여성징병제'에 대한 입장을 묻는 유승민 후보의 질문에, "병역은 전통적으로 남성의 역할이었기 때문에 동의하지 않는다"라는 입장을 피력했기 때문이다. 이어지는 "이미 여성 간부가 존재하는데, 병사 입대는 허락하지 않겠다는 말이냐"라는 질문에도, 홍준표 후보는 확실하게 "그렇다"고 못을 박았다.

심지어 홍준표 후보는 모병제를 주장하고 있었다. 모병제는 남녀 불문 자발적으로 입대하는 제도기 때문에 군이 여성의 징병 자체를 논할 필요가 없다는 것이다. 때문에, 자신의 공약조차 제대로 이해하지 못하고 있다는 비판과 구시대적 가치관에서 벗어나지 못한 '꼰대'라는 비판을 동시에 받을 수밖에 없었다. 실제 홍준표 후보의 지지층 사이에서도 '전통적인 역할'이라는 발언이 크게 문제시되었다. 그들로서는 다른 대안이 없었기에 선택을 달리할 정도의 영향을 미치지는 못했으나, 호감도가 낮은 후보의 입에서 나온 실언이었다면 한동안 맹폭에 시달리게 되었을 것이 분명하다.

◇ '피해'와 '피해의식'의 차이

피해의식의 사전적 정의는 '자신의 생명이나 신체, 재산, 명예 따위에 손해를 입었다고 생각하는 감정이나 견해'다. '피해'가 실재하는 사실이라면 '피해의식'은 그와 같은 감정에 해당한다는 의미다. 〈20대 남자, 그들이 몰려온다〉에서 언급했듯, 젠더갈등에서 피해와 피해의식은 혼재된 양상을 보인다. 정확히는 '군복무'나 '성추행'과 같은 실제 피해가 존재하는 게 사실이지만, "여성할당제 때문에 일자리가 줄었다" 혹은 "여성이기 때문에 살인범죄에 노출된다"라는 근거가 불충분한 피해의식이 혼재되어 지금의 첨예한 젠더갈등을 낳았다고 생각한다. 각자가 느끼는 분명한 피해도 존재하지만, 과열된 피해의식도 존재한다는 것이다.

그러나 〈20대 남자, 그들이 몰려온다〉에서는 피해의식이라는 표현 대신, '질소과자[22]'라는 표현을 사용했다. 피해의식이라는 표현이, 나쁘게 해석하면, '실재하지 않는 망상의 결과'라는 의미로 호도될 수 있기 때문이다. 그게 사실이라고 할지라도, 듣는 사람에게 썩 유쾌하지 않은 감정을 불러일으키는 표현이다. 실제 필자만 해도 그렇다. 피해의식이라는 단어를 들으면, 의도가 그렇지 않다고 할지라도, 종래 안고 있던 고충이나 불만은 별것 아니라며 뭉개려는 의도로 인식된다. 그리고 이는 필자만의 주관적인 견해가 아닌 2030세대의 보편적 문제의식으로 보인다.

실제 여전히 많은 정치인이 청년, 특히 2030세대의 고충을 이야기할 때 피해의식이라는 단어를 사용하는 경우가 많다. 이번 경선에서 가장 크게 논란이 되었던 건 이낙연 전 총리의 발언이었다. 지난 7월 29일 '서울대 청년 토크 콘서트'에 방문한 이낙연 후보는 "20대 남성들이 후보님을 지지해야 하는 이유"를 묻는 질문에 "남성들의 경우에는 군복무에 따른 피해의식이 있는 것은 사실이지만 군가산점은 위헌이다는 판정이 나와 있어 (중략)"라고 답했다. "여성할당제 때문에 일자리가 줄었다"는 주장을 피해의식이라고 해도 논란이 될 판에, 하물며 가장 빛날 20대의 2년을 무상으로 헌신하는 '실재하는 피해'

---

22) '질소과자'는 과거 과자 과대 포장 논란에서 비롯된 말로, 수익 극대화를 위해 실제 내용물 (과자)은 조금만 담고 포장(질소)만 그럴듯하게 하는 제과업체를 비판하기 위해 사용됐다. 〈20대 남자, 그들이 몰려온다〉에서는 정치권이 실제 내용물(피해)을 포장(피해의식)으로 과도하게 부풀려 젠더갈등을 부추긴 점을 비유적으로 꼬집기 위해 이 '질소과자'라는 표현 을 차용했다.

인 군복무를 피해의식이라고 표현했으니 논란을 피해갈 수 없는 것이 당연하다. 이낙연 후보의 발언은 지금도 여러 짤과 영상으로 남아 있으며, 두고두고 논란이 될 가능성이 크다.

이재명 후보도 유사한 발언으로 논란이 됐다. 지난 11월 13일 20대 여성들과의 자리에서 "20대 남성들의 피해는 신화에 불과하다"라는 발언을 한 것이다. 피해의식이라는 단어를 직접 사용한 것은 아니나, 그와 같은 의미로 전달될 여지가 충분한 발언이었다. 그러면서 "(할당제의) 혜택을 보는 건 남성"이라며 "경기도 통합공채 등을 보면 맨날 여성이 더 성적이 높게 나온다"라는, 쉽게 말해 '남성들이 공부를 더 못하는 게 문제'라는 혐오 발언을 내뱉은 것이다. 바로 며칠 전, '반페미' 글을 공유해 '말 바꾸기'가 더 논란이 되었지만, 독립적 사건으로만 봤을 때도 선을 넘어도 한참 넘은 잘못된 발언이었다.

◇ 시대가 변하면 언어도 변해야 한다

"정말 이렇게까지 해야 해?"라는 말이 절로 나올 것이다. 습관처럼 사용하는 언어를 검열하는 일이란 잘 되지도 않을뿐더러, 여간 귀찮은 일이 아니기 때문이다. 필자 역시 언어 검열을 좋아하지 않는다. 과도한 검열은 되레 언어의 진의를 왜곡하고, 원활한 의사소통을 가로막는다고 생각하기 때문이다. 또한, 논란이 될 언어와 그렇지 않을 언어를 구분하는 것은 쉬운 일이 아니다. 사람마다 감수성은 물론 언어에 부여하는 의미 등에 큰 차이가 있기 때문이다. 하물며 일각에서는 "예쁘다"와 같은 칭찬도 하면 안 된다고 하고, 또 다른 일각에서는 '여성·청년'이라는 표현까지도 "남성은 청년도 아니냐"며 반발하는 판이니[23] 모든 요구에 부응할 수도 없는 노릇이다.

그러나 적어도 정치인이라면, '가장 예민한 사람'을 기준으로 언어를 선정하는 것이 타당하다고 생각한다. 그 정도 기준점을 잡아야 그래도 표준에 가까워진다고 생각하기 때문이며, 통상 문제를 제기하는 쪽은 가장 예민한 사람들이기 때문이다. 필자 역시 언어 검열이 불쾌하다고 주장하면서도, 여성은 물론 장애인이나 성소수자들이 불쾌해할 만한 표현을 피하려고 '의식적으로' 그리고 '습관적으로' 노력한다. 그런 사회적 분위기를 거스르려고 드는 것보다는, 내가 조금 더 노력하는 게 훨씬 가성비 좋게 관계를 지키면서 세상에 적응하는 법이기 때문이다.

기성세대 어른들에게는 쉽지 않은 도전이 될 것이다. 왕도도 없다. 자식부터 주변 2030세대까지, 가능한 많은 대화를 나누고 불편한 상황들에 직면하며 깨져보는 게 최선이다. 홍준표 후보 역시 '전통적인 역할' 발언부터 시작해, 무수한 발언들이 논란이 됐다. 그러나 누구보다 개방적으로 2030세대의 문화에 적응하려고 노력했고, 단 몇 달 만에 칠순에 가까운 기성세대라는 생각이 들지 않을 만큼 2030세대와 동화된 모습을 보이기 시작했다. 그가 보이는 발언과 행동 표정 하나하나에 유약한 '소년'의 모습이 깃들어 있는 듯한 느낌을 받을

---

23) 흥미로운 점은 남성과 여성 모두 각자의 이유로 '여성·청년'이라는 표현을 불쾌해한다는 사실이다. 남성들이 느끼는 불쾌감은 본문의 내용과 같으며, 여성들이 느끼는 불쾌감은 "청년 여성들이 느끼는 고유의 불쾌함을 여성 전체로 뭉뚱그린다"라는 것이다.

정도였다. 단 5년 전만 해도 전국구 '꼰대'였던 홍준표 후보였다. 그러니 의지만 있다면, 누구라도 할 수 있다. 새 시대의 언어에 적응하는 것, 청년들에 다가가기 위한 첫 번째 관문이다.

02

자나깨나
입조심!

　　　　　　　　　　　　　　　본격적인 대선 국면에서도
양강 후보의 참을 수 없는 가벼운 '입'이 연일 논란이다. 성과 지역,
학교와 학과는 물론 개인에 대한 평가마저 막말 일색이니, 유례없는
비호감 선거를 지켜보는 국민의 한 사람으로서도 숨이 턱턱 막힐 지
경이다. 물론 그중에는 앞뒤 맥락을 충분히 고려하지 않은 의도적 '마
타도어'도 있을 것이고, 으레 있을 법한 사소한 말실수도 있을 것이
다. 그러나 '오해'라는 변명도 한두 번이지, 비슷한 실수가 반복되면
몸에 밴 습관이라고 볼 수밖에 없다. 또한, 나쁜 언어습관을 지닌 정
치인에게 호감을 느끼지 못하는 건 너무도 당연하다. 한편 앞서 언급
했듯 언어에 민감하게 반응하는 건 주로 2030세대, 청년층이다. 잦
은 망언이 곧 2030세대 지지율과도 직결될 수 있다는 의미다. 실제
2030세대에서 비호감도가 높고, 지지율이 낮은 양강 후보의 공통점

은 망언이 너무 잦다는 것이다.

이재명 후보의 경우 '농담으로 넘어갈 수 있는 발언'과 '선을 넘는 발언'을 잘 구분하지 못하는 게 문제로 보인다. 이재명 후보는 더불어민주당 경선 당시부터 '여배우 스캔들' 관련 질문에 "이 자리에서 바지라도 벗을까요?"라는 답변을 해서 논란이 됐다. 혹자는 호탕하게 웃으며 넘어갈 수도 있는 발언이겠지만 대다수 국민, 특히 여성들이 듣기에는 글쎄. 50대 중년 남성이 공공장소에서 바지를 벗는, 썩 유쾌하지 않은 장면을 상상하게 만드는 불쾌한 발언에 불과했다. 더욱이 바지를 벗는 행위가 제기된 의혹을 해명하는 데도 별 도움이 되지 않는, 그저 하나의 퍼포먼스에 불과하다는 점에서 상황을 모면하기에도 좋지 않은 전략이었다.

호방함을 가장한 실언은 본선이 시작된 뒤에도 계속됐다. 대표적인 게 '오피스 누나' 발언이었다. 구체적으로 지난 11월 4일 이재명 후보는 웹툰 제작 현장에 전시된 '오피스 누나 이야기'라는 작품을 두고, "제목이 확 끄는데요"라고 발언해 논란이 됐다. 그나마 "확 끄는데요"라는 표현은 상당히 정제된 것으로, 발언 직후 보도에는 비슷한 발음의 "화끈한데요"라는 표현으로 명시되어 더욱 논란이었다. 이재명 후보 본인의 의도가 무엇이었는지는 알 길이 없으나, "화끈한데요"가 됐건 "확 끄는데요"가 됐건 듣기 민망한 부적절한 발언이었음은 틀림없다. 이재명 후보 측의 해명도 참 궁색하기 짝이 없었는데, "선정성이 있는 게 아니냐는 취지에서 문제를 제기한 것"이라고 한다. 정말 좀스럽고 민망한 변명이다.

부산에 대한 지역 비하 발언도 도마 위에 올랐다. 부산의 스타트업 대표들과 만난 자리에서 "부산 재미없잖아, 솔직히. 아, 재미있긴 한데 서울 강남과 같지 않은 측면이 있다"라고 발언한 것이다. 이 또한, 일반인이 한 말이라면, 농담으로 치부하고 넘어갈 수 있는 수위의 발언이라고 생각한다. 그러나 이재명 후보는 전 국민을 대표하는 대통령을 뽑는 선거의 후보자다. 말의 무게 자체가 다르다는 것이다. 하물며 지역감정이 여전한 현실에서, 특정 지역을 다른 지역과 비교해 격하시키는 행위를 지나가는 농담으로 치부하고 넘어가기는 어려워 보인다.

범죄를 가벼이 여기는 언행도 문제가 됐다. 이재명 후보는 전과 4범으로, 가장 치명적인 전과는 단연 음주운전이다. 자칫 타인의 생명까지 위협할 수 있는 중범죄로 인식되기 때문이다. 이에 국민의당 안철수 후보는 이재명 후보를 '음주운전자'에, 윤석열 후보를 '초보운전자'에 비유하며 대통령 후보로서의 부적절성을 강조하기도 했다. 그런데 이재명 후보는, 자중하고 회피해도 모자랄 판에, 오히려 "음주운전 경력자보다 초보운전이 더 위험하다고 생각한다"라며 논란에 불을 지폈다. 사안의 경중과 국민적 인식을 조금도 고려하지 못하는 것이다. 타인에 위해를 끼친 사실이 없는 무고한 초보운전자가, 범죄를 저지른 음주운전 경력자보다 위험하다는 건 이치에도 맞지 않는다.

정책은 잊혀도 망언은 기억된다. 그 사람의 언어가 그 사람의 인품을 대변하기 때문이다. 하물며 공적인 자리에서 대통령선거 후보자의 입에서 나오는 언어는, 그 사람을 후보자로서 선출하였던 정당은 물론 국민 전체를 대표한다고 해도 과언이 아니다. 어느 때보다도 여론에 촉각을 곤두세워야 할 선거철에도 이 정도로 미숙하다면, 대통령이 된 뒤에는 어떻겠냐는 국민적 우려를 불식시키려 노력해야 한다.

◇ '부정식품'부터 '손발노동'까지

국민의힘 윤석열 후보도 만만치 않다. 경선이 시작된 직후부터 '1일 1실언'으로 빈축을 샀다. 물론 양상은 이재명 후보와는 조금씩 다르다. 정치 문법에 대한 미숙함과 사안에 대한 지식의 부족, 지나친 솔직함 등이 문제의 원인이었다.

시작은 밀턴 프리드먼의 말을 인용한 '부정식품' 발언이었다. 구체적으로 "부정식품이라 그러면은 없는 사람들은 그 아래 것도 선택할 수 있게 더 싸게 먹을 수 있게 해줘야 한다. 이거 먹는다고 당장 어떻게 되는 것도 아니고"라는 발언이 논란이 됐다. 의도 자체는 이해할 수 있다. 상품에 대한 정부의 검열과 통제가 상품의 단가를 높이는 데 일조하며, 소비자가 선택할 수 있는 상품의 폭을 제한한다는 자유지상주의 논리에 입각한 발언이기 때문이다. 그러나 대중의 공감을 얻기에는 소재가 좋지 않고, 표현이 지나칠 정도로 투박하다. 기본적으로 식품의 안전에 누구보다 예민하게 반응하는 게 우리 국민이다. 중국의 혐오스러운 김치 생산 과정 동영상 하나로 한동안 중국산 김치 전체에 대한 불매운동이 벌어졌을 정도다. 값싼 식품을 선택할 수 있는 권리가 곧 안전하지 않은 식품에 노출될 수 있다는 불안으로 해석될 수 있다는 의미다. 표현상으로도 '없는 사람들', '아랫것', '어떻게 되는 것도 아니다' 등 투박함을 넘어, 날것 그대로의 거친 표현들은 듣는 이로 하여금 위화감을 불러일으키기 충분했다. 같은 날 한 언론 인터뷰에서 했던 "필요한 경우 주 120시간이라도 바짝 일한 뒤 쉴 수 있어야 한다"라는 말도 논란이 됐다. 정부의 '주 52시간제'를 비판하려는 의도였겠으나, '주 120시간'이라는 산법이 현대사회 노동환경과는 동떨어져 있었기 때문이다. 지켜보는 지지자들조차 위태로움을 느끼게 만드는, 실수의 연속이었다.

국민의힘에 입당해 경선에 뛰어든 뒤에도 실언은 계속됐다. 주로 세상을 단순한 2분법으로 인식하는 권위주의적 인식의 발로였다. 대표적인 것이 지난 9월 안동대학교 학생들과의 간담회에서 했던 "손발노동은 아프리카나 하는 것"이라는 손발노동(?) 비하 발언과 "인문학이라고 하는 것은 공학이나 자연과학 분야를 공부하면서 병행해도 되는 것이며 많은 학생이 대학 4년과 대학원까지 공부할 필요 없다"라는 인문학 비하 발언이다. 이 발언들 역시, 이해해보려고 노력하면, 아예 이해 못 할 발언들은 아니다. 인문학의 경우, 학계를 지망하는 게 아니라면, 이공계 등에 비해 요구되는 공부 시간의 절대량이 적은 건 사실이기 때문이다. 그러나 정치인에게 솔직함은 미덕이 되기 어려우며, 더구나 어떤 배려도 느껴지지 않는 돌직구라고 한다면 관대하게 이해해줄 청년들은 극히 드물 것이다.

이 외에도 "메이저 언론사" 발언, "집이 있어서 청약에 들어본 적이 없다" 발언, 앞선 발언을 해명하는 과정에서 나온 "(주택청약을 모르면) 거의 치매환자" 발언, "위장당원" 발언, "전두환 전 대통령이 그래도 정치는 잘했다" 발언 등 나열하자면 끝이 없다. 하나같이 '권위주의적 인식'이 '사려 깊지 못한 표현'으로 승화되며 발생한 논란들이다. 그중에서도 전두환 전 대통령 발언에 대한 '개 사과' 논란은 필자에게도 커다란 충격으로 다가왔다. 최종 경선을 앞둔 시점에서 어떻게든 한 표라도 더 끌어와야 하는 대선 예비후보라는 점을 상정하고 생각했을 때, 이해의 범위를 한참 넘어선 행동이었기 때문이다. 만약 망언에 민감한 2030세대가 당원의 주류였다면 경선 결과를 송두리째 뒤집을 수 있었을 만큼 큰 실수였다고 생각한다. 장차 본선에서 2030세대에 소구하기 위해, 각별히 신경 써야 할 부분이다.

◇ 정치인이 혐오를 부추긴다

정치인의 망언은 어제오늘 일이 아니며, 특정 후보만의 문제도 아니다. 더불어민주당의 고민정 국회의원만 봐도 그렇다. 지난 11월 8일 고민정 의원은 국회 '예산결산특별위원회 종합정책질의'에서 질의시간 20분 모두를 윤석열 후보의 실언을 지적하는 데 사용했다. 그러면서 "대한민국의 국격이 어찌 이렇게 무너졌나. 무엇이 국민의 자부심을 지킬 수 있는 것인지 국민 여러분이 함께 판단해주셨으면 좋겠다"라는 말까지 덧붙였다. 그렇게 국격을 중시하는 분께서 더 하면 더 했지 하등 나을 게 없는 이재명 후보를 지지한다는 사실부터가 우습지만, 해당 발언이 있은 지 단 일주일도 안 돼서 본인도 '모교 비하' 논란에 휩싸이는 걸 보자니 어처구니가 없어서 웃음도 안 난다.

지난 11월 13일 고민정 국회의원은 그의 페이스북 계정에 '블라인드 채용법'을 발의하겠다고 밝히면서, "저 또한 블라인드 테스트로 KBS에 입사한 경험이 있어 법제화의 중요성을 누구보다 절감하고 있다"라며 "저는 당시 분교였던 경회대 수원캠퍼스를 졸업했지만, 이 제도 덕분에 이 자리까지 오게 됐다"라고 말했다. 해석하자면 자신이 졸업한 학교는 보잘것없는 '분교'지만 블라인드 테스트를 통해 자신의 '실력'을 증명했기 때문에 이 자리에 오를 수 있었다는, 모교 깎아내리기다. 그 과정에서 사실관계조차 곡해됐다. 현재의 경희대학교 국제캠퍼스는 이원화 캠퍼스로서, 분교가 아니기 때문이다. 과거 분교의 역사를 끄집어낸 것만으로 경희대학교 동문을 자극하기 충분했다. 과거에도 자신을 '지방대 출신'이라고 언급해 구설에 오른 고민정 국회의원이었다. 자신의 학벌을 평가절하해, 외려 그 학벌을 극복한 자신의 실력을 부각하려는 의도가 아니냐는 성토가 이어지는 게 당연한 귀결이라는 것이다.

실제 경희대 '에브리타임'에는 고민정 국회의원의 그 같은 태도를 비판하는 게시글이 쇄도하고 있다. 한 학생은 "결국 고 의원도 갑의 논리에 취한 거다. '을들의 전쟁'이라는 표현은 짜증만 난다"라며 "자신이 KBS 아나운서나 국회의원이 된 것은 부조리한 학벌이 아닌 자신의 능력이라는 거 같은데, 학벌은 고 의원 그대의 결함이지 부조리한 악습은 아닌 것 같다"라고 강변했다. 또 다른 학생은 "자신의 정치적 스토리텔링을 위해 국제캠퍼스를 분교로 폄하했다"라며 "심지어 블라인드 채용법이 없으면 취직도 못 하는 바보로 만들었다", "학교 이미지만 망치고 있다"라는 비판을 쏟아냈다. 본인 말마따나 대단한 성취에도 불구하고 칭찬과 격려가 아닌 성토가 쏟아지는 이유가 무엇인지, 고민정 국회의원 스스로 곱씹고 자성해야 할 것이다.

국가인권위원회가 2019년 성인 1,200명을 대상으로 실시한 '혐오 표현에 대한 국민인식조사'에 따르면 응답자 58.8%가 "국회의원 등 정치인이 혐오를 조장한다"고 평가하고 있었다. 누구보다 국민을 따뜻하게 어루만져야 할 정치인들이 오히려 국민을 비하해 분열시키는 데 일조하고 있다는 뜻이다. 2022년 대선을 앞둔 현재도 같은 문제가 계속되고 있다. 기본조차 지켜지지 않는 상황이라면, 기본이라도 지키는 사람이 돋보이는 게 당연하다. 그러니 막말과 망언만 멈춰도 반 이상은 성공한 것이다. 2030세대의 마음을 사기 위해서라면 더욱 그렇다.

03

진정한 개혁은 '자기개혁'

정권 초 더불어민주당이 내세운 가치는 '적폐청산'과 '개혁'이었다. 익히 알다시피 적폐청산이라는 말은, 더불어민주당 스스로 듣기에도 민망해서인지, 거의 사장되었으며 개혁이라는 말 역시 오염될 대로 오염되어 국민적 반발에 직면했다. 더불어민주당이 주창했던 '검찰개혁'의 실패, 그 살아 있는 증거가 바로 국민의힘 윤석열 후보다. '언론중재법'을 앞세운 '언론개혁' 역시 흐지부지 실패로 끝나가는 분위기다.

어쩌다 이 지경까지 왔을까. 어째서 더불어민주당의 개혁은 국민으로부터 철저히 외면받게 됐을까. 필자는 진정성이 없었기 때문이라고 생각한다. 더 정확한 표현으로는, 개혁이라는 말을 '이권 다툼'의 도구로 오용해왔기 때문이라고 생각한다. 민주당은 2020년 국회의원선거에서 180석을 획득한 집권당이다. 대법원장에 대한 임명권 역시 대통령에게 있으며, 나머지 대법관은 대법원장이 임명한다. 게다가 헌법재판관까지 대통령이 3명을 직접 지명하며, 대법원장과 국회가 각 3명을 지명하니 사실상 사법부까지 완벽하게 장악했다고 해도 과언이 아니다. 나아가 KBS와 MBC 등 공영방송국마저 어용방송국으로 전락시켰다. [24] 명실공히 '초기득권화'된 것이 바로 지금의 더불어민주당이라는 것이다.

그런 더불어민주당이 개혁을 외칠 거라면, 그 대상은 다름 아닌 그들 스스로였어야 한다. 그러나 더불어민주당은 자기 자신에 대한 쇄신은 철저히 외면하거나 거부했으며, 오직 자신들이 갖지 못한 검찰과 언론 등의 기득권을 빼앗는 데만 혈안이 됐다. 개혁이라는 슬로건은, 그 이권 다툼을 정당화하기 위한 그럴싸한 포장지에 불과했다는 것이다. 억측이라고? 그럼 이 논리에 반박해보라. 더불어민주당이 '국민을 위한' 개혁의 의지가 있었다면 가장 먼저 손봤어야 하는 건 단연 국회다. 통계 작성 이래로 각종 신뢰 조사에서 단 한 번도 꼴찌를 놓친 적이 없는 사회적 제도가 바로 대한민국 국회이기 때문이다. 2020년 KBS의 신뢰 조사에서도 국회의 신뢰도는 10점 만점에 2.7점으로 꼴찌였다. 다음으로 언론이 3.1점, 검찰이 3.7점이었다.

그러나 더불어민주당은 국회를 개혁하기 위해서는 아무런 노력도 기울이지 않았다. 세비 감축, 특권 폐지, 정수 축소 및 비례대표제

---

24) 심지어는 방송통신위원회 위원 5명도 대통령이 1명, 집권당이 2명을 임명하며 국가인권위원회와 중앙선거관리위원회, 감사위원회 역시 대통령과 집권당에 의해 과반수가 지명된다.

조정 등 다양한 방안들이 제시되었지만 거들떠보지도 않았으며, 본회의 출석률을 높이려는 노력을 기울이거나 의사결정의 민주성을 제고하기 위한 대안 따위를 논의한 적도 없었다. 180석 '슈퍼 여당'으로서, 의지만 있었다면 당장이라도 할 수 있는 일이었지만 시도조차 하지 않았다는 것이다. 외려 180석을 무기로, 그것이 '국민의 뜻'이라 외치며 '임대차 3법' 등 비민주적인 졸속 입법들을 강행했다. 더불어민주당이 민생까지 폐기치고 몰두 했던 검찰개혁과 언론개혁이 '검찰장악'과 '언론장악'으로 인식되기 시작한 건 자기개혁에는 인색했던 더불어민주당의 업보, 그 이상도 이하도 아니었다는 것이다.

행정부와 사법부도 마찬가지다. 스스로 개혁하기 위한 어떤 노력도 발견할 수 없었다. 특히 청와대는 종래 제왕적 대통령제의 권한을 한껏 누리다가 2022년 대선을 앞두고야 또다시 개헌의 필요성을 역설하는 등 파렴치한 모습을 보였다. 그러면서 대통령이 본래 받아야할 봉급에서 식대와 생활비를 제하고 받았다며 대단한 노력을 하였던 양 공치사나 하고 있다.

2030세대가 문재인 정부와 더불어민주당에 등을 돌린 이유는, 엄청나게 많은 이유가 있을 것이나, 그처럼 민생에는 관심이 없고 오직 자신들의 이권 강화에만 관심을 기울이는 철저한 기득권 정부, 기득권 정당이었기 때문이다. 또한, 한술 더 떠 그런 자신들의 우악스러운 욕망을 개혁을 위한 노력이라며 정당화하는 위선 때문이다. 그러면서 집과 돈을 향한 국민의 욕구는 더러운 욕망 취급했으니 그 내로남불 작태만으로도 심판대에 오를 이유는 충분하다는 소리다.

◇ 조금은 다른, 이준석 대표의 '공천개혁'

국민의힘을 지지하는 정치고관심층 2030세대가 이준석 대표에게서 새로운 정치의 가능성을 발견하고, 그에게 지지를 보내는 이유는 뭘까. 더불어민주당의 사례를 뒤집으면 답이 나온다고 생각한다. 현재 이준석 대표를 가장 강하게 비토하는 집단은 다름 아닌 국민의힘의 기성 정치인들과 기성 지지층들이다. 당원 게시판은 물론 그의 페이스북 계정까지 찾아가 댓글로 갖은 험담을 늘어놓는다. 이준석 대표가 미움받는 이유는, 기본적으로 그의 정치방식이 기성세대와 맞지 않기 때문이라고 생각한다. 사사건건 SNS를 통해 자기 입장을 내는 이준석 대표가 '자기정치'를 위해 긁어 부스럼을 낸다고 생각할 수 있고, 실제 당원 게시판에 도배되는 내용 대다수는 "이준석 SNS를 정지시켜야 한다", "휴대전화를 뺏어야 한다"라는 내용이다.

그러나 그와 같은 다분히 정서적인 거부감만으로 당의 대표를 매장해버릴 기세로 성토하고 있다는 추론은 합리적이지 못하다. 어쨌든, 이준석 대표 취임 직후 당의 지지율이 상승곡선을 그리고 있으며 그의 존재가 2030세대의 지지율에 영향을 미치는 것도 사실이기 때문이다. 결국은 하나의 이유다. 자신들의 기득권을 빼앗기게 될 수도 있다는 두려움, 급변하는 정치지형 속에서 배제될 수 있다는 두려움이다. 실제 이준석 대표가 취임 직후 밟아온 행보는 오히려 '보수정당'으로 분류되는 국민의힘이 가장 개혁적인 게 아닐까 싶을 만큼 새로웠다.

기본적으로 '공천개혁'이다. 이준석 대표는 대변인단부터 종래 '임명'하는 방식이 아닌 토론배틀을 통해 '선발'하는 방식으로 변경했다. 충분히 입맛대로 '내 사람 심기'를 실행할 수 있었는데도 그렇게 하지 않은 것이다. 시작 전부터 진중권 전직 교수 등이 "실패할 것"이라며 어깃장을 놓았지만, 보란 듯이 흥행에 성공하며 대변인 선발방식에 새로운 패러다임을 제시했다. '기초·광역의원 자격시험'도 마찬가지다. 취지는 정치권에 만연했던 종래 '막걸리 정치(조직과 인맥에 의한 정치)'를 끝내고 진정한 능력주의로 나아가야 한다는 것이다. 또한, 그 과정에서 자연스레 2030세대가 정치에 유입되는 효과까지 기대할 수 있다. 비록 가산점만 부여하는 형태로 축소 도입되었지만, 이 같은 변화가 장차 불러올 파급효과는 지켜볼 가치가 충분하다는 것이다.

나아가 이러한 변화의 가장 큰 가치는, 철저한 '자기개혁' 의지의 발로라는 데 있다. 타인의 기득권을 빼앗기 위한 명목으로 앞세운 더불어민주당식의 개혁이 아니라, 더 큰 변화를 위해 자신의 것을 내려놓는 새로운 방식의 개혁이라는 데 진정한 의미가 존재한다는 것이다. 토론배틀을 통한 대변인 선발은, 실력 있는 대변인을 선발할 수 있다는 장점도 있겠으나, 한편으로는 경험이 부족해서 문제를 발생시킬 수도 있으며 대표와 뜻이 어긋날 수도 있다는 등의 우려도 있다. 대표 역시 심사위원으로 참여한다는 점에서 어느 정도 우려를 불식시킬 수는 있으나 지켜봐야 알 일이다. 그러나 여기서 가장 중요한 것은 당 대표가 오롯이 누릴 수 있는 권한을 내려놓고 자기개혁으로 당의 변화를 꾀했다는 것이다.

자격시험도 마찬가지다. 기본적으로 공천권이라는 것은, 여러 한계가 존재하겠으나, 대표의 고유한 권한이다. 하다못해 몇 자리라도 대표의 의지로 대표의 사람을 공천할 수 있는 상황인데, 스스로 그 권한을 포기하는 행위가 바로 자격시험을 통한 공천권의 행사라는 것이다. 자신들의 권한을 포기하기는커녕, 그 많은 기득권을 틀어쥐고도 권한이 부족해 개혁에 성공하지 못했다는 변명으로 일관하는 더불어민주당과 대조되는 모습이다. 당의 터줏대감들에게 미움받을 상황까지 감수하면서 자신의 권한을 내려놓는 개혁을 계속할 수 있다는 것이, 이준석 대표를 다시 보게 된 계기였다.

◇ 지금 대통령 후보들은 개혁하고 있나

개혁이라는 게 대단한 게 아니다. 기존에 자신이 갖고 있던 인식의 틀을 바꾸는 것, 고집을 꺾고 새로운 가치를 받아들일 수 있는 것, 그 모든 것이 개혁의 일환이다. 홍준표 후보도 그랬다. 경선 초까지만 해도 "자신의 아내만 재판받게 만든 조국은 사내새끼도 아니"라며 "자신이 검사였다면 남편이 모든 죄를 끌어안는 대가로 아내의 죄는 면해줬을 것"이라는 구시대적 논리를 펼치던 홍준표 후보였다. 그러나 새로운 시대, 변화한 가치관을 근거로 한 비판들이 제기되자 "그렇다면 자신의 생각을 바꾸겠다"라는 고무적인 입장을 피력하면서 '조국수홍(조 전 장관 지지자들이 외쳤던 구호(조국수호)와 홍준표의 합성어)' 프레임을 비껴갈 수 있었다. 거듭 강조하듯 과거의 '꼰대스러운'

면모로부터 탈피한 것이, 홍준표 후보가 2030세대의 지지를 받을 수 있었던 비결이었다는 것이다.

원희룡 후보의 "나는 귤재앙입니다" 역시 좋은 예다. 자신을 비난하기 위해 사용되던 별명을 '민주당의 재앙'이라는 프레임으로 재해석하며 유쾌하게 받아넘긴 건 분명한 자기개혁이었고, 이준석 대표와의 '녹취록 공방'으로 악화되었던 2030세대의 민심을 어느 정도 불식시키는 데 성공했다. 자신을 내려놓는 것이 곧 개혁이며, 그러한 개혁에 적극적으로 호응하는 세대가 바로 2030세대라는 것이다.

그러나 지금의 대통령 후보들은 어떤가. 어떤 개혁적인 모습을 보여주고 있는지 의문이다. 그들이 바라보는 방향, 해결의 방법론, 함께하는 세력, 그 무엇 하나 개혁적인 게 없다. 도리어 과거보다도 퇴보했다. 과거 '도덕성보다는 능력'을 앞세웠던 이명박 대통령을 누구보다 격렬하게 비난했던 더불어민주당의 지지자들은 이제 이재명 후보를 옹호하기 위한 논리로 '도덕성보다는 능력'이라는 슬로건을 가져다 쓰고 있으며, 국민의힘 지지자들은 박근혜 대통령을 감옥에 가뒀다며 맹렬히 비난했던 윤석열 후보를 이번에는 문재인 대통령을 타도하기 위해 기용했다. 앞으로 나아가기보단 철저히 과거로 돌아가는 것을 목표로 움직이고 있다는 의미다. 그러니 그들이 2030세대에게 외면받는 것은 우연이 아니다.

2030세대는 개혁다운 개혁을 바란다. 그들에게 효능감을 느낄 수 있게 만들어주는 정치를 원한다. 그러려면 자기 자신부터 개혁해야 한다. 정책 노선이 됐건, 사회적 대타협을 위한 새로운 방법론이 됐건, 세력 그 자체가 됐건, 변화하려는 움직임을 보여야 한다. 그래야만, 2030세대의 지지를 얻을 수 있다.

04

복수가 아닌,
미래를 위한 정치

대선 여론조사에서 늘
후보별 지지도와 함께 조사하는 항목이 있다. 바로 '정권교체'와 '정권
유지' 중 어느 쪽을 더 지지하는지다. 2022년 대선에서도 거의 모든
여론조사 항목에 포함되어 있었는데, 대체로 50% 중반대가 정권교
체를 30% 중반대가 정권유지를 원한다고 답했다. 또한, 이러한 지표
를 토대로 다음 대선에서는 여당 후보보다는 야당 후보가 유리할 것
이라는 전망들이 쏟아진다. 상기 여론조사가 중요한 이유는 크게 두
가지다.

첫째, 우리나라가 사실상 양당제 국가기 때문이다. 더불어민주당
과 국민의힘이 번갈아가며 정권을 차지해온 가운데, 문재인 정부 치
하 정권교체 열망이 크다는 것은 즉 국민의힘이 다음 정권을 차지할
'차례'가 되었다는 의미기도 하다. 물론 일각에서는 "이재명 후보의

당선도 정권교체를 뜻한다"라며 여론조사 결과를 달리 해석하기도 하지만, 일반적인 해석은 아니다.

다음으로 둘째, 정권교체 여론은 곧 '현재 정권의 모든 것을 되돌리고 싶다'라는 '비토층'의 비율을 뜻한다. 수비수인 이재명 후보의 입장에서 문재인 정부의 지지층을 끌어안아야 할지, 아니면 문재인 정부를 버리고 비토층의 마음을 달래야 할지 딜레마에 빠질 수밖에 없는 이유 역시 현재 정권교체 열망, 즉 문재인 정부에 대한 비토층이 크기 때문이다. 한편 현재 정권의 모든 것을 되돌리겠다는 의지는 곧 전임 대통령에 대한 처분과도 관계된다. 처분이라는 표현이 나쁘긴 하나, 정권이 바뀔 때마다 전임 대통령들을 자주 감옥에 보내온 우리나라의 역사를 생각하면 처분이라는 표현이 가장 적합할 것이다. 그렇게 우리나라는 거대 양당이 정권을 나눠 가지며 죽고 죽이는 사투를 계속해 왔다. 여전히 이와 같은 '복수의 정치'는 우리나라 정치를 이끄는 가장 큰 힘이며, 2022년 대선에서도 가장 중요한 화두는 이 복수의 정치라고 해도 과언이 아닐 것이다.

특히 이번 대선에서는 그 복수의 정치가 더욱 과열된 양상으로 나타난다. 문재인 대통령에 대한 복수심 때문이다. 필자는 2016년 ~2017년의 촛불집회가 결과적으로는 대한민국 발전에 부정적인 결과로 돌아왔다고 생각한다. 국정농단 사태를 부정하는 것이 아니다. 국정농단 사태를 키우는 과정에서 국민적 복수심이 과열됐고, 과열된 복수심으로 정권은 얻었지만, 분노에 의한 청산이 무수한 사회적 비용들을 초래했다는 것이다. 실제 '보수 죽이기' 수사로 많은 보수진영의 정치인들이 감옥에 갔고, 심지어는 목숨을 끊는 사람들도 있었다. 보수진영을 사실상 와해시킬 정도의 강한 청산이, 보수진영의 지지자들에겐 그만큼 강한 상처와 분노를 남겼다는 것이다. 그러니 그 상처와 분노가 반작용으로 돌아와 문재인 정부의 목을 겨누는 건 이상한 일이 아니다. 결국, 미숙한 청산의 결론이자 업보다. 문재인 정부가 정말 화합의 대한민국을 꿈꿨다면, 20년 집권을 목표로 화근을 잘라버리려고 할 게 아니라, 기억하고 답습하지 않기 위한 정돈된 해결책을 내놓았어야 했다.

문득 2020년 2월 독일 연수 당시 방문했던 베를린의 '독재청산재단[25]'에서의 기억이 떠오른다. 독재청산재단은 1998년 독일 연방 의회에 의해 설립되었으며 과거 소비에트사회주의공화국연방 및 동독 독재의 원인과 역사를 결과로 기록하고 기억하는 것을 사명으로 한다. 그들은 당시 우리나라의 상황을 빗댄 '적폐청산'이라는 질문의 의도 자체를 이해하지 못했다. 그들에게 청산이란 누군가를 벌하거나 책임을 묻는 게 아닌, 철저히 기록하고 기억하는 것에 있기 때문이다. 베를린에 위치한 '홀로코스트 메모리얼'과 '유대인 박물관'에 담긴 정신과도 일맥상통했다. 나치즘에게 분노와 적대감을 키우려는 의도는 어디에도 나타나 있지 않았다. 다만, 과거의 실수를 반복하지 않기 위한 기록과 기억만이 담겨있었다. 그 기억 속 가해자들이 느낄 감정은 또 다른 분노와 복수심이 아닌, 부끄러움이다. 그 부끄러움에

---

25) '독재청산재단'이라는 명칭은 우리나라식 명칭으로 정확한 명칭은 도이칠란트사회주의통합당 독재체제 조사재단(Bundesstiftung zur Aufarbeitung der SED-Diktatur)이다. 이 재단에는 청산이라는 개념 자체가 존재하지 않고 오직 과거의 극복이라는 개념만 존재한다.

의한 반성을 토대로 화합의 길을 걷는 것이, 진정한 청산이라는 것이다.

그러나 문재인 정부는 끝끝내 분노를 키우는 데만 힘을 모았고, 어떤 평화적인 대안도 내놓지 못했다. 그렇다고 정치를 박근혜 정부 때보다 잘한 것도 아니었다. 20년 장기집권은커녕, 단 5년 만에 정권을 잃어버리게 생긴 것이 그 증거다.

◇ 복수하려는 자와 막으려는 자의 처절한 사투

양강 후보 모두 당심이 민심을 거스를 수 있었던 이유는, 과열된 복수의 정치가 중도층과 2030세대의 바람을 압도할 정도로 컸기 때문이라고 생각한다. 더불어민주당 지지자들은 "능력만 있으면 도덕성이 뭐 대수냐"고 말하고 있고, 국민의힘 지지자들은 "복수만 잘하면 그만"이라고 생각하는 듯하다. 그런 두 후보 모두 무수한 의혹에 휘말려 있으며, 진행 중인 수사만 수십 건이다. 그런 두 후보의 대결을 두고 2030세대는 '캐삭빵(인터넷 기반 전자게임에서 정정당당하게 1:1로 결투를 하여 패배한 플레이어는 그 캐릭터를 삭제하기로 약속하고 겨루는 결투)'이랑 다를 게 없다는, 자조적인 목소리를 내기도 한다. 사생결단의 결투를 치른 뒤 패배한 사람은 감옥에 가게 되는, 이게 범인 잡기 게임인지 대통령선거인지 구분하기조차 민망한 상황에 빗댄 말이다.

그러니 2030세대가 소외감을 느끼는 게 당연하다. 그들이 원하는 건 누군가를 감옥에 보내는 것이 아니라, 더 나은 미래이기 때문이다. 복수의 정치를 실현하기 위한 도구가 정권교체라고 한다면, 2030세대가 원하는 건 정권교체가 아닌 정치교체 혹은 세대교체에 가깝다. 2030세대가 문재인 정부의 실정에 분노하고 있는 건 사실이지만, 그렇다고 "감옥에 보내면 그만"이라는 단순한 결론을 도출하지는 않는다는 것이다. 외려 문재인 대통령을 감옥에 보내는 행위가 또 더불어민주당 지지층의 복수심을 낳아 2027년 대선에서 또 한 번 복수의 정치가 반복되지는 않을지, 그렇게 발전적 논의보다는 되돌리자는 논의에만 머무르게 되지는 않을지 우려된다.

물론 역사는 중요하다. 일본의 한국 지배와 6·25전쟁에 의한 분단, 5·18 민주화운동으로 이어지는 격변의 역사 속 좌우의 대립은 필연적이었으며 여전한 분단의 현실 속 현재진행형의 문제다. 그리고 이 같은 필연적 대립이 복수의 정치를 낳았음이 분명하다. 그 현장에 있었던 산업화세대와 민주화세대가 살아 숨 쉬는 한, 복수의 정치를 완전히 중단하기란 어려울 것이다. 그러나 여기 새로운 세대가 있다. 바로 2030세대다. 그들은 새로운 가치관과 새로운 역사 경험치를 가진 존재들이다. 그들을 소외시키는 정치는 결코 국민을 위한 정치라고 말할 수 없다. 또한, 그들에게 과거 역사를 주입하며 같은 복수를 꿈꾸게 만드는 행위 역시 바람직하지 않다.

5년, 혹은 10년 주기로 반복되는 복수의 정치를 중단해야 한다. 지지층 결집을 위해 분노를 부추기는 구시대적 정치를 멈춰야 한다. 분노로 얻은 정권은 다시 분노에 무너지게 되어 있다. 그렇게 전임 대통령을 감옥에 가둬놓고는, "다시 사면하는 것이 '국민통합'에 기여한다"고 주장하는 식의 고리타분한 관례도 끝내야 한다. 현재 감옥에 있는 대통령 사면에 반대한다는 게 아니라, '가둬서 복수하고 사면해서 통합하는' 어처구니없는 촌극을 이제 그만하자는 것이다. 집권 직후 이전 정권을 청산하는 데만 몇 년을 할애하고, 레임덕 시기 몇 년을 제외하면 고작 1~2년 새로운 가치를 논하는 구시대적 정치야말로 청산 1순위의 '적폐정치'다. 그렇게 뫼비우스의 띠처럼 반복되는 복수의 정치에 동참하기엔, 2030세대의 삶은 너무도 피폐하기 때문이다. 또한, 그렇게 반복되는 복수의 정치는 상처를 주고받아야 하는 기성세대 어른들 당사자에게도 이롭지 못하기 때문이다.

◇ 기억을 통한 청산과 미래를 위한 노력

문재인 정부의 적폐청산은 엄청난 잡음 속에 계속됐다. 그러다 문재인 정부 역시 똑같은 기득권 적폐에 불과했다는 인식이 확산하자, 서서히 중단됐다. 절도범에게 사기꾼 잡는 일을 맡기는 듯한 위화감 속, 적폐청산이라는 슬로건이 '자기 발목에 족쇄 채우기'처럼 느껴졌기 때문이리라. 반대로 앞서 언급한 독일의 독재청산재단은 설립 및 존속에 특별한 정치적 마찰이 없었다. 합의해야 할 것은 단 하나, 어떤 역사를 어떻게 기록할지에 대한 논의뿐이다. 가치판단도 필요하지 않다. 판단은 오롯이 미래세대의 몫이기 때문이다. 과오에 대한 심판은 그 과오가 미래세대의 기억에 각인되는 것, 그렇게 미래세대로부터 부정당하는 것, 그걸로 족하다.

2022년 대선, 정권유지에 성공하게 될지 정권교체가 이루어지게 될지는 아직 알 수 없으나, 그와 같은 화합의 길을 걸을 수 있기를 희망한다. 그리고 미래를 논해야 한다. 서로를 향하던 적대적 시선을, 공통의 미래지향적 논의로 이끌어야 한다. 정치 시스템 개편, 인구 구조 변화 대응, 4차 산업혁명에 따른 경제 패러다임 전환, 갈등비용 경감을 위한 노력 등 시급히 논의해야 할 과제가 산더미다. 대통령에게 주어진 임기 5년을 오롯이 할애해도 모자랄 판이다. 장기적인 안목이 필요하며 단기적 성과의 부재로 미움만 받을지도 모르지만, 누군가는 꼭 해야 할 일들이다.

2030세대, 특히 20대는 어느 시대에나 천덕꾸러기로 여겨졌다. 특히 정치에 있어선 철저한 타자였다. 원망이 필요할 때는 어김없이 '20대 GSGG론'이 튀어나왔고 표가 필요할 때는 다시 '우리 청년들'이 되었으며 분석이 필요한 순간에는 기성세대의 입맛에 따라 'MZ세대'와 같은 개념으로 이름 붙여졌다. 실제 지금의 40대 이상이 2030세대였던, 2,000년대 후반에도 2030세대는 '정치에 무관심하다'라는 프레임에 시달려야 했고, "20대의 투표율이 18%"라는 '가짜뉴스'에 영문도 모른 채 십자포화를 맞았다. 2030세대의 공통점은 늘 기성세대에 의해 타자화되어 왔다는 것이며, 몇 번의 선거철을 지나 그들이 40대 이상 기성세대가 된 다음에는 언제 그랬냐는 듯 기성세대의 관점으로 현재의 2030세대를 꾸짖고 있다.

그러나 지금의 2030세대가 기성세대가 된 뒤의 양상은 조금 다를 가능성이 크다. 그들은 부모보다 가난한 '최초의' 세대이며, 어쩌면 지금의 10대보다 가난할 수도 있는 과도기적 어려움에 놓여있기 때문이다. 기득권은 양도받지 못한 채 나이만 들어간다는 것, 그것이 현재 2030세대에 닥칠지도 모를 불안한 미래다. 그래서 대안이 필요하다. 또다시 정치권에 불어닥친 2030세대의 바람이 흘러가는 바람에 그치지 않을 수 있도록, 정책과 제도 그리고 시스템에 의한 변화가 절실하다. 그 역할을 시작할 의지가 있는 이가 20대 대통령, 다음 정권의 주인이 되었으면 하는 바람이다. 필자도 미약하게나마 지식을 보태보려 한다. 지식과 경험은 부족하지만, 2030세대 당사자의 관점에서 당사자의 목소리를 대변해보려 한다. 그런 고민의 흔적들을 이어지는 파트 2 '승리를 위한 정책 제안'에 녹여볼 것이다.

노파심에 덧붙이면, 찬반이 나뉘는 주제들인 만큼 필자의 견해가 결코 정답이 아니며 때로는 2030세대 다수의 생각과 어긋나는 결론을 도출하게 될 수도 있다. 그러나 그 결론에는 분명한 두 가지 원칙이 있다. '논리와 합리를 추종'하며, '2030세대를 넘어 미래세대에 이익이 되는 결론'이어야 한다는 것이다. 나아가 그 논리성과 합리성을 증명하기 위해 다양한 통계와 사례들을 인용할 것이다. 정치와 정책에는 정답이 있을 수 없다. 자원을 권위적으로 분배하는 과정에서 이익을 보는 사람이 있다면, 필연적으로 손해를 보는 사람이 생기기 마련이다. 핵심은 이익을 보는 사람을 최대로, 손해를 보는 사람을 최소로 만들기 위한 토론의 과정이며 '숙의민주주의'의 정착이다. 그 목표를 향해 누군가에게는 무겁게만 느껴질 수도 있는, 정책전쟁을 시작해보려 한다.

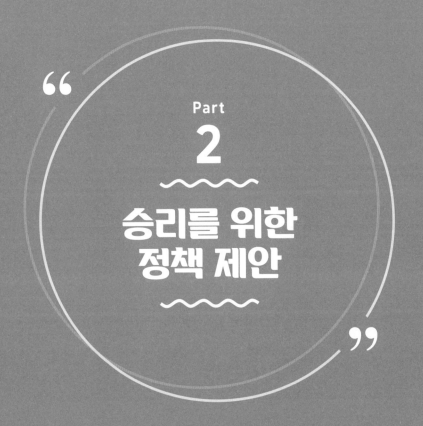

Part

2

승리를 위한
정책 제안

Chapter 1

정치·선거

01

제왕적 대통령제의
폐해

'마블 시리즈'에 대한
우리나라 국민의 애정은 남다르다. 신작이 개봉할 때마다 전 세계 흥
행 순위 최상위권에 랭크될 정도이다. '어벤져스 1'은 북미를 제외한
전 세계 흥행 수익 순위에서 중국 · 영국 · 브라질 · 멕시코 · 호주에
이어 6위를 기록했고, '어벤져스 2'는 중국에 이어 2위, '어벤져스 3'
는 중국 · 영국에 이어 3위에 올랐다. '엔드게임' 역시 중국, 영국에
이어 3위를 기록했다. 경제 규모를 고려했을 때 원산지 북미를 제외
하면 사실상 가장 큰 관심을 나타내고 있다고 해도 과언이 아니라는
것이다. 또한, 주목할 점은 영국을 제외한 EU 국가들은, 우리나라보
다 경제력이 뛰어난 국가들이 다수 포진해 있음에도 순위권에서 찾
아보기 어렵다. 왜 그럴까.

필자는 습관처럼 이유를 분석하기 시작했고, 하나의 유의미한 차

이를 발견할 수 있었다. 바로, '정치체제 구조'의 차이다.[26] 미국과 우리나라는, 아프리카 등지의 독재국가들을 제외하면, 사실상 대통령제를 성공적으로 운용하고 있는 유일한 선진국이다. 그러나 미국은 연방제를 채택해 주마다 독립성이 폭넓게 보장되는 특수한 형태의 국가로, 단방제 국가구조에서의 대통령제 정부 구조를 채택하고 있는 선진국은 우리나라뿐이라고 해도 과언이 아니다. 반면 EU 국가의 경우 크고 작은 차이는 존재하나, 대부분 '내각제[27]'로 구분되는 정부 구조를 채택하고 있다.[28] 두 정부 구조의 직관적인 차이는 대통령제의 경우 대통령 한 사람의 리더십에 많은 부분을 의존하는 반면, 내각제는 다수 의원에 의한 합의의 정치를 지향한다는 것이다. '대통령 한 사람의 리더십에 기대고자 하는 마음', 바로 이 지점에서 마블 시리즈와 대통령제에 대한 우리 국민의 사랑이 설명될 수 있다고 본다.

마블 시리즈의 특징은 위기 상황을 마법처럼 해결해주는 '영웅'의 존재다. 또한, 영웅의 존재를 부각하는 만큼, 대중의 존재는 무가치

---

26) 물론 영화산업의 총 파이와 관심도, 경쟁작 등 다양한 변수가 존재할 것이나 마블 시리즈의 경우 일관되게 미국과 우리나라가 상위에 올랐다는 점에서 유의미한 차이가 존재하는 건 분명해 보인다.

27) 대통령제와 의원내각제는 국민에 의해 부여받은 정당성이 이원화되어 있냐 일원화되어 있냐에 달렸다. 쉽게 말해 대통령제는 대통령과 국회의원을 각각 선출하지만, 내각제는 국회의원만 선출하며 국회의 수장인 총리는 정당성을 부여받은 국회의원에 의해 선출된다.

28) 영국의 경우 의회보다 내각이 강하다는 특징이 있으며, 프랑스의 경우 국외 업무를 전담하는 대통령을 별도 선출하는 '이원집정부제' 형태로 내각보다 의회의 힘이 강하다는 특징이 있다. 독일은 내각제를 가장 안정적으로 정착시킨 국가로 평가받는데, 메르켈 총리는 2005년부터 16년 이상 재임 중이다.

하게 그려지는 게 일반적이다. 합의나 조정에 의한 해결이 아닌 물리력에 의한 해결이 사건을 끝맺음하는 주된 수단이라는 점도 특징적이다. 물론 '영화'라는 오락물의 형태를 취하고 있기에 일부 불가피한 측면이 있겠으나, 그 같은 특성들이 우리나라의 '제왕적 대통령제'와 놀라울 만큼 닮아있는 것도 부정할 수 없는 사실이라고 생각한다.

◇ 대한민국의 대통령제는 어째서 '제왕적'인가

국민이 나라를 구할 영웅으로 추대한 대통령은 막강한 권력을 위임받는다. 군대를 통솔할 수 있게 되는 건 기본이요, 청와대는 물론 내각과 정부 부처, 각 기관 요직의 인사권까지 모두 대통령의 차지다. 행정부의 수장으로서 통치의 방향성을 설정하며, 행정부가 위임받은 입법권들을 활용하여 법질서에도 막대한 영향력을 행사할 수 있고, 국가의 대표로서 외교에서도 절대적 권한을 행사한다.

그러나 많은 권한이 주어지는 만큼 위험성도 존재한다. 바로 독재의 위험이다. 영웅의 칼날은 공공의 적을 향할 수도 있지만, 그의 의지에 따라 권력 연장의 수단으로 악용되어 대중을 향할 수도 있다는 것이다.

그래서 대통령제의 핵심은 '권력분립'이다. 적절한 균형과 견제를 통해서만이 권력의 부패를 막을 수 있기 때문이다. 이때 '삼권'은 행정부, 입법부, 사법부에 각각 부여되며, 행정부의 수장은 대통령이, 입법부의 수장은 국회의장이, 사법부의 수장은 대법원장이 맡는다.

국가의전서열 1위가 대통령, 2위가 국회의장, 3위가 대법원장, 4위가 헌법재판소장, 5위가 중앙선거관리위원회 위원장, 6위가 총리인 것도 같은 이유에서다.

그러나 우리나라의 권력분립은 대체로 균형적이지 못했다. '여대야소(여당 의원이 전체 의원의 과반 이상)' 상황을 가정했을 때, 대법원장부터 대법관들까지의 임명권과 헌법재판소 재판관들 과반수의 임명권을 사실상 대통령과 집권당이 독점하는 형태기 때문이다. 29) 그리고 17대 총선 이후에는, 2016년 20대 국회의 다당제 국면(새누리당 122석, 더불어민주당 123석, 국민의당 38석, 정의당 6석)을 제외하면, 쭉 여대야소 국면이 계속되었다. 정확히는 대통령제를 근간으로, 선거제도가 거대 양대 정당들에 유리하게 설정됨에 따라 대통령이 중앙정부에서의 형식상의 권력분립을 무력화시킬 가능성이 큰 것이 우리나라의 정부 구조다. 30) 현재 문재인 정부만 해도 180석의 집권당으로 행정부와 국회는 물론 대법원과 헌법재판소, 중앙선거관리위원회와 국가인권위원회, 방송통신위원회 등 핵심기구를 장악하고서 '절대권력'을 누리고 있는 게 현실이다.

---

29) 헌법 제104조. ① 대법원장은 국회의 동의를 얻어 대통령이 임명한다. ② 대법관은 대법원장의 제청으로 국회의 동의를 얻어 대통령이 임명한다. ③ 대법원장과 대법관이 아닌 법관은 대법관회의의 동의를 얻어 대법원장이 임명한다.

30) 선거제도가 거대 양당에 유리한 이유는 우리나라가 지역구 중심의 '단순다수 1인 선거구(득표율 1위만 당선)'를 채택하고 있기 때문이다. 쉬운 예로 정의당의 경우 선거마다 10% 내외의 정당 지지율을 기록하고 있지만, 지역구에서는 1석(심상정 국회의원)을 차지하는 수준에 머무르고 있다.

더 큰 문제는 그들에게 절대권력을 몰아줄 만큼, 절대다수의 국민이 그들을 지지하는 건 아니라는 사실이다. 문재인 대통령의 당선 당시 득표율은 40% 초반대로, 유권자 중에서도 투표에 참여한 사람의 퍼센티지로 나누면 그에게 정당성을 부여한 국민은 전체의 30% 수준이다. 국회도 마찬가지다. 21대 총선에서 더불어민주당(더불어시민당)의 정당 득표율과 1인 선거구들에서의 득표율은 40% 내외로 180석(전체 의석의 약 60%)에 비해 한참 모자랐다. 약 30%의 국민만 강하게 결집해도 절대권력을 획득할 수 있다는 것은, 양당의 결집을 고착화할 뿐 아니라 나머지 70% 국민의 여론을 손쉽게 배제하도록 만드는 정치체제의 결함이라고 생각한다.

나아가 이와 같은 정치체제의 결함은 사생결단의 대결 구도를 만든다. 51%는 모든 것을 얻고, 49%는 아무것도 얻지 못하는 극단의 정치권력 독점을 지향하기 때문이다.[31] 야당의 역할이 오직 집권당과 행정부를 헐뜯고 비판하는 데 머무를 수밖에 없는 것 또한 그 때문이다. 여대야소의 야당은 사실상 국정에 개입할 수단이 없으며, 다음 선거에서 정치권력을 되찾으려면 집권당과 행정부의 약점을 최대한 들춰내는 게 상책이다. 집권당 및 행정부와 협력하는 것보다는 물어뜯는 게 '우월전략'이 되는 유인동기구조의 왜곡이 정치후진화의 근본적인 원인이라는 것이다. 물론 앞서 언급했듯 비판과 견제는 야당의 중요한 역할이다. 그러나 여러 역할 중 하나로서 비판과 견제에

---

31) 실제 지난 18대 대통령선거에서 박근혜 후보와 문재인 후보의 최종득표율은 각 약 51%와 48%로 3% 차이였다. 그러나 51%를 득표한 박근혜 대통령은 모든 대통령의 권한을 거머쥔 반면, 48%의 민의를 등에 업었던 문재인 후보는 단 하나의 권한도 얻지 못했다.

참여하는 것과 대안을 제시하려는 노력조차 하지 않은 채 오직 비판과 견제만을 계속하는 것은 엄청난 차이다.

그러니 '여소야대(여당이 전체 과반 의석을 차지하지 못한 상황)' 국면 역시 달갑지 않은 건 마찬가지다. 4년 주기로 치러지는 국회의원선거와 지방선거는 사실상 대통령의 중간평가 역할을 한다. 여소야대를 만들어 야당에 힘을 실어줄 수 있다는 사실이 국정에 경각심을 심어주는 중요한 요소로 작용하기 때문이다. 그러나 그렇게 여소야대 국면을 만들어 대통령을 고립시키는 것도 능사가 아니다. 대통령의 임기가 5년으로 정해진 상황에서, 사실상 국정이 마비되어 남은 임기를 무의미하게 소진할 수밖에 없게 되기 때문이다. 의회가 새롭게 꾸려지면, 새로운 총리가 등극하는 내각제와 비교되는 단점이다. 정해진 임기와 4년의 선거 주기가 중요한 견제 수단이면서 동시에 민의의 유연한 반영을 어렵게 만드는 걸림돌이기도 하다는 의미다. 그런 대통령제는 여대야소 국면에서는 극단적인 제왕적 대통령제로, 여소야대 국면에서는 한없는 식물정부로 전락하는 양극단의 줄다리기를 계속하게 만든다.

이 같은 사생결단의 대통령제는 상대 진영에 대한 강한 적개심으로 나타난다. 실제 지난 10월 미국 '퓨 리서치 센터'가 발간한 〈선진국의 다양성과 분열〉 리포트에 따르면 '서로 다른 정치세력을 지지하는 집단들 사이에서 매우 강렬한 또는 강렬한 갈등이 있다'라는 질문에 대통령제를 채택한 한국과 미국 응답자의 90%가 "그렇다"라고 답해 나란히 1·2위를 차지했다. 격차도 압도적이었는데, 3위부터 수치가 뚝 떨어져 3위인 대만은 69%, 4위인 프랑스는 65%, 5위인 이탈리아는 64%만이 "그렇다"라고 답했다.

　다양성에 대한 관용의 부재는 종교와 인종 등 다른 분야에서도 뚜렷하게 나타났다. 우리나라는 '다른 종교를 믿는 집단들 사이에서 매우 강렬한 또는 강렬한 갈등이 있다'라는 항목에 61%가 "그렇다"라고 답해 17개 국가 중 1위였다. '다른 인종이나 민족적 배경을 가진 집단들 사이에서 매우 강렬한 또는 강렬한 갈등이 있다'라는 항목에도 57%로 3위였다. 1위인 미국(71%)과 2위인 프랑스(64%)의 경우 애초에 다문화 국가이거나 난민 유입 등으로 특수한 환경에 놓여있다는 사실을 고려한다면, 사실상 가장 갈등이 심한 국가라고 해도 무리가 없다.

　책임이 없는 것도 문제다. 여소야대 국면은 대통령의 국정을 견제할 수는 있지만, 탄핵이라는 예외적인 상황을 배제한다면 대통령을 끌어내릴 수단이 없기 때문이다. 더욱이 우리나라 대통령제는 '5년 단임제'다. 다음 선거에서 좋은 평가를 받기 위해 국민의 눈치를 볼 필요가 전혀 없다는 것이다. 물론 속한 정당의 입지가 줄어들 수도 있고, 역사적 평가가 신경 쓰일 수도 있지만, '선거에서 승리해야 한다'라는 가장 직접적인 유인이 존재하지는 않는다. 10년, 20년을 바라보고 장기적인 안목에서 정책을 추진하기도 어렵다. 통상 장기적인 정책이란 많은 초기 투자금을 요구하기에 성과가 가시화되기 전까지는 좋은 평가를 받기 어렵기 때문이다. 대통령이 일단 당선되면 사무실에 처박혀 이따금 주요 이슈에 숟가락만 얹는 이유도 이와 무관하지 않을 것이다. 한편 나쁜 결과만 나타나면 무작정 "전 정권에서 잘못한 결과가 이제 나타나는 것"이라는 억지가 통용되는 이유도, 정책의 연속성과 책임성을 담보할 수 없기 때문이다. 5년 동안 대통령의 선거운동 캠프에 참여하였던 인사들끼리 자리를 나눠 가지는 게 전부인, 대통령제의 실효성에 근본적인 회의감을 느끼게 된 배경이다.

◇ 내각제는 대안이 될 수 있을까?

물론 내각제도 완전한 제도가 아니다. 같은 내각제를 채택하고 있지만, 메르켈 연방총리가 16년이 넘도록 안정감 있게 통치하여 오고 있는 독일과 달리 일본은 고이즈미 준이치로 총리가 퇴임한 뒤부터 아베 총리가 재집권하던 시점(2006년~2012년)까지 총리의 평균 임기가 채 1년이 안 되었을 만큼 불안정한 모습을 보였다. 또한, 우리나라의 경우 국회의 신뢰도가 모든 주요 사회제도들 가운데에서 압도적 꼴찌다. 국회에 일원화된 정당성을 부여해 국정을 위임하는 것에 대한 국민적 거부감이 클 수밖에 없다는 것이다. 때문에, 우리나라에서 내각제가 안정적으로 자리하려면 지난하고도 깊은 논의와 적응의 과정이 필요할 수밖에 없다. 그러나 현행 대통령제보단 대의민주주의의 가치를 충실하게 반영할 수 있으며, 정치 선진화의 교두보 역할을 할 수 있다고 생각하기에 내각제로의 변화가 필요한 이유를 주장해보려 한다. 복수의 정치를 끝내고, 더 많은 2030세대의 목소리를 정치에 반영할 수 있는 권력구조 역시 내각제라고 생각한다.

내각제의 가장 큰 특징은 '내각불신임'과 '의회해산' 제도의 존재다. 내각불신임은 총리가 민의에 어긋나는 행보를 보였을 시, 의회 차원에서 즉각 임기를 종결시키는 제도를 뜻한다. 반대로 의회해산은 총리에 의한 의회 견제권으로, 표현 그대로 의회를 해산시킬 수 있는 제도다. 의회가 해산된 뒤에는 즉시 총선이 치러지며 새로운 의회가 꾸려지게 된다. 국가마다 조금씩의 차이는 있으나[32], 이와 같은 내각제의 특성은 책임정치의 구현을 가능하게 만든다. 민의에 의한 즉각적인 심판이 내려질 수 있기 때문이다. 대통령제에 수반되는 여소야대 국면에서의 국정 마비나, 레임덕의 문제를 감수할 필요도 없어진다. 내각 자체가 의회에 의해 선출되었다는 점에서, 협력적 관계를 전제한 유기적 통치가 가능해지기 때문이다.

내각을 구성하기 위해선 과반 의석을 차지해야 한다. 하나의 정당이 과반수를 차지해 단독으로 내각을 구성할 수도 있으나, 통상 내각제 국가들은 다당제를 채택하고 있어 연립 내각을 구성하는 경우가 대다수다. 따라서 연립 내각을 구성하기 위해 각 정당은 협의와 통합의 과정을 거쳐야만 한다. 인사권 등 내각의 권한을 조정하는 협의의 과정이 수반된다는 것이다. 이는 내각과 의회의 관계에 앞서, 의회 내 정당 간의 관계를 '협력적인 관계'로 이끄는 강력한 유인이

---

32) 이탈리아를 포함하는 일부 국가들에서는 대통령만이 의회해산권을 사용할 수 있으므로, 총리와 집권당의 자의성 견제가 가능할 수도 있다. 또한, 노르웨이는 헌법에 근거하여 의회의 조기 해산이 불가능하도록 금지하고 있다. 위험성이 큰 만큼 다양한 제도적 뒷받침이 이루어지고 있다는 것이다.

된다. 대통령제가 상대 당을 헐뜯어 독점적 권력을 획득하는 메커니즘인 것과 정반대로, 내각제는 상대 당과 협력하여 권력을 나누는 메커니즘으로 움직인다는 것이다. 이 같은 내각제의 메커니즘은 의회의 전반적인 수준 향상에도 기여할 수 있다. '권력을 얻기 위해선 상대 당과 협력해야 한다'라는 막강한 인센티브가 '협상 테이블에 앉을 수밖에 없도록' 만들 것이기 때문이다. 물론 권력의 협력적 관계는 반대로 권력의 야합을 뜻하기도 한다. 그러나 권력이 대통령 한 사람에게 몰려 있는 게 아니라, 국회의원 다수에 나뉘어져 있다는 점에서 대통령제 하 독재 수준의 위험은 존재하지 않는다. [33]

한편 연립 내각은 곧 다양한 가치의 공존이다. 대통령을 만들어야만 정당의 가치를 관철할 수 있는 대통령제와 달리, 소수 정당이라도 연립 내각에 들어갈 수만 있다면 국정에 참여할 수 있게 된다는 의미다. 현재 우리나라 정치에서 확인할 수 있듯 하나의 정당이 각양각색의 목소리를 담아내는 데는 한계가 있다. 또한, 담론이 경제 · 국방 · 외교 · 복지 등 거대 담론에 국한되어 인권 · 환경 · 삶의 질 등 상대적으로 작은 담론들은 소외되는 문제가 발생한다. 사회적 다양성을 충분히 반영할 수 없는 시스템이라는 것이다. 각계각층의 요구가 천차만별 다양하며, 2030세대라는 신인류까지 등장한 현재, 그와 같은 대통령제의 한계는 명확하다. 더욱이 앞서 언급한 것처럼 30%

---

33) 물론 반례도 있다. 일례로 영국의 식민지들이었다가 독립한 국가들에서도 의회제 정부 구조를 그대로 유지하면서 독재로 이행하거나, 의회제 정부 구조에서 독재가 출현하여 대통령제로 이행하였던 사례들도 존재한다.

의 결집만으로 절대적인 권력을 쟁취할 수 있는 현재의 권력구조 하에서는, 선택된 거대 담론들마저 치우친 방향으로 적용될 가능성이 크다. 이는 곧 정치에 대한 국민적 효능감을 감퇴시키는 더 큰 부작용으로 나타나게 될 것이다.

대의제의 핵심은 합의다. 다수결은 의견 합일이 이루어지지 못할 때 사용되는 최후의 수단일 뿐, 민주주의의 핵심 가치는 아니라는 것이다. 하물며 과반수의 지지도 얻지 못한 대통령과 정당이 다수결의 당위를 앞세워 모든 권력을 독점하는 건 대의제의 취지와는 한참 어긋나 있다. 더욱이 대통령을 배출할 가능성이 있는 수권정당이 국민의힘과 더불어민주당, 두 개의 기성정당으로 국한되어 있는 정치지형 속에서 대통령제는 기성세대의 대표를 뽑기 위한 수단으로 전락하고 말았다. 이제 기성세대가 골라놓은 후보 중 '차악'을 뽑는 대통령선거는 그만하고 싶다. 한 번 잘못 뽑아놓으면 속절없이 5년을 고생해야 하는 현실도 지겹다. 중 · 대선거구제와 '합의에 의한' 연동형 비례대표제 등 다당제를 지향하는 선거제도 개편과 함께 내각제로의 전환을 준비하는 것이 우리 정치의 핵심 과제라고 생각하는 이유다.

◇ 내각제의 실현 가능성과 논의의 정리

문제는 우리나라 국민에게 내각제가 인기가 없다는 사실이다. 과거 '장면 내각'이 실패로 끝난 것이 하나의 이유일 것이며, 과거 대통령의 치적에 대한 신화적 믿음이 상존하는 가운데 '내 손으로 뽑는 대통령'에 대한 효능감이 또 하나의 이유일 것이다. 더욱이 개헌에 대한 논의조차 선거철에 잠시 떠오를 뿐, 진지하게 매달리는 정치인은 극히 소수다. 180석(위성정당들까지 포함할 경우 190석)을 차지해 개헌에 가장 근접했던 민주당조차 개헌에는 무관심한 모양새다. 따라서 내각제를 실제 우리나라에 적용할 수 있을지 없을지조차 미지수인 상황이다.

그러나 이미 우리나라의 대통령제는 내각제의 요소를 가지고 있다. 대표적인 게 '국회의원과 장관의 겸임'이다. 대통령제는 본디 권력분립을 최상의 가치로 상정하기에 입법부에 속하는 국회의원과 행정부에 속하는 장관이 양립할 수 없어야 하지만, 우리나라는 그렇지 않다는 것이다. 따라서 대통령의 의지만 있다면 개헌 없이도 '이원집정부제(대통령과 총리 혼합제)' 실험이 가능하다. 방법도 간단하다. 그저 대통령에 부여된 총리 임명권을 의회에 위임하면 된다. 그러면 자연스레 총리와 의회의 합동 노선이 만들어지고, 대통령의 권한은 외교 등 국외 이슈에 집중되는 이원집정부제 형태의 분업이 가능해진다. 없는 건 의지이지 수단이 아니라는 소리다.

한편 내각제에 대한 여론은 부정적이지만, 혼합제에 대한 여론은 나쁘지 않다는 사실도 고무적이다. 2021년 6월 국회사무처 여론조사 결과 국민 66%는 개헌에 찬성하고 있었으며, 정부 형태로는 총리와 대통령이 공동 운영하는 '혼합형'에 대한 선호가 43.9%로 가장 높았다. 2021년 7월 국회 국민통합위원회가 국회의원을 대상으로 실시한 여론조사 역시 비슷한 양상을 보였다. 개헌이 이뤄질 경우 가장 중요하게 반영되어야 할 내용에 대해선 '대통령에게 권한이 과도하게 부여된 권력구조의 보완·개편'이 62.7%로 압도적이었으며, 가장 선호하는 권력구조 개편방안에 대한 질문에서는 '대통령 4년 중임제'와 '대통령 및 청와대의 권력 분산'이 70.5%로 가장 높았다. 대통령의 권한 일부를 의회와 내각에 위임하고, 의회의 실력을 충분히 기른 뒤 내각제로 나아가는 형태를 구상해볼 법하다.

가장 먼저 정부 구조를 다룬 이유는, 가장 어려운 변화인 만큼 가장 직접적인 해결책이라고 생각했기 때문이다. 제왕적 대통령제와 함께 양당제를 지향하는 선거제도만 개편해도 사생결단의 대결 구도와 복수의 정치는 사라질 것이다. 더불어 신생 정당의 도전을 언제나 허용할 수 있게끔 지역주의 정당이 아닌 지방정당의 창당을 금지하는 현행 정당법의 개혁 등 부수적인 노력도 수반되어야 한다. 나아가 의회의 특정 세대 과대대표 문제가 개선되어 2030세대가 목소리를 낼 수 있는 창구가 늘어나게 되면 당사자성 결여에 따른 세대갈등도 줄어들게 될 것이다. 핵심은 현 제도의 수혜자라고도 볼 수 있는 기성세대가, 자신들이 가진 기득권을 내려놓고 2030세대에 일부라도 자리를 양보할 의지가 있느냐다.

"사람의 문제냐, 시스템의 문제냐"

정부 구조 논의의 가장 핵심이 되는 질문이다. 물론 두 가지 모두 문제일 것이나, 현재 우리나라는 다양성을 배척하며 협력의 유인을 제공하지 못하는 시스템이 사람을 분열시키고 갈등하도록 만들고 있다고 생각한다. 무능하다고 욕만 할 게 아니라 제대로 일해볼 기회를 주는 게 더 실천적인 해결책일 것이다.

02

국회의원 정수,
줄여야 할까?

국회의원 정수는 언제나 뜨거운 감자다. 그만큼 국회의원에 대한 비호감도가 높다. 지난 경선에서 홍준표 후보 역시 국회의원 정수를 200명(상원 50명, 하원 150명)으로 축소하고 비례대표제를 폐지하겠다는 공약을 내걸어 큰 인기를 얻었다. 반대로 국회의원 정수를 늘리자는 주장은, 근거와 무관하게, 뭇매를 맞기 십상이다. 실제 심상정 후보는 2019년부터 "국회의원 정수를 10% 늘려 330명으로 만들어야 한다"라고 주장했는데, 당연하게도 여론을 등에 업은 양당 정치인들의 강한 반발에 직면했다.

그러나 다수 여론이 언제나 옳은 것은 아니다. 그중에서도 국회의원 정수 문제는 '국회의원에 대한 반감'이라는 감정의 영역에서 다뤄지고 있어, 합리적이지 못한 방향으로 귀결되고 있다는 생각이다. 실제 국회의원 정수 축소는 토론학회에서 주제를 선정할 때 '찬반 유

불리' 때문에 반려될 정도로, 적어도 논리적인 측면에서는, 반대 측에 기울어진 주제다. 필자 역시 국회의원 정수 축소에 반대한다. 더 늘릴 필요도 없지만 적어도 현재 수준은 유지해야 한다는 생각이다. 또한, 비례대표제 역시 폐지가 아닌 보완을 통해 더 효과적으로 운영할 수 있다고 생각한다. 인기가 없는 주장을 펼쳐야 한다는 사실이 다소 부담스럽지만, 논리를 추종하는 사람으로서, 그렇게 생각하는 이유를 하나씩 설명해보려고 한다.

사실 국회의원 정수 축소 문제는 전제부터 이상하다. 모든 국민은 자신의 목소리를 대변할 수 있는 대표를 원하며, 그런 '국민의 대표'가 바로 국회의원인데 국민이 앞장서서 국민의 대표를 줄여야 한다고 외치는 꼴이기 때문이다. 국회의원이 줄어들면 가장 먼저 손해를 보는 건 다름 아닌 정치적 창구를 잃는 국민, 그중에서도 사회적 약자층이다. 정말 국회의원 정수가 축소된다고 가정했을 때, 가장 먼저 의원직을 상실하게 될 사람들은 누굴까. 본회의에 출석도 안 하고, 법안 발의율도 낮으며, 허구한 날 방송에 나와 궤변만 쏟아내는 '우리 인식 속, 사라지기를 바라는' 그 정치인일까? 당연하게도 그렇지 않다. 가장 먼저 자리를 잃게 되는 건 탈북민·여성·이민자·장애인 등 사회적 약자층을 대변하는 국회의원들이다. 그다음은 전문성을 기초로 의회에 진입한 초선 국회의원들이다. 지금도 20대 국회의원은 2명에 불과한데, 그 2명조차 자리를 잃게 될 가능성이 크다. 그들은 정치적 연고가 없기 때문이다. 공천권을 거머쥔 정당 지도부가 각자의 파벌 구성원들을 공천할 자리도 빡빡한 판에, 구색 맞추기라도 사회적 약자층을 배려할 가능성은 극히 낮다. "그래도 국회의원 중에서는 제일 낫다"라고 평가했던, 정치의 새로운 얼굴들이 가장 먼저 퇴출당하는 상황 속에서 정치에 더 큰 환멸을 느끼게 될 것은 다름 아닌 우리다.

더 큰 문제는 의원 개개인에게 돌아가는 기득권은 되레 커진다는 사실이다. 국회의원 정수가 줄어든다고 해서, 국회 전체의 권한과 역할까지 줄어드는 건 아니기 때문이다. 이를테면 국회의원이 200명으로 줄어들어도 국회의원이 감시해야 할 행정부 예산의 총액은 변하지 않는다. 2021년 기준 약 600조의 예산을 상정했을 때, 현재는 300명이서 각 2조원의 예산을 감시했다면 축소 뒤에는 200명이 각 3조원의 예산을 감시하게 된다는 것이다. 국회의 예산감시 권한은 행정부 견제와 동시에 예산 집행에 국회의원의 입김을 가미할 수 있는 가장 강력한 권한 중 하나다. 그 막강한 권한이 산술적으로 1.5배 늘어나게 되는 셈이다. 의결권이 커지는 건 두말할 필요조차 없다. 종래는 151명의 동의가 필요했던 사안을 101명의 동의로 처리할 수 있게 된다는 것은 국회의원 개개인의 결정권이 그만큼 커진다는 의미기 때문이다.

국정감사도 마찬가지다. 남은 국회의원 200명에게 주어지는 각각의 발언 시간은 더욱 길어질 것이고, 그들이 충분히 사안을 검토할 수 있게끔 더 많은 행정적 지원들이 이루어질 것이다. '방탄국회'는 또 어떤가. 의원 한 명 한 명의 가치가 커진 가운데, 더 노골적인 '제 식구 감싸기'가 횡행하게 될 가능성이 크다. 기득권이 줄어들기는커녕 되레 1.5배의 권력을 가진 '초 기득권'이 형성되며, 손해를 보는 건 사라진 100명의 국회의원과 그 국회의원들이 대표하던 국민뿐이라는 것이다.

국회가 필요악이라고 한다면, 없애버리려고 하기보다는 잘 작동하게 만드는 것이 상책이다. 대표적인 수단이 '국회의원 국민소환제' 다. 그러나 국회의원 국민소환제는 선거 불복의 수단으로 악용될 가능성이 크고[34], 중앙정치와 지방정치를 동시에 수행하는 우리나라 국회의원의 특성상 제도화 자체가 어렵다는 한계가 있다. 해당 국회의원을 직접 선출한 지역주민들에게 권한을 주게 되면 국회의원이 중앙정치를 좌시한 채 지역관리에만 경도될 우려가 있고, 전체 국민에게 부여할 경우 지역주민들에 의해 부여된 정당성이 부정될 우려가 있다. 이런 이유로 국회의원 국민소환제를 실제로 도입해 운영하는 국가는 단 한 곳도 존재하지 않는다. 그렇다고 각종 특권을 무작정 폐지하는 것도 능사가 아니다. '불체포특권'과 '면책특권'은 정부에 대한 비판과 견제 역할을 충실히 수행할 수 있도록 마련된 장치이며, 세비를 줄이게 되면 의정 활동에 수반되는 비용 대부분을 후원금에 의존해야 하는데 그 자체로 정치 신인들에게 진입장벽으로 작용할 수 있기 때문이다.

---

34) A후보가 51%, B후보가 49%를 득표해 A후보가 당선된 상황에서 B후보를 지지했던 49% 의 유권자들이 결집해 '국민소환'을 요구하는 경우가 이에 해당한다. 통상 국민소환 요건으로 유권자 절반 이상의 동의를 요구하는 경우는 없기에(실효성 문제로) 다수결을 부정하는 수단으로 전락할 수 있다.

남은 대안은 적어도 불성실한 국회의원들이 재선, 3선을 하며 득
세할 수 없도록 평가 장치를 마련해 감시하는 것이다. 법안 발의 및
통과 비율과 본회의 출석률, 국정감사 평가제 등을 점수화하여 주기
적으로 순위를 알리도록 하고 함량 미달일 경우 다음 공천에서 불이
익을 주거나 투표로 심판받는 방식이다. 결국, 선택은 국민의 몫이
다. 국민이 정치에 관심을 보이는 만큼 정치인들은 성실해질 것이기
때문이다.

더불어 국회의원의 의정 활동을 어렵게 만드는 기존 제도들을 수
정 · 보완해나가야 한다. 대표적인 것이 일명 '오세훈법(정치자금법 개
정안)'이다. 정치자금 기부 대상이 비현실적으로 규제되기 시작하자,
국회의원들이 국가에 의한 지원금에 매달리게 되어 각종 보조금이
인상되어왔기 때문이다. 국회의원들의 업무 과부하를 줄이기 위하여
지방의회의원 증원 및 권한의 합리적 재분배도 이루어져야 한다. 또
한, 의원 지원 인력을 증가시켜야 하는데 의원 개인에게 배치하게 되
면 인사권이 사유화되는 문제가 발생하므로 의회 전체 혹은 개별 상
임위원회들이 공유할 수 있는 전문인력의 지속적 증원이 필수적이라
고 본다.

◇ 비례대표제의 합리적인 운영방식에 대하여

지역구도 지역구지만, 비례대표로 당선된 국회의원에 대한 불만이
훨씬 크다. 오죽하면 비례대표제 자체를 폐지해야 한다는 주장까지

제기되는 상황이다. 지역구 국회의원은 미워도 내 손으로 뽑은 사람이지만, 비례대표는 그렇지 않다는 생각 때문에 발생하는 문제로 보인다.[35) 또한, 비례대표제가 전략공천의 수단으로 전락해 비례대표로 선발된 국회의원들이 사실상 당 지도부의 거수기에 불과하다는 지적들이 제기되고 있는 만큼 문제의식을 공유해야 하는 건 사실이다.

그러나 비례대표제 폐지는 헌법 제41조(국회의원선거구와 비례대표제 기타 선거사항에 대해 법률로 정한다)에 따라 위헌 소지가 크다는 견해가 중론이며, 역할이 분명한 만큼 국회의원 정수 축소와 마찬가지로 '고쳐쓰기 위해 노력하는 것'이 최선이라는 생각이다.

실제로 비례대표제는 꼭 필요한 제도다. 대의제 아래 국회의 정체성은 '국민을 대표하는 집단'이기 때문이다. 비례대표제가 폐지될 경우 각계각층의 목소리를 대변해야 할 전문가와 사회적 약자층의 대표들은 설 자리를 잃어버리고, 오롯이 직업 정치인에 의한 국회로 점철될 것이 분명하다. 실제 21대 국회의원 당선인의 직업 분포를 살펴보면 '정치인'의 비중이 무려 80%에 육박한다.[36) 거기에 변호사와

---

35) 물론 실제로는 국민에 의해 선출된 것이 맞다. 정당별 득표율에 따라 의석수가 배분되며, 누가 당선될지 예측할 수 있는 비례대표 순번 역시 공개되기 때문이다. 그러나 불특정 다수에 의한 불확실한 선택이라는 점에서 지역구 의원과 구분되는 것도 사실이다. 또한, 투표자들이 비례대표 후보자 '개인'에게 투표할 수 있도록 선택권을 보장하는 방식의 제도적 보완책을 마련할 수도 있다.

36) 정확히 전직 국회의원(재선 이상)의 비율이 45.45%, 그 외 정치인의 비율이 33.99%로 도합 79.44%를 기록했다. 다음으로는 변호사가 6.72%, 교육자(교수 등)가 3.95%로 나타났다.

교수 등 정치권에 다수 포진한 특정 직업군까지 더하면 전체의 90%가 넘는다. 전·현직 국회의원과 보좌관 출신 등 평생 정치권에 머물렀던 사람들이 절대다수를 차지한다는 것이다. 물론 그들도 각자의 전문 분야가 있을 것이나, 정치권 밖의 새로운 목소리가 반영되기 어려운 구조라는 사실은 변함없다. 지역구 선거는 평소 지역구를 관리하던 정치인에게 압도적으로 유리한 구조라는 점에서, 비례대표제까지 폐지된다면 이 같은 편중은 더욱 심화될 것이다. 성별 편중도 마찬가지다. 21대 국회의 여성 국회의원 비율은 약 19%인데, 지역구로만 한정했을 때는 10%를 살짝 넘는 수준에 불과했다.[37] 국회의원 선거의 선거제도가 소선거구제로 양당에 압도적으로 유리한 가운데, 비례대표제가 사회적 다양성을 위한 최후의 보루가 되었다는 것이다.

기성 정치인들이 2030세대 문제를 다룸에 있어 헤맬 수밖에 없는 이유는 그들이 당사자가 아니기 때문이다. 따라서 2030세대 문제를 해결하는 방법도 간단하다. 당사자에게 자리를 주고, 같은 당사자의 목소리를 대변하게 하면 된다. 자리를 주지 않으면서 문제를 해결하려고 하니 헤매는 게 당연하다. 백날 길거리 청년들의 이야기를 들어봐야 아무 의미도 없다. 결국, 법과 제도는 국회의 대표들이 만드

---

37) 필자는 기본적으로 할당제를 지지하지 않는다. 그러나 정치에 있어서만큼은 할당제가 필요하다고 생각한다. 정치에 있어서만큼은 능력 그 자체보다는 대표성이 중요하다고 생각하기 때문이다. 따라서 비례대표라도 여성은 물론 세대별, 직업군별 할당을 통해 사회적 다양성을 달성해야 한다고 본다.

는 것이기 때문이다. 2020년 한해, 20대 구직자를 위한 법안 발의가 1%에 불과했던 이유는 국회의원 중 20대가 단 2명뿐이라는 사실과 절대 무관하지 않다. 국회의원도 사람이기에, 자신이 속한 집단의 이익을 위해 노력할 개연성이 높기 때문이다. 2030세대 유권자가 34%를 넘어선 가운데, 그들을 대변하는 사람들이 10%가 채 안 된다는 건 어떻게 봐도 부당하다. 또한, 이런 세대 편중이 계속되는 한 2030세대는 언제까지고 말로만 청년을 외치는 정치인들에 놀아날 수밖에 없다. 그리고 2030세대가 현행 선거구제에서 기성세대를 제치고 지역구 의석을 차지할 가능성은 제로에 수렴한다. 그들에게는 돈도, 사회적 자산도, 인맥도 부족하기 때문이다.

그래서 비례대표제를 제대로 활용하는 게 중요하다. 홀수 번호에 여성 공천(50%)을 의무화한 것과 마찬가지로 2030세대 30~50% 할당을 의무화해야 한다. 2030세대 여성 12~13명, 2030세대 남성 12~13명, 40대 이상 여성 12~13명, 나머지 12~13명으로 나누어 공천하게 되면 10% 이상의 2030세대가 국회에 진출할 수 있게 된다. 미약하지만 2030세대의 담론을 던져볼 수는 있게 된다는 의미다. 물론 무조건 집어넣고 보는 것이 능사는 아니다. 핵심은 그렇게 국회로 진출한 2030세대가, 보통의 2030세대에게 '나의 대표'로 인식될 수 있느냐다. 따라서 공정성을 담보할 수 있는 엄밀한 절차를 통해, 2030세대로 하여금 선정된 대표가 '진정한 나의 대표'라는 효능감을 느끼게 해주는 게 핵심이다.

당장은 이 정도의 파격적인 변화가 필요하지는 않다고 생각할 수도 있다. 그러나 앞서 언급했듯, 고령화사회로 빠르게 진입해가는 가운데 2030세대뿐 아니라 미래세대의 입지는 점점 줄어들고 있다. 종국에는 제도적 장치 없이는 아예 목소리를 낼 수 없는 지경에 이르게 될지 모른다. 그렇게 정치가 특정 세대를 과대대표하는 상황에서 정치에 대한 무관심이 커지고, 더 큰 세대갈등이 초래된다면 그 역시 국가 전체의 손실이다. 당사자의 목소리를 대변할 수 있는 건 당사자뿐이다. 그래서 나의 대표를 가져야 한다. 나를 대변해주는 나의 대표를 갖는다는 것, 그것이 효능감의 원천이며 정치에 내 목소리를 반영할 수 있는 가장 빠른 수단이다.

03

경선이 곧 본선?
반쪽짜리 투표권

우리나라는, 특히 특정 지역의 경우, '경선(Primary+Caucus)이 곧 본선[38]'이라고 할 만큼, 경선의 중요성이 크다. 경선에 참여하지 않으면 사실상 이미 결정된 후보에 명목상 표만 던지는 거수기 역할밖에 할 수가 없다. 필자 역시 경선에 직접 참여한 건 이번 대선이 처음이다. 전까지는 그저 정해진 후보 중 당과 공약을 보고 그래도 나은 후보에 투표하는 게 전부였다. 경선 시스템을 잘 모르기도 했지만, 경선에 참여할 만큼 정치에 관심이 있지도 않았고, 정치가 내 삶에 미칠 수 있는 영향력을 과소평가하고 있었기 때문이다. 대부분의 2030세대가 마찬가지다. 정치에 대한 관심

---

38) Primary는 비당원이, Caucus는 당원이 참여하는 경선을 뜻한다. 미국과 우리나라 모두 (선거마다 조금씩의 차이는 있으나) 두 방식을 혼합하여 사용하고 있다.

도가 어느 때보다 높은 이 시점에서도, 경선까지 참여하는 건 유난스러운 행위 혹은 정치에 과몰입하는 행위로 인식된다. 그래서 정권교체 열망이 어느 때보다 뜨거워, 국민의힘 경선이 사실상 본선으로 취급되는 상황에서도 직접 참여해야겠단 생각까지 미치지는 못한 것이다. 당연하게도 정치는 행동하는 사람들에 의해 움직인다. '나의 후보'를 갖고 싶다는 일념으로 치열하게 참여한 기성세대의 후보가 당의 후보가 됐고, 2030세대는 이전과 마찬가지로 반쪽짜리 선택지에 반쪽짜리 투표권만을 행사하게 됐다. 또래에게 미안한 이야기지만, 결과적으로 책임은 경선의 영향력을 간과하고 치열하게 참여하지 않은 자기 자신에게 있다.

아무튼, 경선에 참여하는 건 중요하다. 그러나 경선에 대한 우리나라 교육과정의 설명은, 2030세대를 경선에서 배제시키는 게 목적이라고 생각될 만큼, 그와 관련된 실천적이고 실질적인 지식을 전달해주지 않는다. 정치·사회의 일반론과 대통령의 치적, 역사 등에 비해 우리 삶에 훨씬 직접적인 영향을 끼치는 지식임에도 중요하게 다뤄지지 않는다는 것이다. 특정 후보의 낙선을 아쉬워하면서 정작 경선에는 참여하지 않았다는 친구들을 보며 "참여하지 않아서 생긴 문제"라고 이야기하면서도, 오롯이 그들의 문제로만 치부할 수는 없다고 생각하는 이유다. 어쩌겠나. 정부가 못(안) 하면 시민사회가 나서는 수밖에. 지금부터는 정당정치의 의미가 무엇인지, 어떤 후보를 어떤 방식으로 뽑는 것이 바람직한지에 대해 알아볼 것이다.

◇ 경선은 어떤 사람들이 참여하며, 어떤 방식으로 진행되는가?

경선이란 당을 대표할 후보자를 선출하는 과정이다. 또한, 선거마다 각기 다른 방식의 경선 룰(Rule)이 사용된다. 따라서 어떤 방식을 콕 집어 설명할 수는 없지만, 통상 경선은 당원투표 · 여론조사 · 선거인단투표 세 가지 방식으로 이루어진다. 이때 당원투표는 책임당원(권리당원)[39]의 권리에 해당한다. 책임당원에게 그와 같은 권리를 부여하는 이유는 두 가지다. 첫째는, 당연하게도 당을 위한 헌신에 대한 보상이다. 둘째는, 당에 애정이 있는 당원일수록 당의 이념과 기치에 깊이 공감하고 있을 가능성이 크기 때문이다. 따라서 진정한 당의 대표를 뽑기 위해선 그런 당원들로부터 정당성을 부여받는 과정이 필수적이다. 당원의 중요성은 곧 '정당정치'의 본래 의미와도 맞닿아 있다. 정당은 정권 획득을 목표로 뜻을 같이하는 사람들끼리 모인 결사체로, 정치의 가장 기본 단위다. 이때 정치적 신념이 일치한다는 건 마치 종교적 신념이 일치하는 것과도 같다. 같은 지향점을 바라보는 서로를 '당원 동지'로 지칭하며 일체감을 나눌 수 있는 이유도 그 때문이다.

---

39) 주기적으로 일정액 이상의 당비를 납부하는 핵심적인 당원들을 일컫는 말이다. 국민의힘은 '책임당원'이라는 명칭을, 더불어민주당은 '권리당원'이라는 명칭을 각각 사용한다. 국민의힘은 이번 경선에서 책임당원 권한을 '당비 1,000원 납입'으로 대폭 하향 조정해 당원이 폭증했다.

그러나 정당은 정권을 쟁취해야만 존재 의미를 달성할 수 있는 집단이다. 구태여 민심을 거스르는 당심을 관철해, 본선 경쟁력 없는 후보를 당의 후보로 내놓지는 않는다는 것이다. 같은 이유로 정당은 확고한 이념과 기치만큼 확장성에도 신경 써야 한다. 당원들을 위한 정당이면서 동시에 국민을 위한 정당이어야 하는 게 수권정당의 숙명인 것이다. 또한, 당원투표는 '금권선거'와 '조직동원'에 취약하다는 문제가 있다. 경선에 참여하는 당원의 수가 적을수록 그 부작용은 더더욱 커진다. 하물며 약 55만명의 책임당원이 참여하는 대통령 경선에서도 '11만 조직표' 이야기가 떠도는 판이다. 하물며 참여 인원이 훨씬 적은 지방선거 경선의 경우 사실상 동원된 당원, 혹은 조직표에 의해 후보가 결정되는 경우가 부지기수다.

그런 당원투표의 약점을 보완하고 당의 확장성을 제고하기 위해 채용된 방식이 바로 여론조사와 선거인단 투표다. 실제 지난 20대 총선 당시 새누리당에서 대전의 당원명부를 조사했는데, 한 주소에 40여 명이 함께 살고 있거나 다른 지역의 거주자가 100명 이상 존재하는 등 '유령당원' 문제가 불거졌다. 때문에, 종래 일반 국민 70%와 책임당원 30%로 정해졌던 경선 룰에 '일반 국민 여론조사 100%'라는 예외 조항을 추가하기도 했다. 그러나 여론조사와 선거인단 투표 역시 문제가 많다. 여론조사는 '기술적 문제'라는 근본적인 한계가 있으며, 선거인단 투표 역시 당원투표보다 표본이 늘어났을 뿐, 마찬가지 동원경선 문제가 발생하기 때문이다.

◇ 여론조사를 통한 공직선거 후보자 공천, 배제해야 할까?

가장 먼저 문제시된 건 여론조사였다. 20대 총선 당시 여론조사 기업들의 예측이 대거 빗나가면서 조사의 신뢰도에 대한 문제가 제기되었기 때문이다. 실제 여론조사는 전화 면접, ARS 등 조사 방법이 각양각색이다. 또한, 유선전화와 무선전화 비중을 어떻게 결정하느냐에 따라서도 결과가 상이하게 나타난다. 응답률이 낮은 ARS 조사의 경우 정치고관심층의 의견이 과대대표될 수 있으며, 유선전화를 사용하게 될 경우 노년층과 가정주부들의 의견이 과대대표될 수 있기 때문이다. 또한, 문항과 호명 순서 등 결과를 왜곡할 수 있는 무수한 변수들이 존재한다. 최근 대선 여론조사 역시 문항이 '당선 가능성'인지, '지지 의사'인지, '호감도'인지에 따라 결과가 천차만별 달라진다. 게다가 최근 여론조사 기관들이 난립하면서 응답률이 기준점 미만이거나, 표본의 대표성이 충분하지 못하거나, 결과를 왜곡·조작하는 사례가 다수 보고되면서 여론조사에 대한 신뢰도는 더더욱 낮아졌다. [40)

경선을 위한 여론조사는 선거인단 투표에 비해서도 열등한 측면이 많다. 기본적으로 여론조사는 자발성과 책임성을 전제로 하지 않는다. 심하게는 후보별로 주어지는 25자의 요약문만 듣고 후보를 결

---

40) 2016년 중앙선거관리위원회 '선거여론조사 개선방안 마련을 위한 공청회' 결과 응답률 1% 미만의 여론조사가 14건(0.8%)이었고 1~5% 여론조사가 662건(38.0%)이었다. 또한, 여론조사 결과 왜곡 및 조작이 9건, 표본의 대표성 미확보가 23건, 준수사항 위반이 35건으로 밝혀지는 등 문제가 심각했다.

정할 수도 있다는 것이다. 본선투표에서는 적어도 기사 몇 개, 공약 몇 개쯤은 알아보고 투표하게 될 것을 전제하면, 여론조사에서 지지한 후보가 실제 지지 후보로 이어질 거라는 보장도 없다. 그런데 표의 가치는 당원투표보다 훨씬 크다. 당원투표와 여론조사를 같은 비중으로 반영한다고 했을 때, 통상 여론조사 표본이 훨씬 작기 때문이다. 쉬운 말로 당원투표에는 50만명이 참여했고, 여론조사에서 1만 개의 표본을 조사했다고 하면 여론조사 1표의 가치는 당원투표 50표의 가치가 된다. 표의 등가성에 문제가 있는 건 제쳐두더라도, 당에 헌신해온 당원들의 입장에선 불합리함을 표출할 수 있는 지점이다.

그러나 선거인단 투표도 문제가 있다. 자발적인 참여가 가능하다는 것이 곧, 동원경선으로 이어질 수 있는 '양날의 칼'이기 때문이다. 실제로 2012년 민주통합당 국민경선에서는 박주선 국회의원 밑에서 선거인단 대리등록을 자행했던 60대 공무원이 중앙선거관리위원회에 의해 관권선거 정황이 대대적으로 공개되자, 투신자살하는 사건까지 발생했다. 같은 선거에서 박지원 국회의원 역시 목포에서 불법으로 대규모 선거인단을 모집했다는 정황이 내부고발자에 의해 드러나면서 고역을 치렀다. 당시 박지원 의원은 전라남도의회의원 4명에게 각 5천명을, 목포시의회의원 17명에게는 각 3천명의 선거인단을 할당했다고 한다.

또한, 민의를 반영하겠다는 의도와는 달리 특정 지역 등이 과대 대표되는 문제도 발생한다. 이를테면 한나라당의 17대 대선 경선의 경우 선거인단 중 40대 이상 연령층이 73.5%로 과대대표되는 양상이 나타났고, 대통합민주신당의 17대 대선 경선에서는 호남 지역의 투표 참여자가 약 38%(유권자 대비 비중은 10.7%)로 과대대표됐다. 여론조사의 경우 기술적 보정을 통해 극복할 수 있지만, 선거인단 투표는 그럴 수 없기에 더욱 문제가 된다.

결국, 완벽한 경선 방식은 없다는 결론이다. 당원투표·여론조사·선거인단투표 모두 각각의 문제를 안고 있다. 따라서 무언가 하나를 배제하자는 논의보다는 모든 방식을 각각의 단점을 보완하는 형태로 조화롭게 활용하는 게 중요하다.

◈ 오직 관심과 참여를 통해서만 정치를 바꿀 수 있다

가장 중요한 것은 참여다. 동원경선이 이루어질 수 있는 이유, 여론조사에 기술적 보정이 필요한 이유부터가 '참여율의 부진'이기 때문이다. 참여자가 많아질수록 동원된 조직표의 영향력은 미미해지며, 여론조사에서 특정 표본이 부족해 결과를 보정할 필요도 없어진다. 그 자체로 왜곡의 가능성이 줄어들게 된다는 것이다. 특히 2030세대의 정치참여는 예전보다 나아졌다고는 하나, 여전히 미약한 실정이다. 단적인 예로 17대 한나라당 대선 경선에 참여한 선거인단 중 20대의 비중은 약 7.3%였다. 그리고 10년이 넘게 흐른 현재, 20대 국민의힘 대선 경선에 참여한 책임당원 중 20대의 비중은 약 8%~9% 수준에 불과하다. 말 그대로 "늘어나긴 했지만, 영향력을 행사하기에는 턱없이 부족한 상태"라는 것이다. 그래서는 원하는 후보를 얻을 수 없다. 2030세대의 투표권은 늘 본선에서만 행사되는 반쪽짜리 권리로 남을 것이다.

정당의 노력도 중요하다. 현재 당심과 가장 괴리된 집단을 꼽으라면 단연 2030세대다. 국민의힘과 더불어민주당 모두 마찬가지다. 국민의힘이 이준석 대표를 중심으로 쇄신하고 있다고 하나, 여전히 2030세대 청년들이 관심을 기울이기에 양당은 너무 폐쇄적이다. 매일 목소리를 듣겠다며 발로만 뛸 게 아니라 정치학교가 됐건, 토론회가 됐건, 2030세대가 '직접 참여'할 수 있는 창구를 만들어야 한다. 경선 과정에 흥미로운 관전 포인트들을 만드는 것도 중요하다. 경선 초기, 다양한 방식의 토론과 연설을 준비하겠다던 국민의힘 지도부의 의지가 관철되지 못한 것도 아쉬운 부분이다. 짧은 주기로 반복되는 단순한 형식의 토론은 후보자와 유권자 모두를 도리어 피곤하게 만들고 말았다. 후보의 다양한 매력을 살펴볼 수 있는 이벤트로 2030세대 유권자의 주목을 사는 것은 곧 정당의 확장성 측면에서도 긍정적인 영향을 미칠 것이다. 당의 기치에 공감하는 2030세대를 공략하는 것은, 당의 색깔을 포기하지 않으면서 확장성까지 얻을 수 있는 일거양득의 전략일 것이기 때문이다.

나아가 '경선은 정치에 환장한 사람들이나 참여하는 것'이라는 종래의 틀에서 벗어나 어쩌면 '본선보다도 경선이 중요할 수 있다'라는 인식을 확산시키려 노력해야 한다. 인식을 바꾸는 것이 어렵다면, '관심은 있으나 방법을 모르는' 사람들이라도 유입시키려 노력해야 한다. 여전히 2030세대가 정치를 접할 수 있는 창구는 턱없이 부족하다. 그런 의미에서 이번 국민의힘 경선이 좋은 분기점이 될 수 있다. 그들의 상실감과 고립감을 새로운 창구에 담아내는 과정에서 세대 공존의 실마리를 발견할 수 있게 될지도 모른다.

04

결선투표제의
의미

결선투표제란, 선거에서 과반을 득표한 후보가 없을 때 상위 두 후보를 추려 결선을 치르는 선거제도다. 현재 우리나라의 주요 선거(대통령선거, 국회의원선거, 지방선거)는 결선투표제가 아닌 '단순다수제(득표율과 무관하게 가장 많은 표를 획득한 후보가 당선되는 방식)'를 채택하고 있다. 다른 예로 더불어민주당의 20대 대선 경선에서는 결선투표제가 도입되었는데, 이재명 후보의 득표율이 최종 50.29%로 과반을 넘기면서 실제 활용되지는 못했다. 사실 결선투표제는 다당제 체제에서 유효한 제도다. 후보가 2명 이하일 경우에는 굳이 결선을 치를 필요가 없기 때문이다. 그러나 우리나라의 경우, 특히 대선은, 제3지대 후보들의 약진이 두드러져 최종 당선인이 과반을 득표하지 못하는 경우가 많다.[41] 또한, 더불어민주당 경선과 같이 기타 선거에서도 활용될 수 있는 제도기 때문에 그 의미를 짚어보는 건 분명 유의미하다.

　결선투표제의 필요성은 권력구조와도 연결된다. 주지하듯 우리
나라는 제왕적 대통령제로, 한 번 당선되면 무소불위의 권력을 누릴
수 있기 때문이다. 다른 말로는 '승자독식'의 대통령제라고도 한다.
따라서 대통령이 될 사람은 '가능한 많은' 국민을 대표할 수 있어야
하며, 소수의 지지층이 아닌 국민의 대표가 되어야 한다. 그리고 대
통령이 국민의 대표임을 증명할 수 있는 지표는 당선 당시 국민으로
부터 부여받은 정당성, 바로 '득표율'이다. 그러나 단순다수제는 국민
적 대표성을 담보할 수 있는 득표율에 대한 최소한의 기준점조차 제
시하지 않는다. 이론적으로 5명이 출마해 비슷한 지지율로 경쟁하는
경우 21%의 득표율로도 대통령이 될 수 있는 방식이라는 것이다. 실
제 역대 우리나라의 대통령 역시 전체 국민의 약 3분의 1에 해당하는
득표율만으로 대통령에 당선되어 무소불위의 권력을 누렸다. 그렇게
일부의 국민만을 대표하는 대통령의 통치는 갈등적일 수밖에 없었
고, 실제 우리나라의 정치는 갈등이 정체성이라고 할 만큼 혼탁했다.
　또한, 단순다수제는 민의의 왜곡을 초래한다. 정확히는 투표에
각종 심리적 요인이 개입됨에 따라 '진짜 민심'을 확인하기 어렵게 한
다. 대표적인 예가 '사표방지심리'다. 1등이 아니면 의미가 없다는 생

---

41)　역대 대통령 당선자의 득표율을 살펴보면 노태우 대통령 36.6%, 김영삼 대통령 42%, 김대
　　중 대통령 40.3%, 노무현 대통령 48.9%, 이명박 대통령 48.7%, 박근혜 대통령 51.5%, 문재
　　인 대통령 41.1%로 박근혜 대통령을 제외하면 모두 과반 이하의 득표로 당선됐다. '절대득표
　　율(유효표 대비 득표율)'로 따졌을 때는 모든 대통령이 30%대 초중반을 득표하는 데 그쳤다.

각에 '될 만한 후보'를 밀게 된다는 것이다. 실제 국민의힘 20대 경선에서 유승민 후보 지지층은 최종 투표에서 유승민 후보에게 소신투표를 해야 할 것인지, 홍준표 후보에게 전략투표를 해야 할 것인지 심각하게 고민하는 모습을 보였다. 원희룡 후보의 지지자들도 마찬가지였다. 윤석열 후보보다 원희룡 후보가 더 좋은 대안이라고 생각하지만, 사표가 될 수 있으니 "차차기에 밀어주겠다"라는 여론이 지배적이었다. 경선은 하나의 사건에 불과하며, 정치인의 존재 가치는 지지율로 증명된다는 점에서 지지자들의 전략투표에 의한 지지율 하락은 정치인 개인에게도 치명적이다. 실제 지난 경선에서 원희룡 후보와 유승민 후보가 얻은 득표율은 그들의 본래 지지율보다 과소평가되었을 가능성이 크다. 실제 경선 직전 여론조사에 비해서도 낮은 수치였다. 그만큼 정치적 입지가 줄어들었음은 두말할 필요도 없을 것이다.

이 같은 민의의 왜곡과 관련하여 프랑스 대선의 흥미로운 사례가 있다. 프랑스의 대표적 극우정치인 '르 펜' 가족의 사례다. 장-마리 르 펜과 그의 딸인 마린 르 펜이 극우정치인으로 분류되는 이유는 그의 핵심 공약이 백인우월주의, 유럽통합 회의주의, 이슬람교 배척 등 다분히 배타성을 띠고 있기 때문이다. 극단적인 주장이라고 무조건 배척하는 것도 문제라고 보지만, 극단적인 주장을 펼치는 후보가 일부 콘크리트 지지층을 등에 업고 국민 전체의 대표가 되는 상황 역시 바람직하지 못하다. 그러나 장-마리 르 펜 후보는 2002년 대선에서, 마린 르 펜 후보는 2017년 대선에서 각각 결선에 진출할 만큼 약진했다. 결선에 진출했다는 것은 곧 2위 안에 들었다는 것이며, 단순다수제 하에서는 당선 가능성이 충분했다는 의미다.

실제 2017년 프랑스 대선에선 마크롱 후보가 24.0%, 마린 르 펜 후보가 21.3%를 득표해 각각 1위와 2위를 차지했으며, 격차는 2.7%에 불과했다. 그러나 결선에서는 마크롱 후보가 66.0%를 득표해, 르 펜 후보를 두 배 넘는 격차로 따돌렸다. 르 펜 후보의 지지율은 극단적인 메시지에 동조하는 콘크리트 지지층 이상의 확장성이 없다는 사실이 단적으로 증명된 것이다. 이 사례로 확인할 수 있는 결선투표제의 장점은 두 가지다. 첫째는 단순다수제로 인해 극단적인 정치인이 국민의 대표가 되는 걸 막을 수 있다는 것이며, 둘째는 소신투표가 가능해져 1차 투표에서 숨겨진 민심을 적나라하게 확인할 수 있다는 것이다.

물론 대통령에 대한 정당성을 꼭 득표율로 확인해야 하느냐는 반론이 제기될 수 있다. 실제 문재인 대통령의 절대득표율은 30% 초반에 그쳤지만, 취임 직후 여론조사로 본 지지율은 80%를 상회했다. 그러나 지지율은 주기적으로 치러지는 평가에 불과해, 5년 주기로 주어지는 투표권과 같은 의미를 지닐 수는 없다. 또한, 결선투표제를 통해 부여받는 정당성은 겉으로 드러나는 수치에서 끝나는 게 아니다. 낙선한 후보들을 지지했던 유권자의 마음을 얻기 위해 해당 후보의 정책을 적극적으로 수용하는 등, 협력과 설득의 과정이 수반되기 때문이다. 종래 정치적 입장이나 정책을 가다듬을 기회를 부여하여, 가능한 많은 국민의 대표로 거듭날 수 있도록 하는 것이 결선투표제의 가장 중요한 역할이라고 생각한다.

◇ 결선투표제의 진짜 가치, 연대와 통합

현행 선거제도는 단순다수제로 당선된 대통령의 정책만 '정답'인 것처럼 집행되며, 낙마한 후보들의 정책은 '오답'으로 취급되어 사장된다. 실제 19대 대선에서 문재인 대통령 당선 이후 낙선한 후보 4명의 공약은, 개별 정책에 대한 국민적 평가와 무관하게, '소멸'해버렸다. '4차 산업혁명'에 대한 안철수 후보의 고민, 유승민 후보의 '성장주도' 경제 정책, 심상정 후보의 '인권 담론' 모두 그 즉시 가치를 상실하게 되었다는 것이다. 반면 문재인 대통령이 공약했던 소득주도성장과 탈원전, 공공부문 정규직화 등의 정책은 전문가들의 우려에도 불구하고 강행되었다. 그리고 결과는 현재 우리가 아는 바와 같다. 정책이 실패한 뒤 추가적인 대책도 없었다. 채 2년도 안 되어 실패로 끝난 정책들이 그들이 가진 전부였다는 것이다.

결선투표제가 있었다면 어땠을까. 1차 투표가 정책을 상호 비교하는 과정이라면, 2차 투표는 후보자 간 정책을 상호 절충하는 과정이 될 것이다. 과반의 지지를 얻기 위해 상대 후보의 유권자들을 설득하고 포섭하기 위한 과정이 필수적이기 때문이다. 정책뿐 아니라 특정 부처의 인사권을 양도하는 방식의 연정을 추진해볼 수도 있다. 그 과정에서 미진했던 정책의 완성도를 높일 수 있을 뿐 아니라, 그대로 사라질 수도 있었던 낙선 후보들의 정책과 가치까지 국정에 담아낼 수 있게 된다. 앞으로 5년간 국정을 오롯이 위임할 대통령을 뽑는 중대한 결정에 앞서 숙고의 시간을 가질 수 있다는 점에서 유권자도 밑질 게 없다.

상기 이론이 실전에서 증명된 것이, 1999년 우루과이 대선이다. 당시 중도성향의 '콜로라도당'의 '바트예' 후보는 1차 선거에서 32.8%를 득표하여 '대전선당'의 '바스케스' 후보의 40.1%에 크게 뒤졌다. 그러나 결선투표에서 중도우파성향 '국민당'의 지원을 이끌어내면서, 결선투표에서는 54.1%를 득표해 대통령으로 당선될 수 있었다. 이후 바트예 대통령은 공공부문 지출을 감축하여 국가재정 수지의 균형을 이룩하고 남아메리카 공동시장을 적극적으로 지지하여 지역경제통합을 추진하는 등 국민당이 지향했던 우파성향의 정책 기조를 취하였다. 자칫 선거에서 패배해 아무것도 얻지 못했을 두 정당이 결선투표제를 통해 연대와 통합의 가능성을 발견한 것이다.

1993년 볼리비아에서도 유사한 사례를 찾아볼 수 있다. '민족혁명운동당'의 '산체스 데 로사다' 후보는 1차 선거에서 36.56%를 득표하여 상대적 열세였으나, 의회의원들이 참여하는 2차 투표에서는 '연대시민연합'과 '자유볼리비아운동'의 지원을 얻어 최종 승리를 거머쥐었다. 그리고 이 두 정당과 연립정부를 구성하여 연정에 참여한 군소정당의 정책적 요구를 적극 반영, 진보적인 제도개혁과 복지정책들을 시행하였다.

결선투표제를 통한 통합의 가능성은 통계로도 검증된 사실이 있다. 2017년 2월 15일 선거법 개혁 토론회에서 김진욱 변호사가 발제한 〈결선투표제의 제도적 효과에 대한 경험적 검증부〉에 따르면, 결선투표제 채택 여부에 따라 사회갈등 수준은 평균적으로 216%의 차이를 보였다.

이외에도 결선투표제가 도입되면 지지율을 볼모로 정치적 협상을 시도하려는 사람들과 무리하게 단일화를 추진할 필요도 없어진다. 유권자의 선택권을 빼앗는, 단일화를 가장한 정치적 야합이 아닌 연대와 통합의 정치가 가능해진다는 것이다.

◆ 2022년 대선과 결선투표제

대선을 앞두고 유의미한 논의라고 생각해 결선투표제를 다루기는 했지만, 현재 선거 국면을 보자면 그야말로 '현자타임(무념무상의 상태)'이 찾아온다. '역대급 비호감 선거'라 일컬어질 만큼 정책과 가치가 아닌 도덕성 검증에 매몰되는 양상을 나타내고 있기 때문이다. 혐오와 갈등을 부추겨 국민을 편 가르는 행태들도 문제다. 기성세대에게는 친문과 반문이, 2030세대에게는 페미니즘과 반페미니즘이 핵심적인 화두인 가운데 갈등을 봉합하려 노력하는 게 아니라 '어느 쪽에 표가 더 많은지' 간부터 보는 모습에는 실망감을 감출 길이 없었다. 토론해볼 가치가 있는 정책들도 찾아보기 어렵다. 검증이라는 표현을 들이미는 게 민망할 정도로 날것 그대로의 정책들을 쏟아내는 것 역시 국민을 혼란스럽게 만들 뿐이다.

　더불어민주당의 지난 20대 대선 경선의 3차 선거인단 투표에서, 국민선거인단이 이낙연 후보에 62%(이재명 후보 28%)에 달하는 지지를 보낸 이유는 '그래도 결선투표까지는 지켜본 뒤 결정하고 싶다'라는 심리의 작용이었다고 생각한다. 단 0.29%의 차이로 결선투표제가 무산되지만 않았어도 설익은 정책과 대장동 사태 등 리스크에 대해 더 숙고할 시간이 주어질 수도 있었을 것이다. 국민의힘도 마찬가지다. 결선투표제가 있었더라면 당심과 민심의 간극을 좁히기 위한 대화와 설득의 과정이 수반될 수 있었을 것이며, 2030세대의 집단 탈당 등 후폭풍 역시 최소화할 수 있었을 것이다. 또한, 홍준표 후보의 지지층은 유승민 후보의 지지층과 원희룡 후보의 지지층은 윤석열 후보의 지지층과 상당수 겹치는 상황에서 어떤 후보가 캐스팅 보터가 되어 활약하게 될지도 흥미로운 관전 포인트가 되었을 것이다. 더 숙고할 시간 없이 갑작스러운 결과를 받아들여야 하는 상황은 양당 유권자 모두에게 상처였다.

물론 고무적인 측면도 있다. 윤석열 후보의 연합을 위한 자발적 노력이다. 경선 직후 여론조사에서, 컨벤션 효과 등 변수도 있었겠으나, 이재명 후보에 평균 10% 이상 앞서가던 상황에서도 원희룡 후보는 물론 홍준표 후보와 유승민 후보에게도 먼저 연합을 제안하는 모습은 어쨌건 고무적이었다. 한편 원희룡 후보의 '자영업자·소상공인 손실보상' 공약을 계승하는 모습도 보였는데, 공약에 대한 가치판단을 떠나서 개방적이고 유연한 후보라는 인상을 심어준 좋은 행보였다고 생각한다.

이제 시작이다. 앞으로도 협력하고, 설득하고, 연대하고, 통합해야 할 무수한 순간들이 남아있다. 그 분기점을 어떻게 지나는지가 20대 대선의 향방을 가를 것이다.

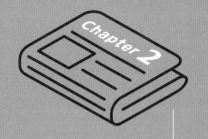

Chapter 2

경제·복지

01

노동시장의
4가지 난제

필자가 대변인 활동을 하며 들었던 2030세대에 대한 판단에 가까운 주장 중 가장 불편했던 것은 다름 아닌 "공정과 젠더는 일부 극단적인 2030세대의 주장일 뿐, 가장 중요한 문제는 일자리"라는 주장이었다. 그때마다 20대 풋내기 대변인에 불과했던 필자는 에둘러서 "모두가 알고 있는 사실이다. 그러나 기성세대 어른들이 그 문제를 해결할 능력도, 의지도 없다고 생각하기에 당장 직관적인 변화가 나타나는 공정과 젠더 이슈들이라도 신경 써달라는 것"이라 반론을 펼치곤 했다. 또한, 당연하게도 일자리가 중요하다고 강변하던 기성세대 어른 중 설득력 있는 일자리 대책을 제시하는 기성세대 어른은 발견하지 못했다. 그분들의 부족함을 탓하려는 게 아니다. 그만큼 현재 우리나라의 노동시장이 꼶을 대로 꼶아, 가장 심각한 난제로 자리했음을 전제하고 논의를 시작해야 한다는 사실을 이야기하는 것뿐이다.

노동시장 문제가 난제인 이유는 켜켜이 서로 다른 경제적 이해관계가 작용하고 있기 때문이다. 쉬운 예로 '정년연장'을 실시하면 기성세대는 행복해지겠지만 2030세대의 일자리는 더욱 줄어든다. 또한, 산업계 요구에 맞춰 학제개편을 하려면 인문학과 사회과학 위주로 교수를 줄여야 하는데, 이 또한 교수들의 일자리가 걸린 문제기 때문에 타협이 난망하다. 노동시장 이중구조 문제는 또 어떤가. 정규직과 비정규직의 처우는 좁혀지기는커녕 나날이 벌어지고 있다. 비정규직 노조는 교섭권을 행사할 힘도, 여력도 존재하지 않기 때문이다. 그렇다고 비정규직을 조건 없이 정규직으로 전환하게 되면 '인국공 사태'에서 경험했던 것처럼 공정 문제가 불거지는 것은 물론 신규채용이 줄어 '을과 을의 전쟁'이 벌어지게 된다. 그런데도 더 큰 권리만을 주장하는 소위 '귀족 노조'의 잇따른 파업은 노조 전체에 대한 혐오감을 불러일으키는 악재로 작용하고 있다. 파트 2 '정책전쟁'에서 경제와 관련된 카테고리를 지워버리는 게 낫지 않을까 심각하게 고민한 이유 역시 미약하디 미약한 필자의 능력으로는 상기 문제를 아우르는 대안을 제시할 자신이 없었기 때문이다.

그러나 외면한다고 문제가 사라지지는 않는다. 비록 청사진에 불과할지라도 청년 당사자의 관점을 세상에 전할 수 있다는 것, 그 자체에 의미를 부여해보려 한다. 필자가 가장 심각하다고 생각하는 일자리 난제는 다음의 네 가지이다.

첫째, 고용안정성과 유연성 사이의 딜레마다.

둘째, 호봉제·연공서열제 등 구시대적 임금체계와 정년연장 문제다.

셋째, 노동시장 이중구조 문제다.

넷째, 산업계 요구를 반영하지 못하는 경직된 교육계의 현실이다.

지금부터 각각의 난제에 대한 필자 나름의 견해를 펼쳐보려고 한다.

◇ 기성세대는 '안정성', 2030세대는 '유연성'

안정성 담론이 지배적이었던 문재인 정부 초기부터 유연성의 중요성을 강조해왔던 입장에서, 유연성 담론이 자연스레 논의될 수 있다는 사실 자체에 격세지감을 느낀다. 그만큼 노동시장의 유연성을 강화해야 한다는 주장은 노동자의 생존권을 위협하는 자본가의 논리로 받아들여졌고, 철저히 배척당했다. 그러나 여론이 변했다. 이미 시장에 진입한 사람에게는 '안정성'인 것이, 새로이 시장에 진입해야 하는 사람에게는 '경직성'에 불과하다는 사실을 깨달았기 때문이다. 반대로 '유연성'은 안정성을 떨어뜨린다는 문제가 있지만, 그만큼 순환(이직)이 자유로워진다는 점에서 시장에 진입한 사람과 진입해야 하는 사람 모두에게 이익이 되는 가치다. 당장 노동시장에 진입 자체가 불가능한데 안정성이 아무리 높아진들 무슨 의미가 있느냐는 것이다. 그런 2030세대에겐 지금까지 안정성으로 포장되어왔던, 그러나 경직성으로 작용하고 있는 노동시장의 현실이 가장 큰 문제로 체감되는 것이 당연하다.

　이론적으로도 노동시장의 유연성 확립은 신규채용 증대로 이어질 가능성이 크다. 기본적으로 해고가 자유로워져 신규채용 여력이 커지기 때문이며, '한 번 채용하면 끝까지 책임져야 한다'는 부담감이 없기에 여력이 되는 만큼 신규채용을 늘릴 수 있기 때문이다. 실제 지난 10월 31일 '한국경영자총협회'가 30인 이상 기업 525개 사를 대상으로 고용의 유연성과 안정성에 대한 체감도를 조사한 결과, 유연성 항목에서는 '고용·해고 등 인력조정의 용이성'에 대한 체감도가 5점 만점에 2.71점으로 가장 낮았다. 또한, 낮은 노동시장의 유연성이 인력 운용에 미치는 영향에 대한 질문에는 '인력 수요가 발생해도 신규채용을 주저하게 된다'라는 응답이 40.6%(복수 응답)로 가장 높았다. 다음으로는 '생산성 향상이 어렵고 전반적 조직의 활력 저하(35.5%)', '채용 시 정규직보다는 비정규직이나 위탁 선호(33.5%)' 등이 상위권을 차지했다. 노조의 존재도 유연성에 영향을 미쳤다. '임금 조정의 용이성'을 평가하는 문항에서 노조가 있는 기업은 2.66점을, 노조가 없는 기업은 2.85점을 부여한 것이다. 노동자의 권리 증진을 위한 결사체의 필요성을 부정할 생각은 없다. 그러나 자신이 누리는 고용안정성의 혜택을 넘어 그 혜택을 자식에게까지 물려주길 바라는, 현대자동차의 생산직 노동조합으로 대표되는 일부 노조의 횡포는 같은 노동자들마저 눈살을 찌푸리게 만드는 폭력이자 기업의 신규채용 의지를 꺾는 걸림돌이다. 실제 노동시장 유연성을 강화했을 때 얼마나 신규채용으로 이어질지는 지켜봐야 할 문제지만, 당장 노동시장이 경직되어 신규채용을 꺼리거나 비정규직 채용을 선호하는 현상은 부정할 수 없는 사실이라는 것이다.

물론 무작정 유연성을 강화하고 보는 것이 능사는 아니다. 당장 지금의 일자리를 잃게 될지도 모른다는 불안감은 근로자의 생계와도 직결된 것으로, 분명 심각하게 고려되어야 한다. 실제 상기 조사에 참여한 기업들 역시 노동시장 안정성 항목에서 '실직 시 빠른 재취업 가능성'이 낮은 것을 가장 큰 문제(2.71점)로 꼽았다. 일자리를 잃더라도, 큰 경제적 손실 없이 다시 일자리를 구할 수 있을 거라는 확신을 심어주는 게 선결과제라는 것이다. 구체적으로 실직 시 빠른 재취업을 지원하는 국비 지원 직업교육 확대와 실직 중 생계를 유지할 수 있을 만큼의 충분한 실업급여 제공이 필요하다. 제도 운용에 있어 인센티브와 페널티의 조화를 통한 도덕적 해이 방지 역시 중요한 이슈다. 실제 현행 실업급여제도의 경우 취업 후 실업급여를 수령할 수 있는 최소 조건만 충족시킨 뒤 다시 퇴사하는 방식을 여러 차례 반복해도 마땅한 페널티가 없어 악용 사례들이 다수 보고되고 있다. 단기간 실직이 반복되는 경우 실업급여를 점진적으로 차감하고, 근속기간이 길어지면 원래 수준으로 회귀하는 형태의 유기적인 지급액 산정이 대안이 될 수 있다고 본다. 장기근속에 대한 상여금 형태의 인센티브 역시 유의미한 효과를 기대할 수 있을 것이다.

이것을 '사회적 안전망'이라고 한다. 그리고 사회적 안전망을 전제로 한 노동시장 유연화는 기업과 노동시장 내의 근로자, 노동시장 밖의 근로자 모두에게 이익이 된다. '진입과 퇴출의 자유'라는 물꼬가

트이는 순간, 리스크 없이 새로운 일자리를 찾을 수 있는 선순환으로 이어질 수 있기 때문이다. 이처럼 사회적 안전망을 전제한 노동시장의 유연성 확립이 노동시장의 새로운 패러다임으로 자리해야 한다.

반론도 존재한다. 주로 "근로자가 어째서 기업의 입장까지 생각해줘야 하느냐"라는 논리와 '노동소득분배율'과 '사내유보금' 등을 보았을 때 우리나라 기업은 지금도 고용 여력이 충분하다는 논리다. 그러나 유효한 반박이 아니다. 일단 "기업의 입장을 왜 고려해야 하느냐"라는 반박은 다른 말로 "협상하는 상대의 입장을 왜 고려해야 하느냐"라는 말인데, 어떻게 해석해도 이치에 맞지 않는다. 통상 그처럼 자기의 입장만 강변하는 행위를 두고 "떼를 쓴다"라고 표현한다. 기업의 금전적 여력이 있는지 없는지도 중요한 이슈가 아니다. 상기 조사에서 드러나듯 기업이 신규채용을 꺼리는 이유는 '돈이 없어서[42])'가 아닌 '한 번 고용하면 해고가 어려워서'기 때문이다. 각국의 경기변동에서는 끊임없이 상승과 침체를 반복하는 주기의 순환을 경험하므로 그에 따라 기업의 자금 여력도 유동적인 게 당연하다. 당장 돈이 없는 것보다 그런 위기 상황에 유동적으로 대응할 수 없다는 사실이 문제의 핵심이라는 것이다.

한편 노동에 대한 패러다임도 변하고 있다. 기성세대는 한 직장에 오래 근속하는 것을 미덕으로 여기지만, 2030세대는 그렇지 않

---

42) 사내유보금 등을 근거로 "기업이 채용 여력이 있다"라고 판단하는 것 또한 타당하지 않다. 사내유보금은 단순 현금 자산이 아니기 때문이다. 노동소득분배율 또한 우리나라의 자영업 종사자 비율이 높다는 변수를 간과한 주장으로 마찬가지로 타당하지 않다.

기 때문이다. 10년만 바짝 벌어 경제적 자유를 얻겠다는 '파이어족 (Fire)'의 등장이 단적인 예다. 일과 생활의 균형, 즉 삶의 질도 중요한 화두다. 2021년 취업 포털 '사람인'이 2030세대 1,865명을 대상으로 조사한 결과, 직장 선택에 가장 중요한 기준은 '연봉(33.8%)'이 1위였고, '워라밸(23.5%)'이 2위였다. '고용안정성'이 중요하다는 응답은 13.1%에 불과했다. 응답자 4명 중 1명은 워라밸을 가장 중요한 가치로 꼽았다는 것이다. 직장에서 정년을 바라는지에 대한 질문에도 54.7%가 "바라지 않는다"라고 답했다. 그 이유에 대한 질문에는 무려 31.8%(복수 응답)가 '회사 생활을 오래 하고 싶지 않아서'라고 답했다. 정리하면 2030세대 근로자들은 직장 선택에서 고용의 안정성보다도 워라밸을 중시하고 있었으며, 절반 이상이 정년을 바라지 않았고, 정년을 바라지 않는 이유의 핵심은 회사 생활을 오래 하기 싫어서다. 안정성에 매몰된 현재 정치권의 노동시장 담론은 기성세대 근로자들에 의한 구시대적 담론일 뿐이다.

지금부터 노동시장 유연성 강화를 위한 논의를 시작해야 한다. 국민의힘 경선에서 하태경 의원 등이 '전체 임금의 10%까지 해고의 자유 보장'을 제안하기도 했으나, 사회적 안전망이 부재하며 효과성이 충분히 증명되지 않은 상황에서 당장 시행하기에는 무리가 커 보인다. 그 부족한 부분을 채워 더 섬세한 대안을 내놓는 것이 코앞으로 다가온 대통령선거에 도전하는 후보들에게 주어진 과제일 것이다. 또한, 노동시장의 가장 큰 담론이라고도 볼 수 있는 상기 과제에 대한 해답이 이어질 4가지 난제를 해결하는 데에도 중요한 실마리가될 것이라고 생각한다.

◇ '동일노동 동일임금'의 가치는 어디에

현대자동차에서는 오른쪽 바퀴를 조립하는 기성세대 근로자와 왼쪽 바퀴를 조립하는 2030세대 근로자의 임금격차가 4배에 달한다고 한다. 같은 시간, 같은 난이도로, 같은 개수를 작업하는데 2030세대 근로자가 4년 일해야 벌 돈을 기성세대 근로자는 단 1년 만에 벌어들인다는 것이다. 이 같은 임금격차의 주된 요인은 근속연수를 임금과 승진에 반영하는 '연공서열제'다. 한편, 이와 반대로 능력과 성과를 임금에 반영하는 임금체계를 '성과연봉제'라 한다.

연공서열제는 비합리적인 제도다. 열심히 일해야 할 유인을 제거하기 때문이다. 별다른 성과를 내지 않아도 오래 근속하기만 하면 임금이 오르는 가운데, 구태여 성실하게 일하겠다는 근로자가 존재할 리 없다. 근래 부정적 의미로 논란의 중심에 선 KBS가 좋은 예다. KBS가 자발적으로 증언한 바에 의하면, KBS 전체 근로자의 45% 이상이 억대 연봉자이며 이중 절반 이상은 무보직자다. 돈은 더 받는데 일은 덜 하는, 불합리한 임금체계의 예정된 귀결이다. 그러나 어째서인지 문재인 정부와 더불어민주당은 성과연봉제보다는 호봉제와 연공서열제를 선호하는 듯한 정책 기조를 유지해왔다. 단적인 예로, 박근혜 정부 당시 338개의 공공기관은 연공서열제를 포기하고 성과연봉제를 채택하는 개혁을 단행하였다. 그러나 문재인 대통령은 취임 직후 공공기관에 성과연봉제 도입 여부를 노사 자율로 위임했고, 현재는 거의 모든 공공기관이 연공서열제로 회귀한 상황이다.

호봉제와 연공서열제의 문제는 시간이 흐름에 따라 기업의 임금부담이 기하급수적으로 커진다는 것이다. 실제 '한국경제연구원'의 〈경제환경 변화에 대응한 임금체계 개편방안〉에 따르면, 우리나라는 근속연수가 10년 늘면 임금이 15.1% 증가하는 양상을 보였다. OECD 평균(5.9%)의 3배 가까운 수치였으며, 조사대상국 28개국 중에서도 가장 높았다. 연공서열제의 영향이 매우 큰 축에 속한다는 것이다. 여기에 해고가 어려운 노동시장의 경직성까지 더해져 기업은 한 번 정규직 근로자를 고용하면, 특별한 문제가 없는 한, 정년까지 기하급수적으로 커지는 임금을 지불해야 한다는 부담을 느낄 수밖에 없다. 그런 기업들에게 다가오는 '베이비붐 세대'의 정년은 희소식이다. 통상 베이비붐 세대는 1955년생부터 1963년생까지를 뜻하며, 전체 724만명에 달한다. 이들의 본격적인 정년은퇴는 지난 2016년부터 시작되었으며, 2024년이면 전원 정년(만 60세 기준)에 도달할 예정이다. 많게는 2030세대 근로자의 3~4배에 달하는 임금을 받는 베이비붐 세대의 전격 은퇴는 곧 기업의 고용 여력이 커질 수 있음을 뜻한다. 실제 일본은 우리나라보다 앞서 이 같은 순환을 겪은 결과, 2021년 현재는 구직하는 근로자보다 구인하는 기업이 더 많아졌다. 단적인 예로 구직하는 개발자 1명에 평균 9개의 기업이 매달리는 상황이라고 한다.

변수는 정년연장이다. 실제 현대자동차의 생산직 노동조합은 지난 2021년 6월, "노후 대비가 충분히 이루어지지 못했다"라며 정년연장의 필요성을 역설했다. 이에 같은 현대자동차에 근로하는 2030세대 청년이 정년연장에 반대하는 내용의 청원을 올리는 등 거센 반발이 이어졌지만, 그들의 의지는 확고했다. 또한, 더불어민주당의 싱크탱크를 필두로 정년연장의 필요성에 대한 논의가 급물살을 타고 있다. 현대자동차를 필두로 속속 정년연장이 이루어지면, 2024년으로 종료될 예정이었던 베이비붐 세대의 은퇴는 그만큼 늦춰지게 된다. 그리고 이는 기업의 채용 여력 저하로 이어져, 신규채용이 줄어드는 결과를 초래한다. 실제 전국경제인연합회 자료에 따르면, 정규직 근로자를 기준으로 연령 상한이 1년 늘어나면 청년 취업자 비중은 0.42% 줄어들었다.

〈20대 남자, 그들이 몰려온다〉에서 언급했듯, 정년연장에 무조건 반대하고 볼 건 아니다. 국민연금 수령 개시 연령이 2023년에는 63세로, 2033년에는 65세로 높아지면서 60세에 은퇴하게 되면 일자리도 연금도 없는 '소득 공백'이 발생하기 때문이다. 또한, 평균 수명의 증가와 건강 상태의 개선으로 교육 기간과 은퇴 이후 기간이 길어지는 생애주기 개편이 이루어지는 가운데 정년 연령과 법적 노인 연령 등의 재설정은 필연적이다. 그러나 하나를 취하려면 하나는 양보하는 모습을 보이는 게 상도라고 생각한다. 정년연장을 원한다면 신규채용이 줄어드는 부작용을 줄이기 위한 임금피크제 정도는 받아들여야 한다는 것이다. 2030세대의 일자리를 위협하지 않는 선에서 타협점을 찾기 위한 해답은 첫 번째 난제와 마찬가지로 대통령선거 후보들의 몫이다.

별개로 호봉제와 연공서열제를 성과연봉제로 개편하는 작업에도 착수해야 한다. 노동시장의 유연성이 확립되면 상당 부분 해결될 문제지만, 더 어려운 층위의 난제라는 점에서 임금체계를 개편하기 위한 노력을 병행하는 과정이 필수적이다.

◇ 월급만 많이 받으면, 비정규직도 괜찮을까?

임금 격차의 또 다른 변수는 노동시장 이중구조다. 평균적으로 비정규직 근로자의 임금은 정규직 근로자의 절반 수준이다. 최근 노조에서 배제된 기아자동차 비정규 생산직의 경우 기본급과 수당, 상여금 등을 모두 더한 급여가 정규직의 60.9% 수준이었다. 복지에서도 차이가 컸다. 한 예로 비정규직 근로자는 1명의 자녀를 대상으로 중고등학생은 매년 10만원, 대학생은 매년 30만원을 주는 것이 전부지만 정규직 근로자는 자녀 3명까지 중고등학교는 물론 대학교 등록금 전액을 지원한다.[43] 심지어 '중규직'으로도 불리는 '무기계약직(정년까지 계속 고용을 보장하는)'도 특별한 이유 없이 정규직보다 임금을 적게 받는다. 단지 일을 오래 했다는 이유로 성과와 무관하게 더 많은 임금을 주는 연공서열제 이상의 비합리적 차별, 그 원인이 바로 노동시장 이중구조에 있다는 것이다.[44]

이 같은 노동시장 이중구조 문제를 바로잡겠다며 문재인 대통령

---

[43] 2017년 5월 19일 중앙일보 〈비정규직을 알려주마… 30개 문답에 담아낸 비정규직 이슈의 모든 것〉

[44] 한편 연공서열제는 노동시장 이중구조의 핵심 원인이기도 하다. 연공급 임금체계가 유발하는 임금부담을 억제하는 것이 비정규직 채용의 커다란 유인으로 작용하기 때문이다.

이 공약한 것이 바로 '비정규직 0(제로)[45]'다. 그러나 문재인 정부가 집권하고 5년이 다 된 현재, 문재인 정부는 최악의 성적표를 받아들었다. 비정규직이 0에 수렴하기는커녕 도리어 폭증한 것이다. 통계청 자료에 따르면, 2017년 비정규직 근로자는 총 약 658만명이었는데 지난 8월을 기준으로 사상 처음 800만명을 넘어섰다. 덩달아 정규직과 비정규직의 임금격차도 약 157만원으로 최고치를 기록했다. 이유가 뭘까. 최저임금의 급격한 인상, '주52시간제' 강행, 고용지표 눈속임을 위한 단기 공공일자리 살포 등 정책적 실패와 코로나바이러스 위기 등 외부변인이 복합적으로 작용한 결과일 것이다. 분명한 사실은, 비정규직 근로자들을 위하겠다던 문재인 정부의 선심은 의지만 앞선 객기로, 외려 그들을 더한 수렁으로 내모는 결과만을 초래했다는 것이다.

그렇다면 해결책은 뭘까. 크게 4가지 방향에서 생각해볼 수 있을 것이다.

첫째는 '비정규직 근로자를 정규직 근로자로 일괄전환'하는 것이다. 그러나 모든 비정규직 근로자를 일괄적으로 전환하는 건 현실적으로 불가능할 뿐 아니라, 경제에도 악영향을 끼칠 가능성이 크다.[46] 그런 이유로 문재인 정부 역시 공공기관 중에서도 일부 분야

---

45) 물론 그조차도 준정부기관(공공기관들과 공직유관단체들)에 한정된다.

46) 경제는 각각의 거시지표가 서로에 영향을 끼치는 유기체와도 같다. 비정규직 근로자를 일괄적으로 전환하게 되면 기업의 임금부담은 폭증하게 된다. 이는 곧 신규채용 감소, 제품의 가격 인상, 제품의 품질 하락 등의 형태로 근로자와 소비자에 전가된다. 실업률과 물가

에 한정해 비정규직의 정규직화를 추진했다. 그것이 바로 두 번째 해결책, '비정규직 근로자가 정규직으로 전환할 기회의 폭을 넓혀주는 것'이다. 그러나 익히 알다시피 문제인 정부의 기간제 교사와 인천국제공항공사 비정규직 근로자의 정규직화 계획은 실패했다. 기간제 교사의 경우 극심한 반발에 계획을 반려했으며, 인국공 사태는 끝끝내 강행한 결과 지금까지 후폭풍이 계속되고 있다. 물론 원칙과 절차를 완전히 무시한 문재인 정부의 어리숙한 행정이 가장 큰 문제였을 것이다. 그러나 분야와 범위, 규모 등에 차등을 둘 수밖에 없다는 점에서 어떤 방식을 채택하더라도 결국 불공정 논란에 휩싸일 가능성이 크다.

따라서 남은 해결책은 두 가지다. 셋째, 비정규직 근로자의 고용 안정성을 높이는 것이며, 넷째, 동일노동 동일임금 원칙을 토대로 비정규직 근로자의 임금을 정규직 근로자 수준으로 높이는 것이다. 이 두 가지가 정치권에서 해결책을 모색한다고 했을 때, 그래도 가장 성공 가능성이 큰 방식이라고 생각한다. 또한, 하나를 꼽자면 동일노동 동일임금의 원칙을 실현하는 게 가장 중요하고도 시급한 과제라고 생각한다. 47) 앞서 살펴본 것처럼, 2030세대 근로자들 역시 단순히 일을 오래 하는 것보다는, 높은 연봉과 워라밸을 추구하고 있기 때문

가 동시에 높아지게 되면서 임금은 올랐으나 구매력은 그대로인 '제로섬게임' 상황이 초래된다는 것이다.

47) 당연히 고용안정성 확보도 중요하다. 계약기간 연장을 위해 각종 부당한 대우를 감수해야만 하는 것이 비정규직 근로자의 가장 큰 어려움이기 때문이다. 이는 정규직으로 근로하는 가운데, 노동시장 전반에 유연성을 가미하는 것과도 다른 차원의 문제다. 따라서 "월급만 많이 받으면 비정규직도 괜찮다"는 말은 반은 맞고 반은 틀리다.

이다. 또한, 기업에도 계약기간을 강제하는 것보다는, 정부의 보조를 전제로 임금을 높여주는 쪽이 덜 부담스럽다. 물론 최저임금과 마찬가지로 급격한 임금인상은 되레 신규채용이 줄어드는 부작용을 초래할 수 있다. 따라서 경제 전반과 기업의 상황을 고려한 점진적인 적용이 중요하다. 기업이 적응할 수 있도록 정책 집행에 시간차를 두는 것이 중요하다.

당장 성과연봉제만 정착시켜도 근로기간 차이에 따른 임금격차는 상당 부분 줄어든다. 또한, '헌법에 동일노동 동일임금 원칙을 명시해야 한다'라는 명제에 대해 국민 열에 아홉이 찬성하는 만큼 개헌을 위시한 법제화 논의가 수반되어야 한다. 구체적으로는 업무 성과 등을 계량화할 수 있는 지표를 개발해 임금에 연동할 수 있도록 하고, 잘 지켜지는 기업에 인센티브를 부여하는 방식을 고려해볼 수 있다. 물론 실효성 측면에서는 페널티를 부과하는 쪽이 바람직하다. 근로자가 부당한 임금 차별을 호소하면 기업이 '차별이 없었음'을 증명하게 하고, 증명하지 못할 시 법적·행정적 제재를 가하는 형태다. 입증책임을 기업에 전가하는 이유는 정보의 우위를 갖기 때문이다. 그러나 이러한 규제 일변도 정책은 실효성이 큰 만큼 부작용이 뒤따르며, 현재 지배적인 국민 정서와 배치되는 측면이 크다는 문제가 있다.

동일노동 동일임금은 당연한 명제다. 같은 노동을 하는데 다른 임금을 받아야 할 이유를 논리적으로 증명하는 건 불가능하기 때문이다. 물론 노동의 분야와 보직, 시간과 강도, 생산성 등이 일치한다는 전제다. 따라서 현실적 여력이 허락하는 선에서 동일노동 동일임금을 최우선 가치로 실현해야 한다는 생각이다.

"물 들어올 때 노 저어라"는 말이 있다. 기회가 있을 때 노력하는 것이 최선의 결과를 얻어낼 수 있는 가장 효과적인 방법이라는 의미다. 지금 '베이비 붐 세대의 은퇴'라는 물이 들어오고 있다. 그렇다면 정부의 역할은 '기업이 늘어난 채용 여력을 양껏 활용할 수 있도록' 노를 저어야 한다. 정년연장을 논외로 했을 때, 2024년까지가 중요한 분기점이 될 것이다. 동시에 중장년층 근로자가 가진 '양질의 잉여인력'을 활용하기 위한 대안을 모색해야 한다. 청년 근로자들이 단순 계산, 순발력, 적응력 등에 비교우위를 갖는다면 중장년층 근로자들은 인내심과 노련함, 판단력 등에 비교우위가 있다. 각자의 장점을 십분 활용할 수 있는 분업화 방안을 모색해볼 수 있다는 사실이 중요한 단서 중 하나일 것이다. 북유럽과 마찬가지로 '택스 바우처(자녀 등에 양도할 수 있는 소득공제 혜택 부여)' 등을 동반한 자원봉사 장려도 좋은 대안 중 하나라고 생각한다. 더 자세한 내용은 인구·사회 분야와 직결되는 것으로, 이어질 챕터 3에서 다루려고 한다.

◆ 취업률 20%, 그런데 정원은 그대로?

언제부턴가 "남자는 무조건 이과로 가야 한다", "이미 문과를 선택했다면, 최소 상경계(경제·경영학과)라도 가야 한다", "대학보다는 학과다"라는 말들이 나오기 시작했다. 필자 역시 심리학과를 지망했지만, 그러한 조언에 따라 경제학과에 지원했다. 이유는 당연하게도 '취업률'이었다. 대학 간판으로 먹고사는 시대는 지났고, 대학에서 가능한 실용성 있는 학문을 배워야 한다는 것이다.[48] 실제 문과생들을 대상으로 한 채용공고의 절반가량은 '상경계 우대' 혹은 '상경계만 지원 가능'이라는 조건들을 내걸고 있었다. 그런데도 '간판의 힘'은 여전했고, 좋은 대학에 대한 수험생들의 선호 역시 여전했다. 그리고 현재, 중고등학교 때 귀에 딱지가 앉도록 들었던 얘기들이 현실화하는 과정을 온몸으로 체감하게 됐다.

'대학알리미(대학정보공시제도)'에 따르면 2019년 말 기준 서울대학교 졸업생의 평균적인 취업률은 70.9%로 나타났다. 그러나 종교학과(25.0%), 철학과(28.6%), 정치외교학부(36.0%)는 평균의 절반에도 못 미치는 등 고전을 면치 못했다. 다른 학교의 사정도 마찬가지였다. 2020년 조선일보 기사 〈삼성·네이버도 신입 80% 이공계, SKY 문과보다 지방대 뽑는다〉에 따르면 서울 최상위권 대학(A)과 상위권 대학(B)의 철학·역사학·정치외교학과 등의 취업률은 높아야 40% 수준이었다. 반면 같은 대학의 컴퓨터공학·전자공학·산업공학과 등의 취업률은 80% 내외로 두 배 이상이었다. 심지어는 부산의 한 대학(C)과 전북의 한 대학(D)의 컴퓨터시스템공학·산업정보시

---

48) 취업을 위한 기술을 배우려고 대학에 가는, '학력주의'로 일컬어지는 우리나라만의 독특한 문화에 대한 논의는 일단 제쳐두도록 한다. 어쩌면 대한민국이 소멸하는 순간까지 해결할 수 없을지 모를 난제이며, 가진 거라곤 인적자본이 전부인 우리나라에 '필요악'이라고도 생각하기 때문이다.

스템공학·소프트웨어공학과 취업률도 70%를 훌쩍 넘겨 서울 최상위·상위 대학 인문계의 2배를 상회했다. "(적어도 취업에 있어선) 대학보다 학과가 중요하다"라는 말이 그대로 실현된 것이다.

이유는 간단하다. 전국 4년제 대학 학과 정원의 절반은 인문학 계열과 사회과학 계열인데, 산업계에서 요구하는 수준은 20%에 불과하기 때문이다. 이처럼 대학의 학과 공급과 기업의 채용 수요가 일치하지 않는 수급 불균형 현상을 '미스매치'라고 한다. 실제로 2018년부터 2020년까지, 3년간 삼성전자·SK하이닉스·현대자동차·LG전자 등 대기업들이 뽑은 신입사원 중 약 80%가 이공계 전공자였다. '네카라쿠배'로 불리는 플랫폼 기업 역시 80% 이상이 이공계 전공자였다. 그나마 20% 남짓한 인문계 전공자 비율 또한 '조직의 다양성'을 위한 것이지, 더 줄여도 문제가 없다고 한다. 산업구조가 디지털 중심으로 급변함에 따라 인문계 전공자 수요는 더욱 줄어들 것이다.

때문에, 인문계 학생들은 제때 취업을 못 하고 학교를 졸업한 뒤, 다시 IT 분야 취업을 위해 코딩을 배워야 하는 아이러니한 상황에 놓이게 됐다. 실제 2021년 취업 포털 '인크루트'에 따르면 문과 전공 구직자의 18.5%가 '코딩을 배우고 있다'라고 답했으며, 그 이유로는 5명 중 4명이 '앞으로의 전망'을 꼽았다. 채용방식도 노골적으로 변하고 있다. 모든 기업이 공개채용을 줄여나가는 가운데, 남은 공개채용 인원마저 철저히 이공계로 채워지고 있었다. 실제 2020년 하반기 국민은행은 신규채용인원 200명 중 85%에 해당하는 170명을 IT·데이터 직군에서 모집하였으며 농협은행은 일반 직군 채용에도 디지털 관련 자격증 소지자에 가산점을 부여했다. 청년실업 논의에 상기 미스매치 문제를 빼놓을 수 없게 된 이유다.

　가장 간단한 해결책은 4년제 대학의 학과 정원 조정이다. 갑자기 산업구조를 뒤바꾸는 건 불가능하기 때문이다. 그러나 앞서 언급했듯, 10년도 전부터 이 같은 문제상황이 공공연히 예견되었음에도 학과 정원은 전혀 조정되지 않았다. '학과통폐합' 등 부분적인 노력이 이루어지긴 했으나 일부 대학의 화두였을 뿐, 여전히 4년제 대학 정원의 절반은 인문학 계열과 사회과학 계열이다.

　어째서일까? 교육계 역시 철저한 기득권으로 '막힌 혈관'이 되어버렸기 때문이다. 교수라는 직업은, 일단 전임 교수로 임용되면 99.99% 정년이 보장된다고 할 만큼 안정성이 뛰어나다. 교수의 역할은 크게 연구와 강의, 두 가지로 나뉘며 강의를 하려면 해당 학과에 학생들이 있어야 한다. 학과 정원이 곧 교수의 존재 의미이자 고용안정성의 근거라는 것이다. 실제 대학에서 학과의 정원은 해당 학과와 소속 교수들의 힘과 영향력을 상징한다. 그러니 정원이 채워지지 않는 불가피한 상황이 도래하지 않는 한, 관성적으로 현재 수준을 유지하게 되는 것이다. 설상가상 우리나라는 사립대 비중이 70% 이상으로, 정부의 역할이 적다. 당장 대학을 특성화하는 등의 유기적인 변화가 일어나기도 어려운 구조라는 의미다. 학제도 마찬가지다. 이미 디지털 시대가 도래했다고 봐도 과언이 아닌 현재에도, 중등교육 이하 교육과정의 유의미한 변화는 초등학교에서 코딩교육을 의무화한 것이 전부다. 10년, 20년 전과 마찬가지로 국어·영어·수학 등 '수

학능력' 교육이 중심이라는 것이다. 이 또한, 교사와 사교육계, 학부모의 반발을 고려하지 않을 수 없는 현실적 한계 때문이다.

그렇다면 대안은 뭘까. 특성화를 통한 부실대학의 재활용이라고 생각한다. 어차피 학과 정원은 줄어들 수밖에 없다. 정확히는 수도권 대학의 전체 정원을 조정하는 극약처방 없이는 지방대학 및 지방의 소멸을 막을 수 없는, 학령인구 감소라는 대재앙이 턱밑까지 다가왔기 때문이다. 필자가 수능시험을 봤던 2011학년도만 해도 수능에 응시한 수험생이 70만명에 육박했는데, 11년이 지난 올해 수능에서는 52만명에 그쳤다고 한다. 벌써 20% 이상 줄어든 것이다. 대학의 소멸은 주변 인프라의 소멸을 의미하며, 젊은 인구 유실은 지방소멸 촉진으로 직결된다는 점에서 지방을 포기할 게 아니라면 선택지는 수도권 대학의 학과 정원 조정밖에 없다. 실제 우리나라보다 앞서 고령화사회에 진입한 일본도 수도권 과밀화를 막기 위해 도쿄 인근 대학의 학과 정원 조정을 단행해 지방의 소멸 속도 둔화에 성공할 수 있었다. 물론 그러한 극약처방에도 지방대학의 소멸을 완전히 차단할 수는 없다. 따라서 소멸의 기로에 선 대학을 재활용하는 방안을 모색해야 하며, 가장 합리적인 방식이 미스매치 해소를 위한 '디지털 인재 특성화대학'으로의 개편이다. [49]

---

[49] 이외에도 비수도권 대학교들이 살아남기 위해서는 대학 간 네트워크 강화, 방송통신대학교나 사이버대학교와의 융합, 직업교육훈련과 평생교육과의 연계, 교육재정 칸막이 개혁, 수업료 인상을 사실상 금지하는 현행 국가장학금 제도개혁 등의 전제 조건들이 필요하다.

하루아침에 해결될 문제들이 아니다. 5년 단임의 제한된 시간만으로는 시작하는 것조차 어려운 의제들일지 모른다. 그러나 경제를 포기하고 국정을 논할 수는 없다. 차일피일 미루면 상황은 나빠질 뿐이다. 그렇게 십수 년이 지나고도 개선점을 찾을 수 없는, 되레 나빠지기만 한 노동시장과 학제가 당면한 현실이다. 그렇게 잃어버린 시간을 이끌었던 대통령들에 대한 청년들의 평가가 박할 수밖에 없는 게 당연하다는 것이다.

다시 처음으로 돌아와, 2030세대가 공정이나 젠더 등 지엽적인 논의에 매몰되는 이유는 다음 대통령을 비롯한 기성세대 어른들이 먹고사는 문제를 해결해줄 수 있다는 기대가 없기 때문이다. 이 말을 뒤집으면 먹고사는 문제만 해결하면, 관념적 담론들은 제자리를 찾게 될 것이며 2030세대의 전폭적인 지지까지 얻을 수 있게 된다는 결론이 도출된다.

실제 지난 6월 25일 국민일보 여론조사에 따르면, MZ세대의 46%는 '차기 대통령이 강력하게 추진해야 할 과제'로 '경제성장과 일자리 창출'을 꼽았다. '양극화 해소가 중요하다는 응답(13%)'의 3배가 넘는 수치였다. 다른 이슈를 가타부타 떠들 필요조차 없다는 것이다. 필자 역시 그런 청사진을 보여주는 후보에게 기꺼이 한 표를 던지려고 한다. 이어지는 주제들에 담길 바람도 그와 다르지 않을 것이다.

02

디지털 시대와
기본소득제

　　　　　　　　　　산업구조 변화는 거스를 수 없는
시대의 요구다. '농경 시대'가 '산업화 시대'로, 나아가 '정보화 시대'와
'디지털 시대'로 변화하며 현재에 이르렀다. 물론 갈등과 부침도 많았
다. 산업구조가 변화하면 기존 산업의 일자리 상당수가 소멸하기 때
문이다. 이를테면 자동차가 개발되면서 마부라는 직업은 사라졌다. 4
차 산업혁명 이슈가 한창일 당시 "인공지능이 인류에 재앙일지도 모
른다"라는 주장이 제기된 맥락도 그와 같다. 변화는 이미 가시화되고
있다. 마트에는 계산대 점원이 줄어든 대신 '키오스크(터치스크린 방식
의 무인단말기)'가 즐비하고, '타다'와 '로톡'에 택시업계와 대한변호사
협회가 반발하고 있으며, '네이버(NHN)'와 '카카오' 등 '플랫폼 기업'
의 문어발식 사업확장에 대한 문제의식이 커지고 있다.
　　그러나 변화는, 인식과 제도에 의해 지연될 수는 있으나, 거스를

수는 없다. 국경이 사라진 현재는 변화의 거부가 국가 전체를 도태시키는 파멸적 결과를 초래할지 모른다. 기술의 우위를 점하지 못하면, 국내에서 플랫폼 기업이 기존 산업들을 잠식해나가듯, 외국 기업에 의한 우리 기업의 잠식 등 위험이 수반될 수 있기 때문이다. 또한, 변화를 지나치게 두려워하거나 거부할 필요도 없다. 경험적으로 새로운 시대는 통상 더 편리하고 풍요로운 삶을 선물했기 때문이다. 자동차의 개발로 마부라는 직업은 사라졌지만, 대신 자동차라는 훨씬 거대한 산업에 과거와 비교할 수도 없을 만큼 무수한 가치와 일자리가 창출됐다. 그러니 막상 적응한 뒤에는 "과거로 돌아가야 한다"라는 식의 주장을 펼치는 사람을 찾아볼 수 없는 것이다.

물론 적응에는 시간이 필요하다. 그 과정에 갈등과 마찰이 동반되는 것 또한 당연하다. 통상 그것을 '과도기'라고 부른다. '정치전쟁' 막바지에 현재 2030세대가 부모보다 가난한 최초의 세대를 넘어 어쩌면 지금의 10대보다도 가난한 세대가 될지도 모른다는 자조적인 이야기를 꺼낸 맥락도 지금이 바로 그 과도기이기 때문이다. 그러한 과도기에서 가장 중요한 게 정부의 역할이다. 구체적인 정부의 역할은 크게 다음의 세 가지다. 첫째, 기술 발전을 촉진하기 위한 보호와 지원이다. 둘째, 제도의 뒷받침을 통한 관리와 감독이다. 몰래카메라 등 범죄에 악용될 수도 있는 드론 운용의 기준을 설정하고 조종허가 제도를 운용한다거나, 인공지능에 의해 발생한 사고의 책임을 누구에게 물을지 그 책임 소재를 설정하는 것이 한 예다. 마지막으로 셋째는 갈등의 중재다. 공리주의적 계산과 별개로 일자리를 잃어버린 마부를 보호하려는 노력도 필요하기 때문이다. 기술에 의한 독과점이 종래 산업 생태계를 파괴하는 부작용을 최소화하기 위한 '속도조절장치'도 마련해야 한다.

'기술'에 의한 경제라는 말이 무색하게, 디지털 시대의 안정적 정착을 위한 열쇠를 쥐고 있는 건 '정부'다. 또한, '인공지능'이 떠오를수록 방점은 '사람'에 찍히게 된다. 나아가 인공지능이 가져다줄 불로소득에 의한 풍요를 어떻게 '분배'해아 할지, 인공지능에 의해 노동으로부터 '해방'된 인간은 어떤 삶을 설계하게 될지가 디지털 시대의 핵심적인 화두로 자리하게 될 것이다.

문득 마르크스의 천재성에 감탄하게 된다. 그가 주장했던 '유물론'이 가리키던 방향이 상기 키워드로 점철될 디지털 시대의 미래와 놀라울 만큼 일치하기 때문이다. 그의 방법론은 '유한한 자원'을 분배해야 하는 지금까지는 유효하지 않았지만, 불로소득에 의한 '무한한 자원'을 가정했을 때는 충분히 유효할 수 있겠다는 해석이다. 아직은 시기상조지만, '기본소득제'나 '부의 소득세' 논의가 속속 등장하고 있으며 머잖아 주류 의제가 될 가능성이 크다는 게 그 증거다. 지금부터 다루려는 내용이 그것이다. 정부는 시장의 창조역량을 키우기 위해 어떤 노력을 기울일 수 있는지부터 시작해 앞으로의 분배 담론은 어떤 양상으로 흘러갈 것인지에 대한 개괄적인 이야기들을 나눠보려고 한다.

◇ 문재인 정부처럼만 안 해도 반은 성공

〈20대 남자, 그들이 몰려온다〉에선 문재인 정부를 '짝퉁 케인지언'에 비유했는데, 이번에는 '짝퉁 마르크스'에 비유하고 싶다. 유물론자이면서 동시에 분배를 중시했던 마르크스와 달리, 문재인 정부는 성장에 대한 개념이 전혀 없고 분배라는 명목으로 국민의 피땀으로 빚어진 국부를 물 쓰듯 탕진하고 있기 때문이다. 한술 더 떠 규제와 통제를 얼마나 좋아하는지, 시장이 자유롭게 움직이는 꼴을 못 본다. 그런 짝퉁 마르크스들이 망쳐놓은 대한민국을 하루빨리 본래의 궤도로 되돌려야 한다.

문재인 정부의 첫 번째 실정은 대책 없는 공공부문 강화다. 필자가 문재인 정부를 부정적으로 평가하기 시작한 이유는, 다양한 이유가 있겠으나, 엉성하고 무책임한 정책들에 대한 실망이었다. 그중에서도 경악을 금치 못했던 것이 '탈원전'과 '공공부문 81만개 일자리 정책'이었는데, 문제의식과 정책화 과정 어느 것 하나 공감되는 부분이 없었기 때문이다. 멀리 갈 것도 없이, '81만개'라는 숫자의 근거조차 엉성하기 짝이 없다. 스위스가 2009년부터 2013년까지, 4년간 공공부문의 고용 비율을 15%에서 18%로 3% 늘렸는데, 이 3%를 우리나라의 경제활동인구 2,700만명에 대입하면 81만이라는 숫자가 산출된다는 단순무식한 계산이기 때문이다. 스위스는 인구가 870만명으로 우리나라의 20%가 채 안 되는 작은 나라다. 세목이 우리나라보다 많은 건 두말할 필요조차 없으며, 인구와 산업구조 무엇 하나 일치하는 측면이 없다. 심지어 우리나라는 국가가 인건비의 거의 전액을 부담하는 사립학교 교원과 의무사병(군인)이 공공부문에 포함되지 않아 공공부문 비율이 과소평가된 측면이 있다. 무엇 하나 비슷한 구석이 없는데도 3%를 그대로 대입한 것이다.

그런 공공부문 일자리 정책은 일찍이 많은 전문가의 비판에 직면했다. 그러나 문재인 정부는 쓸데없는 뚝심으로 정책을 강행했고, 약 5년이 흐른 현재 당시 지적됐던 부작용들이 그대로 나타나고 있다. 일단 늘어난 공무원만 10만명이 넘어, 이명박 정부와 박근혜 정부를 합친 것의 2배 이상이다. 그 덕에 공공부문의 인건비 지출은 최초로 민간부문의 인건비 지출을 뛰어넘었고, 취준생의 약 30%를 공시생으로 만들었다. 시장의 역할이 새로운 가치의 창조라면 공공부문의 역할은 규제와 관리다. 공공부문 증대는 첫째, 청년들이 공무원 시험에만 매달리게 만들어 인적자원 배분의 불균형을 초래하며, 둘째, 비대해진 공공부문의 규제와 관리에 의해 시장의 혁신 역량을 떨어뜨리는 '쌍끌이 부작용'을 초래한다는 것이다. 물론 그 공공부문을 부양할 돈은 그들의 규제를 받는 민간부문, 즉 시장에서 나온다. 기타 일자리 정책 역시 공공부문 인턴 등 한시적 단기 일자리를 만드는 데만 매몰되어, 막대한 세금을 '소모적인' 방식으로 탕진하고 말았다. 이명박 정부 당시 "4대강을 조성할 예산(22조원)이면 일자리 100만개를 만들 수 있다"라고 비판하던 인사들이 지지하거나 참여하는 문재인 정부는 2017년부터 2018년까지, 단 2년 만에 40조원이 넘는 일자리 예산을 쓰고 도리어 일자리를 감소시키는 대단한 업적을 달성했다. 땜질식 형편없는 정책의 예견된 실패였다.

두 번째 실정은 규제와 무관심이다. "어떤 규제가 있느냐"고 되물을 것도 없다. '허용하는 것'을 제외하면 모조리 금지하는 '포지티브(열거식 허용)' 방식을 취하고 있기 때문이다. 이와 관련해 '토스(금융 어플리케이션)'의 이승건 대표는 "금융 관련해서는 저희가 아는 태반이 다 불법이자 비법"이라며 "결과적으론 (저희가) 몇 년씩 써서 풀어낸 규제만 해도 어마어마하다"라고 주장하기도 했다. 바닥에 온통 쓰레기를 흩뿌려놓고는 먼저 발견한 사람이 치울 수밖에 없게 만드는 것이 현재의 스타트업 규제라는 것이다. 목마른 사람이 우물 파라는 식의 무관심도 문제다. 한 예로 식품 관련 규제는 식품의약품안전처와 식품안전 관련 단속권한을 지니는 기초자치단체들의 답변이 제각각이라 문제가 생겼을 때 해결하는 시간도 한참 지체된다고 한다. 기술경쟁은 속도가 생명인데 정부에 신속한 허가를 위한 일원화된 과정조차 없어 개발이 지연될 수밖에 없다는 것이다. 발을 동동 구르는 쪽은 언제나 스타트업이다. 종래 핵심 산업에 대해서도 마찬가지다. 2021년 상반기부터 지금까지 세계 경제를 뒤흔들고 있는 '반도체 대란'에 대해서도 시큰둥했던 것이 문재인 정부다. 선제적인 조치가 필수적이며 미국과 EU는 진작부터 파운드리(반도체 제조를 전담하는 생산공장)·팹리스(시스템반도체 개발회사) 등 시설투자에 파격적인 지원이 이루어지는 상황이었는데도[50], 언론과 경영계가 문제를 제기한

---

50) 2021년 대외경제정책연구원에 따르면 미국은 반도체산업 지원을 위해 시설투자비 40%를 세액공제하고, 반도체산업에 총 500억 달러의 지원을 추진했다. EU는 투자액의 40%를 보조금으로 지급하는 방식으로, 중국은 2030년까지 관세를 면제하는 방식으로 선제적 대응을 시작했다.

지 3개월이 지나서야 겨우 일에 착수하기 시작했다. 반도체 공장 운영이 '신고제'가 아닌 '허가제'로 운영되는 등 까다로운 규제에 의한 애로사항 역시 올 4월쯤에야 겨우 '수리하기' 시작했다. 그야말로 총체적 난국이다.

세금으로 손쉬운 통제가 가능한 공공기관에 일자리를 만드는 건 누구나 할 수 있다. 4대강에 쓰인 22조원의 예산이면, "연봉 2,200만원짜리 일자리 100만개를 만들 수 있다"라는 말이 정말 그렇게 돈을 뿌리겠다는 단순무식의 발로인 줄 누가 알았겠나. 우리나라는 강에 가면 연어가 뛰어다니고, 영해와 배타적 경제수역에서 가스와 석유가 나오는 노르웨이와 같은 북유럽 국가와 다르다. 철저히 인적자원으로 시작해 인적자원으로 끝나는, 불행하다면 불행한 산업구조를 가진 국가다. 기술 없이는 살아남을 수 없다고 해도 과언이 아니라는 것이다. 또한, 지속가능한 양질의 일자리를 만드는 건 시장이다. 창조와 혁신을 통해 새로운 기술을 만들고, 성장을 견인하는 것도 시장이다. 따라서 정부의 역할은 그 과정에 발생하는 불공정을 바로잡기 위한 감독에 그쳐야 한다.

기초과학과 기술에 대한 지원은, 당장 표가 되기는 어려워도, 장기적 국가 발전에 필수적이다. 문재인 정부 들어 R&D 투자 예산을 연평균 7% 증액한 것은 긍정적인 지점이나, 그것만으로는 부족하다. 일단 스타트업 규제부터 '금지하는 것'을 제외하면 모두 허가하는 '네거티브(열거식 금지)' 방식으로 바꿔야 한다. 네거티브 방식의 부작용은 예기치 못한 법의 사각지대가 생겨날 수 있다는 것인데, 법제화 과정에 전문가를 대거 참여시켜 예측 가능성을 높이는 방향으로 보완해나갈 수 있을 것이다. 신속한 허가를 위해 관련 부처를 일원화하는 행정 시스템 개편도 필요하다. 가장 중요한 건 정부의 지속적인 관심과 지원이다. 기업의 자력만으로, 정부의 막대한 지원을 등에 업은 타국의 기업을 상대할 수는 없기 때문이다. 물론 이때 말하는 개입이란 자국 산업을 보호하기 위한 발전국가의 간접적·유도적 개입을 말한다.

◇ 플랫폼 기업 규제, 어떻게 바라봐야 할까

물론 예외적으로 정부의 개입이 필요한 상황이 있다. '시장 실패'의 대표적인 요인으로 지목되는 독과점 문제다. 디지털 시대에는 독과점 문제가 더욱 부각된다. 기업이 시장에서 독점적 지위를 누릴 수 있는 가장 효과적인 수단이 바로 기술이기 때문이다. 전문가들이 디지털 시대에는 기술을 선점하는 것이 가장 중요하다며 거듭 강조하는 이유도 그 때문이다. 문제는 독과점이 형성되면 시장에 경쟁이 사라져 수요-공급의 불균형 등 비효율이 초래된다는 것이다. 더욱이 디지털 시대의 독과점, 특히 '플랫폼 기업'의 독과점은 분야를 가리지 않고 산업 생태계 전반을 잠식해버린다는 더 큰 문제가 있다. 우리나라에서 대표적인 독과점 플랫폼 기업으로 지목되는 게 바로 '네카라쿠배(네이버·카카오·라인·쿠팡·배달의민족)'다.
　플랫폼 기업의 경쟁력은 해당 플랫폼을 이용하는 회원의 숫자,

즉 점유율로 평가된다. 점유율이 곧 시장의 크기이며, 동시에 해당 플랫폼에 편승해 얻을 수 있는 이익의 총량을 뜻하기 때문이다. 따라서 플랫폼 기업은 이용권을 제공하는 대가로 수수료를 받거나, 광고를 받아 광고료를 받는 수익모델을 취한다. 한편 플랫폼 기업도 점유율을 유지하기 위해선 끊임없이 새로운 콘텐츠를 공급해야 한다. 경쟁력을 유지하기 위해선 새로운 산업과의 연계가 필수적이라는 것이다. 이는 곧 문어발식 사업확장이 플랫폼 기업의 본질이라는 의미기도 하다. 실제 네이버와 카카오의 영향력은 게임이나 웹툰은 기본이고 캐릭터 상품(Goods)과 쇼핑, 배달과 택시, 심지어는 금융에 이르기까지 관계자조차 "그런 사업까지 시작한 줄 몰랐다"라고 이야기할 만큼 널리 뻗쳐있다. 그렇게 만들어진 것이 현재의 플랫폼 기업이다.

문어발식 사업확장을 그 자체로 문제라고 할 수는 없다. 플랫폼이 커질수록 함께하는 산업들도 새로운 시장을 발견하는 이익을 얻게 되기 때문이다. 문제는 그 과정에서 발생하는 불공정 문제다. 플랫폼 기업의 영향력이 해당 플랫폼에 의지하지 않고서는 사업을 지속할 수 없을 만큼 '절대화'되기 때문이다. 힘의 차이는 철저한 '갑'과 '을'의 관계를 파생시켜 종래는 다른 산업을 좀먹는 결과로 이어질 수 있다. 대표적으로 거론되는 것이 '쿠팡'의 '승자독식' 경쟁 시스템과 '쿠팡 이츠'의 소비자 중심의 정책이다.[51] '배달의민족' 역시 판매자의 권한이 극도로 제한된 별점 시스템 때문에 '블랙컨슈머(기업 등을 상대로 부당한 이익을 취하기 위해 고의적으로 악성 민원을 제기하는 소비자)'에 취약하다는 비판이 크다. 공통점은 점유율 유지를 위해 소비자

보호에만 치중하다 보니 중간에 낀 판매자들이 피해를 보고 있다는 것이다. 다른 플랫폼 기업도 마찬가지다. 근래 '플랫폼 피해 단체 간담회' 당시 관계자들은 "중개 사업으로 수수료만 챙기고 서비스 품질은 보장하지 않는 약탈적 플랫폼 사업 모델을 막아야 한다"라며 입을 모았다. 정부의 개입이 필요한 상황인 것은 부정할 수 없는 사실이라는 것이다.

그래서 발의된 게 더불어민주당 주도의 '온라인 플랫폼 규제 법안(이하 '온플법')'이다. 그러나 온플법은, 더불어민주당이 주도한 법안답게, 규제 범위가 지나치게 포괄적이라 독과점 지위가 없는 스타트업의 성장까지 가로막는다는 문제가 있다. 무게중심이 판매자에 기울어, 새로운 시장을 개척하는 등 플랫폼 기업의 긍정적 영향은 간과한 법안이라는 것이다. 실제 '코리아스타트업포럼(이하 '코스포')'은 지난 11월 16일 "온플법이 시행될 경우 규제 적용을 받게 될 기업이 100곳(공정거래위원회 추산으로는 약 30곳)이 넘을 것"이라며 신중한 검토와 판단을 요청했다. 실제 미국과 일본의 관련법 적용 대상은 매우 제한적이다.[52] 또한, 같은 규제를 받는다면 상대적으로 자금력이 취약한 기업들이 더 큰 타격을 입을 수밖에 없다. 오히려 성장 단계의 플랫폼 기업들이 퇴출당해 거대 플랫폼 기업의 독과점이 강화되는

---

51) '승자독식' 경쟁 시스템이란 무조건 가장 낮은 가격을 제시하는 '아이템 위너'가 해당 상품 판매에 대한 독점적 지위를 얻는 시스템으로 판매자 간 무리한 가격경쟁을 유발한다는 비판이 이어지고 있다. 또한, '쿠팡 이츠'는 판매업체에 소비자 정보를 일절 제공하지 않으며 판매업체 부담으로 '무조건 환불'을 강요하는 등의 갑질로 구설에 올랐다.

역설적인 상황이 벌어질 수 있다는 것이다. 실제 '타다 금지법'의 도입으로 '타다'가 시장에서 퇴출되자마자 그 자리를 대신한 것은 '카카오모빌리티'였다. 현재 카카오모빌리티의 시장 점유율은 90%에 달해 택시 업계의 원성이 자자하다. 엉성한 법은 해결을 난망하게 만들 뿐이라는 것이다.

이미 더불어민주당은 충분한 검증 없이 '임대차 3법' 등을 도입하여 서민들을 도탄에 빠뜨렸다. 선한 의도가 선한 결과를 만든다는 생각은 무책임을 정당화하는 착각에 불과하다는 것이다. 기존의 산업과 새로운 산업 사이의 갈등은 점점 더 광범위하고 다양한 양상으로 나타날 것이다. 그에 비례하게 정부의 역할도 커지게 될 것이다. 그래서 중요한 것이 정부의 '실력'이다. 정부는 실정에 무관심해서도 안 되며, 온플법처럼 '빈대 잡으려고 초가삼간 태우는 식'이어서도 안 된다. 다음 대선에서, 무엇보다도 경제에 깊은 관심을 기울이고 정제된 정책적 대안을 내놓을 수 있는, 혹은 그런 실력 있는 전문가들과 함께할 수 있는 대통령이 당선되어야 하는 이유다.

---

52) 미국은 ① 월간 활성 사용자 5,000만명 이상 ② 시가총액 약 700조원 이상 ③ 제품과 서비스 판매를 위해 '반드시' 거쳐야 함. 이 세 가지의 조건을 모두 충족시키는 플랫폼 기업(구글 · 아마존 · 페이스북 · 애플)만 규제 대상이다. 또한, 일본은 매출액을 기준으로 일본 내에서 3조2,000억원 이상 이커머스 혹은 2조1,000억원 이상 앱 마켓(구글 · 아마존 · 애플 · 라쿠텐 · 야후)만을 규제한다. 그러나 온플법은 연간 매출액 100억원 이상, 혹은 거래액 1,000억원 이상을 기준으로 하여 훨씬 많은 기업이 규제 대상이 된다.

◇ 기본소득제의 의미: 노동해방과 인간다운 삶

결론부터 이야기하면 현시점에서 기본소득은 효과적이지도 않으며 실현 가능성도 떨어지는 정책이라고 생각한다. 겨우 씨앗만 심은 단계에서 당연한 풍년을 예상하며 흥청망청 곳간을 비워버리는 꼴이기 때문이다. 특히 이재명 후보의 기본소득은 철학도 일관성도 없는 포퓰리즘에 불과하다는 생각이다. 우선 대책 없이 보편적인 기본소득제를 주장하더니, 현실성이 없다는 지적에 선별적인 '청년기본소득'으로 입장을 선회한 것부터가 '일단 던지고 본다'는 무책임의 방증이기 때문이다. 또한, 청년들만을 대상으로 한 선별적 기본소득제는 모순적이다. 정부의 88% 재난지원금에 대해서는 "경기도 예산을 써서라도 100% 지급하겠다"라며 떼를 썼던 게 이재명 후보였기 때문이다.[53] 심지어 청년이라는 집단을 기준으로 삼는 것은, 그 안에서도 개개인의 소득이 천차만별이라는 점에서, 선별적 복지의 합리적인 기준이라고 보기도 어렵다. 그저 '기본 시리즈'라는 정체성을 그대로 가져가면서 2030세대에 소구하려는 '매표' 행위에 불과하다는 것이다. 그런데 예산을 낭비할 바에는 뒤이어 기술할 복지 사각지대 해소를 위해 노력하는 게 백번 낫다.

---

53) 물론 88%에 '같은 금액'을 지원하는 재난지원금은 잘못돼도 한참 잘못됐다. 보편적이지도 선별적이지도 않은 엉터리 기준이기 때문이다. 선별적으로 지원할 거였다면 소득별 지원액도 차등적으로 설정해야 했으며, 보편적으로 지원할 거였다면 아예 100%를 줬어야 맞다. 0%~88%까지는 같은 돈을 받는데, 88.1%부터는 아무것도 못 받는다고 하면 상대적 박탈감이 생기는 건 당연하기 때문이다. 결국, 재난지원금 소동 역시 문제인 정부의 엉성한 정책이 만들어낸 촌극임이 분명하다.

그러나 이재명 후보의 기본소득제와 별개로 기본소득제(형태는 다양할 수 있으나)는 필연적으로 도래할 미래다. 인간이 일할 필요가 없어지기 때문이다. 나쁘게 말하면 인공지능 때문에 일자리를 빼앗기는 것이며, 좋게 말하면 인공지능 덕분에 노동으로부터 해방되는 것이다. 노동으로부터의 해방은 단순 실직을 의미하지 않는다. 노동에 대한 공급 총량이 줄어들게 되면서, 실직하지 않더라도 전반적인 노동 시간이 줄어들 것이기 때문이다. 이는 곧 노동소득의 상실 혹은 노동소득의 감소를 의미한다. 또한, 인공지능은 소득이 필요하지 않으며 인공지능에 의한 불로소득은 개발자 등 소수 계층에 귀속한다. 분배의 패러다임 자체가 변하지 않으면 지금과는 비교할 수도 없는 '빈익빈 부익부'의 사회문제가 비롯될 가능성이 크다.

한편 인공지능에 의한 소득은, 불로소득임을 차치하더라도, 참여자 모두의 참여 또는 희생으로 만들어진다는 점에서 추가 과세의 당위가 존재한다. 구체적으로 플랫폼 기업은 불특정 다수가 공유하는 무수한 '빅데이터'를 활용해 수익을 창출하지만, 그 대가를 지불하지는 않는다. 또한, 탄소 배출 등에 따른 환경 오염의 피해는 탄소 배출을 자행한 기업만이 아닌 불특정 다수가 함께 감당한다. '데이터세'와 '로봇세', '환경세(탄소세)[54]' 논의가 벌써 탄력을 받는 이유다. 당장은 과세 대상 설정과 세율, 조세 부담의 전가 해소를 위한 대안 등에 사회적 합의가 이루어지지 못한 상황이지만, 디지털 시대가 가시화될수록 급물살을 타게 될 것이다. 그렇게 벌어들인 세원을 노동소득이 사라졌거나 줄어든 국민에 분배하는 게 기본소득제의 개념이다. 논리적으로는 언젠가 도래할 수밖에 없는 미래가 기본소득제라는 것이다. 그런 미래에 대비하기 위해서는 지금부터 기본소득제 논의를 시작해야 한다.

　기본소득제의 종류는 크게 두 가지다. 첫째가 모든 국민에 같은 액수를 주는 보편적 기본소득제다. 둘째는 일정 금액을 기준으로 그에 미달되는 소득을 가진 사람에 부족분을 채워주는 일명 '부의 소득세(Nagative Income Tax, NIT)'다. 구체적인 형태는 다양한 변수를 고려해 추후 합의할 일이나, 기본적으로는 부의 소득세와 같은 선별적 방식을 취하는 것이 타당하다고 생각한다. 선별에 필요한 행정비용과 민주당 등이 주장하는 막연한 박탈감(?)을 제외하면 아무리 생각해도 굳이 보편적으로 지급해야 할 이유를 찾을 수 없기 때문이다. 심지어 인공지능 활용이 기본값이 될 미래에는 행정비용마저 획기적으로 줄어들 것이다. 또한, 기본소득제 도입과 함께, 종래 사회적 약자들이 받게 될 복지의 총량이 줄어들어서는 안 된다는 대원칙을 전제로, 종래 복지시스템 전반의 개편도 수반되어야 한다. 이처럼 완벽한 체질 개선을 요구하는 작업이기에 복지 패러다임 자체의 변화가 필요하다고 표현한 것이다.

---

54) 이재명 후보가 말하는 탄소세의 문제는 두 가지다. 첫째, 명목의 합리성과 별개로 당장 기업에게 막대한 비용 부담을 초래하기 때문이다. 기업의 비용 부담 증가는 제품가격 인상과 근로자의 복지 감소 등으로 일반 국민에 전가된다. 신규채용도 당연히 줄어든다. 현실을 고려하지 않은 채 당위만 앞세운 공약이라는 것이다. 둘째, 탄소세는 점점 줄어들 수밖에 없다. 기업이 세금을 줄이기 위해 친환경적인 생산법을 모색할수록 조세로서 기능은 떨어지게 된다는 것이다. 따라서 탄소세만으로 세원을 충당해 기본소득제를 할 수 있다는 것은 명백한 거짓말이다.

그럼 인간은 어떤 일을 하게 될까. 사실 '일을 해야만 한다'는 '부지런함'에 대한 예찬도 농경 시대와 산업화 시대의 잔재다. 정말 효능감을 느끼며 일하는 극소수를 제외하면, 이제 노동은 '시간을 파는 행위'에 불과하게 되었다는 것이다. 어차피 인간은 새로운 일을 찾게 되어 있다. 늘 갖지 못한 것을 욕망하는 것이(심지어 안정적일 때는 너무 안정적이어서 걱정이라는 것이), 바로 인간이기 때문이다. 노동해방 시대의 인간은 문화와 예술, 철학과 토론, 학문과 사유, 뭐 그런 고차원적이고 '인간다운 행위'에 집중하게 될 것이다. 어쨌든, 아득바득 유한한 자원을 나눠야 하는 현재보다야 나은 삶을 영위하게 될 것이다. 언제나 그래왔던 것처럼.

03

공매도 폐지와
코인 과세

인류는 자주 경제위기를 경험해왔다. 가까이는 1997년 한국 외환위기와 미국발 금융위기(비우량주택담보대출 부실화 위기, 속칭 리먼브라더스 사태), 그리고 현재의 코로나바이러스 위기 등이 그것이다. 그때마다 각국의 경제 상황은 급변하며, 그에 따라 정부의 정책 기조도 달라진다.[55] 이를테면 외환위기 당시에는 외환 상환이 시급했기에, IMF의 권고에 따라, '고금리와 긴축재정의 병행(시중의 통화량을 줄임)'과 노동시장 유연화(비정규직이 이때 폭증했다)와 기업구조조정정책이 시행됐다. 반대로 미국발 금융위기 직후에는 미국을 필두로 세계 각국이 무너진 경제를 회복하기 위한 '저금리와 확장재정(시중의 통화량을 늘림)' 정책을 펼쳤다. 시중에 많은 돈

---

55) 1929년 미국의 '경제 대공황' 당시 등장한 '케인스주의(총수요관리정책)'이 대표적인 예시다.

이 풀리며 물가 상승과 같은 다소간의 부작용이 수반됐지만, 경제는 서서히 회복세에 접어들었다. 그리고 2021년 11월, 코로나바이러스 위기는 현재진행형이다. 전 세계 확진자는 2억5,000만명을 넘어섰고, 사망자도 500만명이 넘었으며, 하루 평균 확진자 또한 50만명 이상이다. 이 끔찍한 재앙을 극복하기 위해 세계는 미국발 금융위기 때와 같은 확장재정정책과 양적완화(중앙은행이 직접 화폐를 공급)를 시행했다. 현대경제연구원에 따르면 미국의 2020년 통화량(M2)[56]은 약 25% 증가했으며 유로존과 일본, 한국의 통화량도 약 10%씩 증가했다. 2020년 6월 기준, 그렇게 만들어진 전 세계의 통화량(M2)은 86조 미국 달러로 2008년 미국발 금융위기 전의 2배 수준이다.

구구절절 복잡한 경제 이야기를 꺼낸 것은, 경제위기에 따른 양적완화와 저금리 확장재정정책은 부동산과 주식 등 자산 가격 폭등과 긴밀한 인과를 갖기 때문이다. 이자율이 낮아지면 저축을 줄이고 현금을 보유하려는 심리가 커지는데, 이를 현금의 '유동성'이 커졌다고 표현한다. 또한, 정부의 확장재정은 그 자체로 시장에 돈을 살포하는 것이기에 유동성은 더더욱 커진다. 이렇게 풀린 현금이 가장 많이 유입되는 곳이 다름 아닌 부동산·주식·코인 등의 '자산시장'인 것이다. 실제 코로나바이러스 위기 이후 지난 몇 년간, 우리나라의 자산시장은 지나칠 정도로 과열된 양상을 보였다. 부동산 가격의 폭

---

56) M1(협의통화)은 현금과 요구불예금 등 즉시 현금화가 가능한 유동자산을 의미하며 여기에 정기예금과 적금, 시장형 금융상품 등 상대적으로 유동성이 떨어지는 자산을 더한 것이 M2(광의통화)다.

등은 물론[57], 코스피는 연일 마의 '3,000'선을 넘어섰고, 코인시장은 한때 하루 거래량이 그처럼 과열된 주식시장까지 추월할 만큼 급속도로 성장했다. 그리고 가만히만 있으면 알아서 거지가 되는 상황은, 모두를 비극적 '오징어게임'으로 이끌었다.

우리나라는 그래도 상황이 나은 편이다. 미국은 연일 주식가격이 상승해서 돈을 버는 것보다 퇴직금(직업연금)을 받아 주식에 넣어두는 것이 돈을 더 많이 번다는 말이 나올 정도라고 하니 말이다. 이 같은 상황은 다량의 자발적 실직으로 이어졌고, 실업률이 개선되지 않아 돈을 그만 풀고 싶어도 그만 풀 수가 없는 악순환을 초래했다. 다시 우리나라로 돌아와, 가장 많은 영향을 받은 건 단연 2030세대다. 당장 부동산을 구매할 정도의 '시드머니(종잣돈)'가 없었기에 특히 코인과 주식시장에 몰렸다. 실제 암호화폐 거래소 '업비트'에 개설된 계좌의 약 60%가 2030세대라고 하며, 2030세대가 빚을 내 주식에 투자한 금액만 38조원을 넘어섰다고 한다.[58] 이에 따라 '공매도'나 '코인과세' 등 자산시장 관련 정책에 대한 관심도가 자연스레 커지게 되었다. 2030세대의 마음을 얻어야 하는 대통령 후보들이 연일 공매도 폐지와 코인과세 유예 등을 공약하는 이유도 그 때문이다.

---

57) 실제로 부동산 가격 폭등은 비단 우리나라만의 문제는 아니었다. '월스트리트저널(WSJ)'에 따르면 2020년~2021년 주요 국가 집값 상승률은 미국이 11%, 서울이 15%, 캐나다가 17%, 중국 선전이 16% 등으로 나타났다. 그러나 우리나라의 통화량 대비 집값 상승률이 압도적이라는 점에서(통화량은 미국이 2배~3배인데 집값 상승률은 오히려 우리나라의 서울이 더 높음) 문재인 정부의 부동산 정책 실패를 정당화하는 근거가 되기는 어렵다.

58) 2021년 11월 9일 아주경제, 〈「2030 영끌족 빨간불」 가계대출금리 4% 눈앞…빚으로 집, 비트코인 사는 세대 어쩌나〉 기사 참조

◇ 공매도, 폐지하는 게 답일까?

공매도란 말 그대로 '없는 것을 파는' 행위다. 정확히는 주식이나 채권을 빌려서 판매하고, 가격이 낮아지면 다시 사들여서 갚는 '초단기 매매차익' 전략을 공매도라고 한다. 공매도는 개인투자자에게 불리한 제도다. 주식의 매도가 가격 하락으로 이어질 수 있을 만큼 '대량'이어야 하기 때문이다. 따라서 통상 공매도를 시행하는 건 기관이며, 주식의 가격 하락에 불안감을 느낀 개인투자자가 덩달아 주식을 매도해 손해를 보고, 기관은 그렇게 폭락한 주식을 다시 사들여 이익을 취하는 것이 일반적인 양상이다.

공매도의 또 다른 부작용은 주식의 가격을 기업의 내재가치보다 평가절하해 경영에 어려움을 초래한다는 것이다. 따라서 개인투자자와 기업의 입장에서는 수익 획득에 방해만 되는 공매도제도가 폐지되는 편이 낫다.

그렇다면 공매도를 폐지하는 게 답일까? 또 한 번 인기 없는 주장을 펼쳐야 하는 게 부담스럽지만, 폐지가 능사는 아니라는 것이 솔직한 생각이다. 공매도의 순기능이 존재하며, 개인투자자와 기업 역시 그 순기능의 혜택을 볼 수 있기 때문이다.

공매도는 탄생 배경부터가 주식시장의 안정이다. 매도 없는 매수가 계속되면 주식의 가격은 폭등하게 된다. 또한, 주식의 가격이 폭등하는 상황에서 구태여 주식을 매도할 사람은 많지 않다. 기업의 내재가치가 심각하게 훼손되는 등 외적 변수가 없는 한, 주식의 가격이 한없이 올라가기만 하는 과도한 과열 현상이 초래된다는 것이다. 물론 주식의 가격이 상승하는 건 투자자에겐 이득이다. 그러나 기업의 내재가치 이상 주식의 가치가 고평가되는 건 한계가 있다. 종국에는 변동성이 작아져 이익도 손실도 없는, '투자자산으로서의 가치가 없는' 상태가 도래한다는 것이다. 따라서 매도 유인을 제공해 자산시장을 안정시켜주는 공매도가 필요한 것이다.

실제 지난 10월 '한국금융연구원'의 〈공매도 논쟁과 향후 정책 방향〉에 따르면 공매도는 역기능보다 순기능이 큰 것으로 나타난다. 2014년부터 2020년 2월까지 거래대금 기준 전체 거래에서 공매도가 차지하는 비중은 유가증권 시장이 6%, 코스닥시장이 2% 정도로, 공매도 비중이 40% 이상으로 추정되는 일본과 미국 등에 비해 현저히 낮은 수준이라는 것이다. 이론적 설명으로 어느 쪽이 우월한지 판단하기는 어렵지만, 선행연구의 실증적 분석을 토대로 평가했을 때 대체로 공매도가 시장 유동성을 제고하고 가격 발견 기능의 효율성을 높이는 것으로 나타났다는 결론이다.

그러나 공매도를 폐지하지 말자는 주장이, 현재 공매도를 그대로 유지해야 한다는 의미는 아니다. 시장을 교란하는 부작용이 동반되며 개인투자자의 방어력을 충분히 보장하지 않는다는 제도적 결함이 존재하는 것도 사실이기 때문이다. 구체적으로 우리나라의 공매도제도는 첫째, 상환기간의 제한이 없고 둘째, 규제 위반에 대한 과태료가 턱없이 부족하다는 문제가 있다. 사실 상환기간만 제한해도 공매도의 영향력은 자연히 줄어든다. 비싼 이자를 내고 채권과 주식을 빌려야 하는 기관의 리스크가 늘어나기 때문이다. 기관이 공매도로 이익을 보는 상황은 주식의 가격이 낮아지는 '하락장'을 전제한다. 다른 말로 공매도를 해도 주식의 가격이 낮아지지 않는다면 갚을 때의 비용이 더 커져 도리어 손해를 보게 된다. 공매도가 시작됐을 때 개인투자자들이 주식을 매도하지 않고 외려 추가 매수해 가격 방어에 성공하면 기관을 상대로 승리할 수도 있다는 것이다. 따라서 상환기간을 제한해 기관이 가격이 낮아질 때까지 언제까지고 버티는 전략을 취하는 것만 막아도, 개인투자자의 방어력은 충분히 보장되며 기관 역시 공매도에 신중해질 수밖에 없다.

실제 위와 같은 방식으로 개인투자자들이 기관을 상대해 승리를 거머쥔 사건이 2021년 초 벌어진 미국의 '게임스탑(GME) 사태'였다. '게임스탑'은 비디오게임 판매 점포를 운영하는 미국의 회사로, 표현 그대로 '한물간' 회사였다. 그러나 행동주의 투자자들의 이사회 합류 등의 호재로 일시적으로 주가가 상승했고, 장차 주가의 하락을 전망한 기관들이 공매도에 나섰다. 그리고 이는 '일론 머스크' 등 인플루언서들을 필두로 공매도에 당하기만 했던 개인투자자들이 결집하는 촉매제가 됐다. 일론 머스크의 "Gamestonk!!(폭격, Gamestop과 주식을 뜻하는 stock의 합성어)"라는 트윗을 신호로 개인투자자들의 무서운 매수세가 이어졌고, 결국 게임스탑의 주가는 단 2주 만에 650% 상승하는 기염을 토했다. 그 과정에서 기관들은 '숏 스퀴즈(손실을 메꾸기 위해 주식을 다시 매수하는 것)'를 시도했고, 이에 주가가 또 한 번 뛰어오르면서 '시트론 리서치'는 공매도를 포기, '멜빈 캐피털'은 30%의 손실을 봤다. 여기서 끝이 아니다. 이후로도 게임스탑의 주식가격은 계속 올랐다. 결국, 두 기관은 '공매도 보고서(기업 죽이기 작전)'을 발간하지 않겠다는 선언과 함께 게임스탑을 완전히 손절하면서 사태는 개인투자자들의 승리로 일단락됐다. 상기 게임스탑 사태는 언제나 승자였던 주식시장의 거대 세력에 최초의 패배를 선사한 사건으로, 지금까지 회자되고 있다.

우리나라의 공매도 역시 변화를 겪었다. 작년에도 금융위원회는 당일 거래 중 공매도의 비중이 코스피는 18%, 코스닥은 12%를 넘으면 '공매도 과열 종목'으로 지정하겠다고 발표했다. 또한, 규제 위반에 대한 과태료도 최소 1,500만원에서 최대 5,400만원으로 대폭 인상했다. 그러나 아직 부족하다. 여전히 주식시장에서 이익을 보는 쪽은 기관이고, 손해를 보는 쪽은 상대적 약자인 개인투자자기 때문이다. 제대로 된 고려 없이 여론에 따라 무작정 폐지를 공약하는 것도 문제지만, 애로사항을 해결하기 위한 대안 모색을 도외시하는 것도 문제라는 것이다. 어떤 종목에 얼마만큼 공매도를 금지할 것인지, 공매도의 비중은 얼마로 설정하는 게 합리적인지, 공매도의 상환기간은 어떻게 조정해야 할지, 위반에 따른 과태료는 얼마가 적정한지에 대한 결정은 전문가들의 몫이다.

코인과세도 마찬가지다. 중요한 건 지속적인 관심과 보호다. 지금 정부는 코인시장을 새로운 세원으로 인식할 뿐, 거래소 난립과 무분별한 상장폐지 등에 의한 피해 구제 노력은 하고 있지 않다. 정부가 마땅히 해야 할 역할은 좌시하면서 세금만 걷는 것은 '삥뜯기'와 다르지 않다. 선거기간에만 적당히 여론에 편승해 지키지도 못할 공약만 난발하지 말고, 제발 평소에 공부하고 관심을 기울여주기를 바랄 뿐이다. 물론 가장 좋은 것은 주식과 코인의 높은 변동성에 기대지 않고도 집을 사고 결혼할 수 있는, '평범했던' 대한민국을 돌려주는 것이다.

04

'은둔 청년'과
'영 케어러'

'청년 체감실업률' 27%

'비경제활동인구 중 니트족(직업교육조차 받지 않는 실업자)' 22%

'은둔 청년(편의점 이상으로는 외출하지 않는 청년)' 3.4%

'영 케어러(병든 부모나 조부모를 부양하며 학업을 이어가는 청년)' 3만 2,000명

문재인 정부는, 심하게 이야기하면, "어떻게 단 5년 만에 나라를 이렇게 망쳐놓을 수 있나"라는 생각을 들게 할 만큼 철저히 실패했다. 그렇게 2030세대, 특히 사회적 약자층에 속하는 2030세대의 삶은 처절하게 파괴됐다. 특별한 반전이 없는 한 계속되는 구직 실패에 좌절한 취준생이 '쇼윈도 취준생(취업을 포기했지만 그렇지 않은 척 위장하는 청년)'이 되고, 쇼윈도 취준생이 다시 니트족이 되고, 그 니트족

이 최소한의 인간관계조차 단절시키고 아예 방 안에 틀어박혀 세상으로부터 자신을 지워버리는 은둔 청년으로 추락하게 되는 악순환은 계속될 것이다. [59] 또한, 지금이라도 그 고리를 끊어내지 못한다면 현재 일본의 '8050 문제[60]'가 우리나라에 재현되는 것은 물론, 실패한 이력서만 남긴 채 홀로 쓸쓸히 죽음을 맞는 '청년고독사'가 반복되는 비극으로 이어질 것이다. 지금까지는 가장 먼저 끊어야 할 고리인 일자리 문제를 논했다면, 지금부터는 이미 더 큰 약자층으로 전락한 청년들의 현실을 조명하고 대안을 논해볼 것이다.

은둔 청년은 이미 심각한 사회문제다. 그러나 아직 정확한 실태조사조차 이루어지지 못했다. 각종 연구기관의 분석을 토대로 대략적인 숫자를 추정할 수 있을 뿐이다. 지난 9월 '한국청소년정책연구원'이 발표한 〈2020년 청년 사회·경제실태 및 정책방안연구〉에 따르면 18~34세 청년 3,520명 중 112명은 아예 집 밖으로 나가지 않거나 집에 있으며, 인근 편의점 등에만 외출한다고 답했다. 약 3.4%의 청년들이 아예 세상과 단절된 채로 살아간다는 의미다. 이 비율을 18~34세 청년인구에 대입하면 약 37만명이라는 숫자가 나온다. 이미 비슷한 문제를 경험한 일본의 연구에 따르면, 이처럼 한 명의 청

---

59) 2018년 일본에서 중년 인구(40세~64세) 5천명을 대상으로 조사한 바에 따르면 중년의 히키코모리 인구수는 약 61만명으로 추산되었으며 76.6%가 남성이었다. 또한, 취업빙하기세대로 분류되는 40대가 38.3%로 가장 많았다는 점에서 일자리와의 관련성도 발견할 수 있었다.

60) 일본의 장기화된 경제위기로 '히키코모리(은둔 청년)'의 은둔 기간이 길어지면서, 50대 중장년이 되어서도 80대가 된 고령의 부모에게 의존하는 문제를 말한다.

년이 아무런 사회 활동도 하지 않음에 따라 발생하는 사회적 비용은 인당 우리 돈 약 16억원이다. 이 같은 문제가 계속되는 한, 앞으로 은둔 청년의 숫자가 늘어나지 않는 상황을 가정해도, 산술적으로 600조원의 사회적 손실이 발생하게 된다는 것이다. 그렇게 발전된 것이 현재 일본의 '8050 문제'이며, 이제 일본은 80대 노부모가 사망한 뒤 홀로 남은 중장년층 '히키코모리(은둔 청년)'들을 보호해야 하는 더 큰 어려움에 직면하게 됐다.

그들에게 정부와 사회가 어떤 도움의 손길을 내밀어줄 수 있을까. 은둔 청년 문제의 가장 큰 어려움은, 심각한 무력감에 휩싸여 자발적으로는 회복을 위한 어떠한 노력도 기울이지 않는다는 것이다. 때문에, 일본도 대안을 모색하는 데 있어 무수한 시행착오를 겪었다. 그들의 시행착오를 반면교사로 삼아 당장 도출할 수 있는 결론은 다음 두 가지다. 첫째, 은둔 청년 당사자가 아닌 그의 부모를 교두보로 물꼬를 트는 것이 중요하다. 실제 일본 고베시의 히키코모리 지역지원센터 '라포-르(Rapport)'에 따르면, 라포-르에 상담을 요청하는 대상은 주로 가족(74%)이었으며, 다음은 본인(17%), 의료기관(2%), 지역생활지원센터(1%) 순이었다. 둘째, 담당 기구를 신설하고 지속적인 실태 파악과 함께 은둔 청년 당사자와 부모가 교류할 수 있는 커뮤니티 형성을 지원하는 것이다. 일본에서는 '전국 히키코모리 가족 연합회(KHJ)'라는 민간단체가 가장 빠르게 전국조직을 만드는 데 성공했으며 가족 모임 지원과 관련 정보 제공, 지역연계 전국대회 개최 등의 활동을 이어나가고 있다. 이 단체에서 가장 강조하는 내용은 히키코모리 상태는 교육·가족·지역 등 다양한 요인이 복합적으로 관계하여, 종합적인 지원을 통해서만 해결할 수 있다는 것이다.

고무적인 지점은 서울특별시 차원에서 '청년세이브(SAVE)' 정책의 하나로 은둔 청년 지원을 계획하고 있다는 사실이다. 구체적으로는 '청년 마음건강 모델'을 개발해 스마트폰 앱 등으로 자가 진단 후 증상별 상담 및 치료를 지원하며, '고립·은둔 청년 활력 프로그램'을 통해 은둔 청년의 심리상담 및 취미·체험 활동, 사회적응 훈련교육 등을 지원한다. 여기에 구직의사가 있는 은둔 청년을 대상으로, 지레 포기할 정도의 큰 부담을 부과하지 않는 '워밍업 일자리(가제)' 등의 프로그램을 개발해 경제활동의 효능감을 경험할 수 있도록 돕는 것도 좋은 대안이 될 수 있겠다는 생각이다.

실제 라포-르에 상담을 받은 히키코모리 당사자들이 두 번째로 관심을 보였던 상담 주제도 일자리 등 경제활동이었다고 한다. 무엇보다 시급한 것은 관련 법 제정과 실태조사다. 이후 민간단체 및 지역자치단체와의 연계를 통해 더욱 세분화된 정책들을 고안해내야 할 것이다.

◇ 아빠의 아빠가 되고, 할머니의 엄마가 된 '영 케어러'들

여기 홀로 80대 치매 할머니를 부양하는 청년이 있다. 편의점 야간 아르바이트로 생계를 유지하는 연주(가명) 씨다. 연주 씨의 통장 잔액은 고작 2,580원으로 이달은 생활비가 모자라 택배회사 물류 창고 일까지 했다고 한다. 올해 겨우 22살인 연주 씨의 꿈은 공무원 시험에 합격해 할머니를 안정적으로 부양하는 것이다.[61] 이처럼 학업과 생계, 돌봄의 삼중고에 갇혀 부양과 돌봄 부담 때문에 학업이 중단되고, 취업 실패가 빈곤으로 이어지는 악순환의 고리에 빠진 이들이 바로 영 케어러들이다. 은둔 청년과 마찬가지로, 영 케어러 역시 실태조사조차 이루어지지 못한 상황이다. 다만 보건복지부 기준에 따라 부양의무자로 등록된 25세 미만 청소년 중, 기초생활수급자 약 32,000명(2020년 기준)을 영 케어러로 추산할 뿐이다.

저출산과 고령화, 가족해체 등 인구구조 변화에 따라 이 같은 영 케어러는 더욱 늘어날 것이다. 실제 우리나라보다 빠르게 고령화사회에 진입한 일본의 중학생은 한 반에 한 명 꼴(약 6.0%)로 가족의 돌봄을 담당하는 부양의무자라고 한다. 이들에 대한 시의적절한 지원이 이루어지지 않는다면 나이가 들어서도 일용직을 전전하며 노부모를 부양하는, '8050 문제'를 뒤집은 양태의 더 큰 사회문제로 확장될 가능성이 크다.

실제로 최근 28년 병간호를 하던 부친을 때려 사망에 이르게 한 청년의 사례와 쌀값조차 없는 가난의 절망 속 뇌출혈로 쓰러진 아버지를 굶겨 죽음에 이르게 한 청년의 사례가 보도되면서 경각심을 일깨웠다. 청년 자신의 일신을 책임지는 '1인분'의 삶도 버거운 현실 속에서 병든 부모나 조부모의 부양까지, '2인분'의 삶을 감당해야 하는

---

61) 2021년 8월 29일 SBS 취재파일, 〈부양 부담→학업 중단→취업 곤란→빈곤…영 케어러를 아십니까〉 참조

영 케어러들을 돌봐야 할 책임은 다른 누구도 아닌 우리 사회와 정부에 있다.

영 케어러는 정의부터 다시 시작해야 한다. 우리나라는 평균 교육 기간이 길고, 남성의 경우 군복무 기간이 포함되어 25세 전후로 경제적 자립이 이루어지기란 쉬운 일이 아니기 때문이다. [62] 따라서 나이라는 획일적인 기준보다는 사각지대를 최소화할 수 있는 새로운 기준을 마련하는 게 중요하다. '병든 부모나 조부모를 부양하는 청소년과 대학생, 취업 준비생 청년 중 기초생활수급대상자'와 같은 기준이 대안이 될 수 있을 것이다. 이들에게 가장 필요한 지원은 단연 학비와 돌봄이다. 학업 포기가 빈곤의 대물림으로 이어지는 고리를 끊기 위해선 무사히 학업을 마치기 위한 돈과 시간이 필수적이기 때문이다. '국민취업지원제도' 등 기존의 제도는 재학생을 대상으로 하지 않으며, 지원 분야가 정부지정사업에 한정된다는 한계가 존재한다. 또한, 대표적 돌봄서비스인 '노인장기요양보험'의 경우 부양의무자가 있는 경우 15%의 본인부담금을 부과하여 영 케어러에게 큰 부담이 된다.

이에 따라 크게 두 가지 지원책을 구상해볼 수 있다. 첫째, 영 케어러가 등록금 외 수반되는 교재 구매, 학원 등록, 자격증 시험 응시료 등에 사용할 수 있는 학비를 지원하는 것이다. 둘째, 오롯이 학업

---

[62] 이때 사용되는 만 25세의 기준은 '청소년기본법'에 명시된 청소년의 기준(9세 이상부터 24세 이하인 사람)을 사용한 것으로 추정된다.

에 열중할 수 있도록 대학 강의나 학원 시간표에 맞춰 노인장기요양보험 돌봄서비스를 본인부담금 없이 이용할 수 있도록 지원하는 것이다. 실제 2015년부터 영 케어러 1인당 연간 한화 약 255만원을 지원한 호주의 경우 괄목할 성과를 거둘 수 있었다. 국회도서관 〈영 케어러 지원－영국과 호주의 사례(2021. 7. 13.)〉에 따르면 학비 보조금을 받은 영 케어러들의 55%가 아르바이트를 중단하거나 축소했으며, 76%가 성적이 향상된 것으로 확인됐다. 부양과 돌봄의 부담이 줄어든 만큼 학업에 집중한 결과가 성취도로 나타난 것이다. 영 케어러 문제도 은둔 청년 문제와 마찬가지로 관련 법 제정과 실태조사가 가장 시급하다. 이 또한 고무적인 지점은 지난 10월 28일 더불어민주당 김성주 국회의원 주도로 관련 법 개정안이 발의되었다는 사실이다.

사각지대는 발견하기 어렵기에 사각지대다. 은둔 청년과 영 케어러 문제도 이처럼 곪을 대로 곪은 지금에야 수면 위로 떠오르게 됐다. 생각지도 못한 어딘가에서 조금씩 곪아가는 또 다른 사각지대 역시 얼마든 존재할 수 있다는 것이다. 언제나 가장 늦는 건 정치권이다. 그러나 늦었다고 생각할 때가 가장 빠른 것이라고 했다. 너무 일찍 날개가 꺾여버린 사회적 약자들을 위해 머리를 맞대야 할 시점이다.

Chapter 3

인구·사회

01

인구 감소는
사회적 재앙인가?

2020년 합계출산율 0.84명, 절망적인 수치가 아닐 수 없다. 현재 수준의 인구를 유지하기 위한 합계출산율 2.05명의 절반에도 미치지 못하는 수치기 때문이다. 심지어 2021년, 올해의 출산율은 0.6명대로 추산된다고 한다. 전쟁 수준의 재난 상황이 연일 계속되고 있다고 해도 과언이 아닐 정도의 처참한 숫자다. 실제 우리나라의 출산율은 전 세계에서 압도적 꼴찌이며, 내전 중인 이슬람 국가의 출산율도 우리나라보다는 높다. 통계청의 인구추계에 따르면 우리나라의 경제활동 인구는 2016년 3,704만명을 정점으로 감소세로 돌아서 2050년에는 2,535만명까지 줄어들 예정이다. 반대로 노인 인구 비중은 2015년 13.1%에서 2030년 24.3%, 2050년 37.4%로 기하급수적으로 증가한다. 인구가 감소하는 것도 문제인데 설상가상 경제활동인구는 줄어들고 노인은 늘어나는 인구구조 변화까지 동반된다는 것이다.

이에 따른 다양한 문제상황들을 예상해볼 수 있다. 일단 경제활동인구가 줄면서 경제의 활력이 사라지게 될 것이다. 국가 전체 파이가 쪼그라들게 된다는 의미다. 인구구조 변화에 따라 미래세대의 정치적 입지는 줄어드는데, 정작 부양 부담은 늘어나 세대갈등이 극심해질 가능성이 크다. 또한, 지방소멸, 학생과 영유아를 대상으로 한 직종의 쇠퇴, 상비군인 감소에 따른 안보 위협 등 이미 현실로 다가온 문제까지 생각하면, 어쩌면 대한민국이 그대로 소멸해버릴 수도 있는, 건국 이래 최대·최악의 위기라고 표현해도 전혀 어색하지가 않다.

한편 합계출산율은 가장 단적으로 2030세대, 청년들의 절규를 보여주는 지표기도 하다. 가장 왕성하게 사랑하고 결혼과 출산을 계획해야 할 2030세대가 자신의 유전자를 세상에 남기고자 하는, 가장 원초적인 욕구조차 거부한다는 뜻이기 때문이다. 실제 동물들도 환경이 나빠지면 번식을 포기한다고 한다. 그러니 정확한 의미에서 '전쟁 수준의 재난 상황'에 노출되어 있는 존재는, 대한민국의 다른 누구도 아닌, 현재의 2030세대라고 보는 것이 맞다. [63]

그렇다면 이 국난을 어떻게 극복해가야 할까. 구체적인 대안에 앞서 정확한 진단이 필요하다. 막연하게 '출산율을 높여야 한다'라는

---

[63] 물론 인식과 가치관의 변화에 따른 부분도 존재할 것이다. 따라서 현재의 출산율은 출산을 '안' 하는 이유와 '못' 하는 이유가 복합적으로 작용한 결과라고 보는 게 타당하다. 그 차이를 구분하는 방법과 구체적인 대안에 대해선 이어질 두 번째 꼭지에서 다룰 것이다.

명제에 매달릴 게 아니라, '적정인구' 개념을 통한 목표치 설정이 선행되어야 한다는 것이다. [64) 실제 인구정책 논의가 한창일 때도 목표치는 '현재 수준의 인구를 유지하기 위한' 합계출산율 2.05명이라는 명제에 머물러왔다. '왜 반드시 현재 수준이어야 하는지'에 대한 당연한 고민조차 없었다는 것이다. 만약 현재 우리나라의 인구가 적정인구를 초과한 상태라서 경쟁이 과열되었으며, 그렇게 개개인에게 돌아갈 자원이 줄어든 게 저출산의 원인이라고 한다면 지금의 상태를 문제라고 할 수 있을까? 반대로 적정인구에 미달하여 개개인의 삶의 질이 개선된다면, 다시 출산율이 반등할 수도 있다. 균형을 찾아가는 과정일 뿐 그 자체로 '재앙'이라 부르기는 어렵다는 것이다. 첫 문단에 제시했던 예상되는 문제들 또한, 인구구조 변화를 제외하면, 출산율이 지금처럼 꾸준히 줄어드는 상황을 전제한, 말 그대로 예상일 뿐, 확정적인 미래는 아니다. 출산장려정책을 만들거나 고령화사회에 적응하기 위한 대안을 모색하는 것은, 명확한 목표치를 설정한 뒤 고민할 문제라는 것이다. 그래서 질문은 다음과 같다. 인구 감소는, 정말 사회적 재앙일까?

---

64) 여성의 의사를 존중해 '희망하는 출생아 수'를 조사하여 목표치로 설정하는 방법이 가장 시대 변화에 맞는 방식이라고 생각한다. 그러나 정책 입안을 위한 참고 수단으로서 인구·사회학적 적정인구 개념의 유의미성이 더 크다고 판단, 적정인구 개념을 통한 논의를 진행하려 한다.

◇ 아이가 행복하려면, 부모부터 행복해야 한다

본격적인 논의에 앞서 적정인구 개념에 대해 간단히 설명하려 한다. 어떤 관점에서 분석하느냐에 따라 달라질 수 있는 것이 적정인구기 때문이다. 적정인구는 크게 인구학, 환경학, 경제학적 측면에서 논해 진다. 구체적으로 인구학적 측면에서는 경제활동 참가율을 극대화하고, 부양비를 극소화하는 것이다. 사회적 자원의 최적 분배가 기준이 된다는 것이다. 이는 곧 개개인의 삶의 질이 극대화된 상황을 뜻하기도 한다. 환경학적 측면에서는 인구가 지금보다 훨씬 줄어드는 것이 바람직하다. 우리나라의 저출산과 별개로, 세계 인구는 여전히 폭증하고 있기 때문이다. 인구 증가는 자원의 낭비, 환경 훼손, 생태계 파괴 등으로 이어질 수 있다는 것이 그들의 생각이다. 마지막으로 경제학적 측면에서 인구는 많으면 많을수록 좋다. 인구가 곧 생산과 소비의 기초단위이기 때문이다.

우리가 참고로 삼아야 할 것은 단연 인구학적 측면에서의 적정인구다. 환경학, 경제학적 측면에서의 적정인구 개념은 "그러해야 한다"라는 당위를 설명할 뿐, 실제 아이를 낳아 기르는 개인에 대한 고려가 없기 때문이다. 그런 인구학적 적정인구의 전제는, '아이가 행복하려면 부모가 행복해야 한다'라는 것이다. 불행한 환경을 자식들에게 물려주고 싶은 부모는 없을 것이기 때문이다. 실제 현재 우리나라의 인구는, 우리나라가 감당할 수 있는 수준을 한참 넘어선 '포화상태'다. 이를 가장 직관적으로 확인할 수 있는 것이 '구인배수(구직자 대비 구인자 비율)'다. 고용노동부에 따르면 2016년 약 0.62(구직자 약

278만, 구인자 약 173만)였던 구인배수는 꾸준히 하락해 2020년에는 약 0.39(구직자 약 330만, 구인자 약 130만)으로 내려앉았다. 평균적으로 일자리 1개를 두고 2.5명이 경쟁하는 형국이라는 소리다.

끝없는 경쟁은 인간을 불행하게 만든다. 특히 우리나라는 단 한 순간도 쉬어갈 수 없는 무한경쟁사회다. 학창 시절에는 대학에 갈 것을 고민해야 하며, 그렇게 1차 관문을 넘으면 취업이라는 2차 관문이 기다린다. 취업에 성공한다고 끝이 아니다. 직장에서는 하루하루 버티는 게 일이고, 심지어 이제는 그렇게 돈을 벌어도 안정적인 주거마저 마련할 수 없게 됐다. 강조하지만 마련하기 어려운 게 아니라 마련할 수 '없게' 됐다. 불안하고 불행한 삶이 계속되고 있다는 것이다. 경쟁이 모두를 불행하게 만든다며, 경쟁이 없어져야 한다는 관념적인 주장을 펼치려는 것이 아니다. 자원이 한정되어 경쟁이 필연적인 환경이기에, 나눌 사람이 많아지면 불행해질 수밖에 없는 '사실'을 얘기하는 것이다. 물론 정부의 역량에 따라 크고 작은 변화는 있을 수 있다. 그러나 잠재성장률 등에 획기적인 변화를 불러오기에는 이미 신체 곳곳의 혈관이 꽉 막힌, 늙고 병든 나라가 되어버렸다는 생각이다.

인간의 사회적 역할이 작아지는 디지털 시대도 변수다. 시간이 흐름에 따라, 적정인구 수준은 더 낮아질 가능성이 크다는 의미다. 실제 옥스퍼드대학은 702개의 세부 직업 동향을 연구한 결과, 미국 일자리의 47%가 인공지능을 통한 자동화로 없어질 위기에 처해 있다고 발표했다. 'BCG 리포트'는 제조업 국가 중 인도네시아·태국·대만·대한민국이 가장 적극적으로 로봇 자동화를 받아들이고 있으며, 대한민국의 경우 2020년에는 전체 업무의 20%, 2025년에는 45% 정도를 로봇으로 대체하게 될 거라고 예측했다. 그리고 이런 예측들은, 실제 우리 사회에 실현되고 있다. 한편 산업의 고도화는 교육의 질적·양적 향상을 요구한다. 인구의 양보다는 질이 중요해진다는 뜻이다. 더 양질의 교육이 필요해진다는 것은, 아이를 많이 낳아 기를 수 없는 또 하나의 원인이 된다.

결국, 우리의 의지와 무관하게 인구는 줄어들 수밖에 없다는 결론이다. 실제 '한국보건사회연구원' 〈미래 인구정책의 비전과 전략〉과도 일맥상통하는 내용이다. 해당 보고서에 따르면 한국의 '안정인구(인구구조와 규모가 안정되어 인구의 수준이 지속가능한 상태)' 수준은 2075년 기준 약 4,500만명, 2100년경부터는 약 4,300만명이다. 지금(약 5,182만명)보다 약 900만명이 줄어들어야 한다는 것이다. 이에 전 한국보건사회연구원장 김용하 교수는 "한국의 적정인구는 4,000만명 초반대"라며 "현시대의 과잉인구, 그로 인한 과잉경쟁, 정년연장과 성장률 둔화 등의 당면 과제를 생각해보았을 때, 무조건 많이 낳는 것이 바람직하다는 패러다임 자체의 전환이 필요하다"고 주장하기도 했다.

이제 답할 때가 됐다. 인구 감소는, 정말 사회적 재앙일까? 적어도 인구학적 측면에서는, '시대 변화의 당연한 결과'이며 개인에게는 '불행한 현실의 결과'이자 동시에 '행복을 찾기 위한 노력'이다. 따라서 인구 감소는 사회적 재앙이며, '적어도 현재 수준의 인구는 유지해야 한다'라는 명제는 구시대적 관점에 불과하다는 것이 필자의 결론이다.

그러나 이러한 결론이 기다리고 관망하면 그만이라는 무력한 결론으로 귀결되어서는 안 된다. 적정인구 수준이 달성되면 자연히 인구가 다시 회복될 거라는 막연한 기대도 금물이다. 상기 결론은 주어진 환경과 시대 변화 등 '통제할 수 없는' 변수에 의한 결론일 뿐, '통제할 수 있는' 노력은 언제나 필요하기 때문이다. 인구가 계속 줄어들어도 2030세대가 행복해지지 않는다면 상황은 악화되기만 할 것이다. 실제 인구 감소는 단순히 인구만 감소하는 것이 아니라 인구구조 전반의 변화를 동반한다는 점에서 미래세대를 위한 자발적 노력 없이는 현재의 추세를 거스를 재간이 없다. 정부는 절대 단순한 결론을 도출해서는 안 된다. 통제할 수 있는 것과 없는 것, 안 하는 것과 못하는 것을 철저히 구분해, 할 수 있는 역할을 다하여야 한다. 단적으로 문재인 정부 임기 동안의 처참한 출산율 추이는 일부 불가피한 측면도 있었겠으나, 문재인 정부의 형편없는 정책 역량과 방치, 갈등적 정치의 결과였다고 본다.

적정인구 개념은 목표치 없는 공허한 논의를 피하기 위한 대전제일 뿐이다. 지금보다 인구가 줄어들어야 한다는 결론과 별개로 그 속도를 어떻게 지연시킬 것인지, 갈등을 최소화하려면 자원을 어떻게 분배해야 할 것인지, 인구구조 변화 속 늘어나는 잉여인력을 어떻게 활용할 것인지 등에 대한 고민은 여전히 필요하다. 젠더갈등이 성이 개입되는 모든 담론을 집어 삼켜버린 가운데, 갈등을 중재하고 파묻힌 이슈들을 다시 공론화의 장으로 끄집어낼 현명한 대통령이 필요하다.

02

'안' 낳는 것과
'못' 낳는 것

인구 담론이 실종됐다.
문재인 정부 때도, 이번 대선에서도 인구문제에 대해 심각하게 이야
기하는 사람이 없다. 원인이 뭘까. 일단 앞서 언급한 젠더갈등이 가
장 크다고 생각한다. 지금도 포털뉴스와 SNS에는 하나의 사건을 두
고 '이것이 젠더 이슈인지 아닌지'에 대해 소모적인 갑론을박이 계속
되고 있다. 정치권과 언론, 지식인이 온통 사건 하나의 정체성 규명
을 위해 정력을 쏟아내는 꼴은 지금 우리 사회가 얼마나 편 가르기에
경도되어 있는지를 보여주는 단적인 예다. 대안을 제시하는 사람은
극소수고, 그들의 목소리는 금세 사장되며, 오직 분노와 불안을 부추
기는 감정 섞인 잡음만이 횡행한다. 정말 개탄스러운 현실이 아닐 수
없다.

아무튼, 인구 담론은 실종됐다. 국민의힘 20대 대선 경선에서 나

온 인구정책들 역시 공보육을 강화하고 육아휴직제도를 손보는 등의 원론적인 논의가 전부였다. 나름대로 참신한 관점을 제시한 것이 하태경 후보였는데, 인구문제에 있어 국가주의적 사고를 버리고 이제는 1인 가구 지원에 초점을 맞춰야 한다는 내용이었다. 2030세대의 눈높이에 맞춘 진보적인 주장이었으나, 인구정책이 무용해졌으니 아무런 노력도 하지 말자는 것은 정치인으로서는 무책임하다는 인상을 주기에 충분했다. 오히려 '저출산'과 '저출생' 중 무엇이 맞는 표현인지에 대한 논쟁이 가장 뜨거웠는데, 당연하게도 짜증스럽기 짝이 없는 무의미한 논쟁이었다고 본다. "여성을 출산의 도구로 본다"라는 문제의식에도 일견 동의하지만, 정부가 정책 수립을 위해 사용하는 개념 전체에 딴지를 걸며 출산장려정책 전반을 무력화시키려 하는 것도 부적절한 건 마찬가지기 때문이다. 개념은 그저 개념일 뿐이다. 장애인을 지원하기 위해 고안된 '장애등급제'마저 장애인에 대한 차별이라며 폐지하자는 것과 같은, 관념적인 주장에 불과하다는 것이다. 결국, 장애등급제는 폐지되었지만, 여전히 구분은 필요하기에 '심한 장애인(1~3급)'과 '심하지 않은 장애인(4~6급)'이라는 새로운 표현이 생겨났는데 대체 어떤 인권 신장의 효과가 있었는지 의문이다.

구구절절 서론이 길었던 이유는, 그만큼 정치인들이 균형을 못잡고 있다는 생각이 들었기 때문이다. 양쪽에 통용되는 합리적인 대안을 내놓기보다는, 아예 이야기를 안 해버리거나 한쪽에라도 확실하게 소구할 수 있는 편리한 대안만을 찾는다. 그것이 인구 담론이 실종된 가장 큰 이유라고 생각한다.

인구정책의 1단계가 적정인구 목표치 수립이었다면, 2단계는 '낳기 싫어서' 안 낳는 사람과 '낳고 싶은데' 못 낳는 사람을 구분하는 것이다. 그리고 안 낳겠다는 사람에겐 배려와 존중을, 못 낳겠다는 사람에겐 지원을 해주면 된다.

◇ 어떻게 구분할 수 있나?

2020년 기준 우리나라의 합계출산율은 0.84명이다. 그러나 지역별로 나누면 편차가 엄청나게 크다. 단적으로 2020년 기준 세종특별자치시의 합계출산율은 1.28명으로 평균보다 50% 이상 높았다. 반대로 서울특별시의 경우 0.64명으로 정확히 세종시의 절반이었다. 그 외에 전남(1.15명), 강원(1.04명), 충남(1.03명), 제주(1.02명), 경북(1.0명)이 1.0명을 넘겨 상위권에 속했고, 부산(0.75명), 대전(0.81명), 대구(0.81명), 인천(0.83명), 경기(0.83명)는 평균에 미달해 하위권에 속했다. 왜 이런 차이가 발생하는 걸까. 합계출산율은 '가임기 여성'의 수를 기준으로 한다는 점에서 인구구조의 차이는 아니다. 오히려 젊은 인구 비중이 가장 높은 게 서울이라는 점에서 논리적으로도 안 맞다. 지역별 인식과 가치관의 차이로 설명하기도 어렵다. 세종특별자치시의 젊은 인구는 중앙행정부의 이전으로 유입된 수도권과 대전권의 인구가 대부분이기 때문이다. 그렇다면 남은 결론은 하나, 바로 '삶의 질'의 차이다.

삶의 질에는 여러 갈래가 있다. 첫째는 일과 생활의 균형이며, 둘째는 자가 보유 등 안정적인 생활공간이다. 교육과 문화 등 환경적 요인도 빼놓을 수 없다. 실제로 세종특별자치시는 상기 조건에 부합하는 환경이 조성되어 있다. 기본적으로 대다수가 공무원과 공공기관의 직원들이기 때문에 고용의 안정성이 높고 노후가 보장된다. 일과 생활의 균형은 물론, 육아휴직 사용이 상대적으로 자유로워 경력 단절의 위험도 낮다. 실제로 고용노동부와 인사혁신처 자료에 따르면, 2019년 공무원의 육아휴직자 비율은 3.91%로 민간기업의 육아휴직자 비율(0.75%)의 4.2배였다. 아동들의 삶의 질 또한 높았다. 서울대학교 사회과학대학 사회복지학과 사회복지연구소가 발표한 '아동 삶의 질 지수(CWBI)'에 따르면 세종시는 종합 113.88점으로 전체 1위였다.[65] '자가점유비율(자신이 소유한 집에서 사는 비율)'에서도 유의미한 차이를 발견할 수 있었는데, 출산율이 최하위권에 속했던 서울의 자가점유율은 42.1%로 전국 평균(56.8%)에 한참 못 미쳤다. 경기도를 포함해 수도권 전체로 따져봐도 48.9%로 여전히 전국 최하위였다.[66]

다른 지역의 경우 성비 불균형, 일자리 부족, 지역별 문화 차이 등 다양한 변수가 개입해 엄밀한 분석이 어렵다는 한계가 존재한다.

---

65) 지표는 건강, 주관적 행복감, 아동의 관계, 물질적 상황, 위험과 안전, 교육, 주거 환경, 바람직한 인성 등 8가지 항목으로 평가되며 세종특별자치시는 건강과 물질적 상황, 교육 부문에서 각 1위를 차지했다. 위험과 안전 또한 2위로 최상위권에 속했다.

66) 2015년 국토교통부 자료를 따른 것으로 7대 도시는 51.9%, 부산은 61.3%, 대구는 58.7%, 광주는 61.6%, 대전은 53.8%로 각각 나타났다.

그러나 상기 환경 차이를 제외한 대부분 특성이 일치하는 서울특별시와 세종특별자치시를 놓고 비교했을 때, 환경에 따른 유의미한 차이를 발견할 수 있다는 것도 분명한 사실이다. 쉽게 말해서 세종시와 비슷한 환경이 조성된다면, 현재 수준의 인구를 유지하는 건 불가능하다고 할지라도, 급격한 인구 감소에 따른 인구구조 왜곡의 속도를 지연시킬 수는 있다는 것이다. 산술적으로 세종시의 합계출산율 1.28명에서 서울시의 0.64명을 뺀, 0.64명만큼이 아이를 낳고 싶어도 못 낳는 사람의 비율을 나타낸다고도 해석할 수 있다.

물론 모든 서울특별시 주민들의 삶의 질을 세종특별자치시만큼 끌어올리는 것은 불가능할지 모른다. 앞서 이야기한 것처럼 자원의 총량은 한정되어 있다는, 통제 불가능한 변수들이 존재하기 때문이다. 그러나 앞서 확인했던 일과 생활의 균형이나 자가 보유 비율 등은 정부의 역량에 따라 얼마든지 통제할 수 있는 변수들이다. 그런데도 출산을 못 하는 사람들의 절규를 외면하고 무대응으로 일관하는 걸 넘어, 심지어는 인구정책에 쓰일 예산을 '비혼 장려 동영상'을 만드는 단체에 지원하는 무책임한 문재인 정부는 비판받아 마땅하다. 그러니 2030세대 사이에서 '문크 예거[67]'라는 별명이 생겨난 것도 전혀 이상할 일이 아니다.

---

67) 문재인 대통령과 만화 〈진격의 거인〉의 메인 빌런 캐릭터인 '지크 예거'의 합성어다. 작중 지크 예거는 특정 민족의 말살을 목표로 행동하며, 그것이 각종 인구 · 경제 정책 실패로 2021년 기준 0.6명 수준의 출산율을 달성시킨 문재인 대통령의 치적과 일치하여 생긴 비아냥이다.

결혼을 안 하겠다는 사람들을 위한 1인 가구 정책도 필요하다. 2020년 기준 전국의 1인 가구 비율이 31.7%를 넘어섰으며(서울시는 40%에 육박), 1인 가구 역시 애로사항을 안고 있다. 그러나 정부가 더욱 역량을 집중해야 할 곳은, 단연 결혼과 출산장려정책이다. 필자는 아직은 결혼과 출산 의향이 없지만 필요하다면 '싱글세[68]'도 동의할 수 있다. 정부 재정은 한정적이며, 출산장려정책의 긍정적 효과는 공동체 구성원 모두에게 돌아오는 공공재적 성격을 갖기 때문이다. 누군가 출산을 해야 미래의 세원과 병역자원이 생긴다. 그들의 노고로 모두가 지속가능하며 안전한 국가에서 살 수 있게 된다는 의미다.[69] 물론 가장 좋은 방법은 강제성을 띤 정책 없이 최선의 결과를 도출하는 것이다. 이어서 알아볼 것이 그처럼 갈등적이지 않으면서 출산율 증가에 긍정적인 영향을 미칠 수 있는 실질적인 대안들이다.

---

68) 지금도 신혼부부에게 각종 세제 혜택을 부과하여 1인 가구가 세금을 더 많이 내고 있다는 점에서 사실상 싱글세는 존재한다. 이때 싱글세는 그와 별개로 1인 가구에 대한 페널티 형태의 과세를 뜻한다.

69) 물론 싱글세는 결혼을 못 하는 사람(성소수자 등)에게는 차별로 작용하는 등 부작용이 수반된다. 때문에, 어디까지나 최후의 수단으로서 유용하다고 생각하며 도입 전 동성결혼 허용 및 입양아 양육을 통한 의무 대체 등 보완책 마련이 선행되어야 할 것이다.

03

남성육아휴직할당제와
시민결합제도

국민소득이 증가할수록
출산율이 감소하는 건 분명한 사실이다. 실제로 OECD 회원국의 평
균 출산율은 개발도상국보다 전반적으로 낮게 나타난다. 그러나 우
리나라의 출산율은 OECD 회원국들 가운데에서도 압도적 꼴찌다.
평균치로 따졌을 때도, OECD 회원국 평균은 1.63명인데 한국은
0.84명으로 절반 수준이다. 심지어 비슷한 문화적 특성을 가진 일본
의 출산율 1.42명에 비해서도 한참 낮다. 선진국 공통의 현상이라며
적당히 묻어가기에는 우리나라만이 안고 있는 특수한 문제들을 부정
할 수 없게 되었다는 것이다. 구체적으로 우리나라의 인구정책은 많
은 문제를 안고 있다.

　기본적으로 예산의 활용이다. 2020년 기준 우리나라의 인구정
책 예산은 약 46조원으로 전체 예산의 약 8%를 차지한다. 금액으로

만 놓고 봤을 때는 문재인 정부가 특별히 인구정책을 좌시했다고 말하기는 어려운 것이다. 문제는 쓰임새다. 대통령 직속 '저출산고령사회위원회' 보고서에 따르면 문재인 정부의 저출산 예산은 총 127개 과제로 나뉘어 사용된다. 그중에 상위 12개 과제에 약 41조원(전체의 87.8%)이 사용되었는데, 인구정책으로 정의하기 어려운 이상한 항목들을 다수 발견할 수 있었다. '주택구입·전세자금대출 지원(약 10조원)'과 '청년맞춤형 임대주택 공급·주거비 지원(약 5조원)'의 경우 신혼부부만을 겨냥한 예산이 아니다. 심지어 전세자금대출의 경우 회수되는 예산으로 온전한 지원이 아니다. '예산 부풀리기'에 불과하다는 것이다. 반면 '신혼부부 매입·전세 임대주택 공급(약 4조1,000억원)', '신혼부부 행복주택 공급(약 3조5,000억원)' 등 신혼부부를 대상으로 하는 지원은 절대적 액수가 적은 것은 물론, 공공임대 등 제한된 방식을 취하고 있었다.

돌봄 예산도 문제였다. 정확히는 예산이 고용안정성이 높은 특정 근로자에게만 쓰이는 게 문제였다. 2019년 통계청 육아휴직 통계에 따르면, 전체 육아휴직 사용자의 65%가 '300인 이상 기업' 소속이었다. 비정규직 근로자는 고용보험에 가입된 비율이 46.1%로 정규직(89.2%)보다 훨씬 낮다는 한계 때문이다. 따라서 노동시장 이중구조에서 비롯된 고질적인 문제라고 보는 것이 타당하나, 임기 내내 개선하려는 노력 없이 관성적인 방법만을 고집해왔다는 것은, 마땅히 비판받을 지점이다. 도저히 인구정책으로 볼 수 없는 분야에도 많은 예산이 할당되어 있었다. '게임산업 육성'과 '에코 스타트업 지원' '관광

두레 조성' 등이 그것이다. 끼워팔기식의 예산 편성으로 혈세가 줄줄 새고 있다는 의미다. 이를 종합하면 전체 46조원의 예산 중에서 직접 지원에 사용되는 예산은 38.4%에 불과했으며, 간접 지원에 사용되는 예산이 61.6%로 훨씬 많았다.

직접 지원 중에서도 현금 지원의 비중은 고작 13.2%에 그쳤다. 국민이 체감할 수 있는 분야에서의 예산 활용은 극히 일부였다는 것이다. 실제 OECD에 따르면 가족급여 지원 가운데 현금 지원이 차지하는 비중(GDP 대비)은 한국이 0.197%로 OECD 평균 1.163%에 한참 못 미쳤다. 아동수당을 지급하는 연령도 한국은 만 7세 미만으로 제한적이었던데 반해, 영국 · 프랑스 · 독일 등 OECD 29개 회원국들이 만 15세, 또는 그 이상을 기준으로 삼고 있었다. 인구정책 예산 사용의 비효율성은 '고령사회 분야 예산'과 비교했을 때 더 뚜렷하게 확인할 수 있었다. 전체 26조원의 예산 중에서 현금 지원(기초연금)에 사용되는 예산이 72.5%로 압도적이었기 때문이다. 나머지도 취업 지원 및 복지 · 의료에 사용되는 예산으로 '체감할 수 있는' 지원이었다.

정권 5년간 200조원이 넘는 예산을 쓰고도 출산율이 외려 감소한 것은 결코 우연이 아니다. 적당히 예산을 빼먹으려는 수작이었건, 정말 무능해서였건 뿌린 대로 거둔 결과였을 뿐이다. 임기 내내 출산율이 '줄어들기만 했던' 정부는 문재인 정부가 최초다. 아예 처음부터 다시 시작해야 한다. 분야부터 아동이나 부모를 대상으로 한 현금 지원(아동수당), 부모 공동 돌봄 지원(공보육과 육아휴직), 주거 지원 등으로 간소화하고 체감할 수 있는 직접 지원에 집중해야 한다. 또한, 비혼가정 출산을 장려까진 아니더라도 보호하기 위한 제도적 장치들을 마련해야 한다. 이 중에서 구체적으로 다뤄보고자 하는 것은 육아휴직제와 시민결합제도(새로운 가족제도)다.

◇ 남성에게도 육아의 '기회'를 보장해야

전통적으로 가사와 육아는 여성의 몫으로 여겨졌다. 지금은 상당히 개선되었지만, 여전히 육아휴직을 사용하는 것은 주로 여성이다. 고용노동부에 따르면 2020년 민간부문 육아휴직자 약 11만명 중 남성 육아휴직자는 약 2만명으로 20% 미만이었다. 2001년 약 3%에 비하면 괄목할 변화지만, 여전히 턱없이 부족하다. 여성에 편중된 육아 의무는 여성의 사회 진출을 가로막는 가장 큰 걸림돌이다. 경력단절로 승진 등의 기회를 박탈당하거나 심하게는 비정규직과 같은 질 낮은 일자리로 내몰리게 되기 때문이다. 실제 2021년 여성가족부에 따르면 전체 상장기업의 남성 평균 근속연수는 12.2년이었는데 반해 여성은 8.2년에 불과했다. 여성들이 직장을 그만두는 이유의 90% 이상이 '결혼과 출산, 그리고 육아'다. 또한, 이에 따라 경력이 단절된 여성들은 남성들보다 훨씬 낮은 임금을 받고 있었다. 여성들이 출산을 꺼리는 이유로 '가부장제문화(독박 육아와 경력단절)'를 꼽는 것도 그 때문이다.

그런 의미에서 현재의 육아휴직제는 성평등은 물론 출산율 증가에도 한계가 있다. 여전히 육아휴직을 사용하는 대다수는 여성이기 때문이다. 오히려 육아휴직제의 존재가 여성을 채용하지 말아야 할 이유로 작용할 수도 있다. 기업 입장에서는 높은 확률로 육아휴직을 사용함으로써 대체인력을 구해야 하는 등 부담이 예상되는 여성을 채용하는 것보다는 남성을 채용하는 편이 유리하기 때문이다. 따라서 단순히 육아휴직 기간을 늘리는 것도 능사가 아니다. 그 늘어난 육아휴직 기간을 오롯이 사용하는 게 여성이라면 기업은 외려 여성 인력 채용의 부담만 더 늘어나는 꼴이기 때문이다. 육아휴직 기간을 꽉 채워서 사용한 뒤 퇴사해버리는 방식으로 악용될 수 있다는 점도 커다란 문제다.

한편 육아휴직 기간을 대체할 인력 공급이 수월해지려면 노동시장의 유연성 강화 및 대체인력에 대한 차별 철폐가 필수적인데, 이 같은 변화는 민주노총을 중심으로 한 노동담론과 배치된다. 페미니즘과 민주노총을 주요 세력으로 삼은 더불어민주당이 두 세력 간의 이해 충돌을 피하려 억지로 고안해낸 것이 '여성할당제' 등 경력단절 문제 해결과 동떨어진 대안이라고 생각하는 이유다. 여성할당제에 대한 구체적인 이야기는 4번째 챕터에서 자세히 다룰 예정이다.

육아를 여성의 몫으로 여기는 전통은 남성들에게도 차별적이었다. 가사와 육아를 선호하는 남성조차도 '가장의 의무'를 짊어질 수밖에 없게끔 강제해왔기 때문이다. 그러한 가부장제는 남성을 철저히 가족과 분리된 존재로 만들었고, 자녀와 유대를 형성할 기회조차 박탈했다. 남성의 육아휴직 사용률이 20%에도 못 미치는 이유는 남성이 육아를 꺼리기 때문이 아니라, 남성의 육아를 금기시하는 사회적 분위기 때문이라는 것이다. 실제 취업 포털 '잡코리아' 설문에 따르면 육아휴직 사용계획이 없다고 답변한 남성 53.1%가 그 이유를 '회사의 눈치가 보이기 때문'이라고 답했다. 이 같은 사회적 분위기는 실제 사례로도 나타난다. 육아휴직을 사용하겠다는 남성에게 "사직서를 쓰고 육아하라"라며 퇴사를 압박하거나 계약직 전환을 요구하는 식이다. 비단 민간기업만이 아닌 공공기관에서도 공통으로 나타나는 현상이다. 복지부 산하 '한국보건복지인력개발원'에서 근무 중이던 한 남성은 육아휴직을 사용하기 위해 비정규직 전환의 불이익을 감수해야 했다.[70]

아버지의 육아 참여는 아버지와 자녀 모두에게 이롭다. 실제 중앙행정부 소속 연구기관인 '육아정책연구소'에 따르면 육아휴직에 참여한 아버지들의 만족도는 70% 이상으로 나타났다. 아이와 함께하는 시간이 많아지고, 부부간의 의사소통이 원활해져 가족관계 개선이 이루어졌다는 게 주된 이유였다. 또한, 많은 실증연구가 아버지의 양육 참여가 자녀 양육에 미치는 긍정적인 효과에 주목한다. 아버지의 양육 시간이 길어질수록 자녀의 언어표현력과 대인관계 능력이 향상되고 우울·불안 등 문제 행동은 상대적으로 적게 나타난다는 것이다. 남성이 육아에 참여할 수 있는 '권리'를 제도적으로 보장해야 한다는 것이다.

---

70) 2019년 7월 16일 KBS〈「나는 허수애비입니다」③ "사직서 쓰고 평생 육아해" 아빠 구실 어렵네요〉기사 참조

그래서 필요한 것이 '남성육아휴직할당제'라고 생각한다. 남성의 육아휴직 사용의 강제력을 높이는 것을 시작으로 남성의 육아휴직 사용에 대한 사회적 인식을 개선해나가야 한다는 것이다. 정확히는 부부 공동의 육아휴직 기간을 부여한 뒤, 남성이 일정 기간을 사용하지 않으면 전체 육아휴직 기간을 소멸시키는 페널티를 명시하는 방식이다. 실제 이러한 남성육아휴직할당제로 엄청난 성과를 얻은 국가가 노르웨이와 스웨덴이다.[71] 노르웨이의 경우 우리나라와 같이 종래 3% 수준에 불과했던 남성의 육아휴직 사용률이 90%까지 증가했으며, 20% 이상이 할당 기간을 넘겨 육아휴직을 사용하는 등의 효과가 나타났다. 스웨덴에서는 할당제 도입 뒤 아버지들의 육아 참여가 '당연'하게 여겨지는 것은 물론, 가정에 책임을 다하는 모습으로 인식되는 등의 인식개선 효과까지 보고된다.

더불어 육아휴직 사용이 강제되는 동안 가정 경제가 어려워지는 문제를 해결하기 위해 급여를 최소 임금의 80% 수준까지 보장하는 건 물론 급여 상한 기준(150만원)도 폐지해야 한다. 또한, 육아휴직 비용을 기업에 떠넘기면 기업의 부담이 극심해져 중소기업 등에선 암암리에 육아휴직 사용이 금지되는 부작용이 발생할 수 있기에 공적비용을 동원한 보조가 필수적이다. 현재 인구정책 예산에서 육아휴직 보조에 사용되는 예산이 약 3%(1조5,000억원) 수준이라는 것을 생각하면, 불필요한 예산만 줄여도 얼마든지 가능한 조치다. 여성

---

71) 스웨덴은 부부가 육아휴직을 동등하게 나눠 사용하면 '양성평등 보너스'를 제공한다. 또한, 핀란드는 최근 배우자에게 이전이 불가능한 7개월+7개월의 유급휴가를 적용하기 시작하였고, 노르딕 유럽 지역의 4개국 또한 12개월+2개월 방식을 도입하여 적용하고 있다.

이 행복해야 남성이 행복하듯 남성이 행복해야 여성이 행복하다. 어느 한쪽이 아닌, 양쪽의 고충 모두에 집중해야 협력적인 해결책을 고안해낼 수 있다. 그중에서도 가장 먼저 실천할 수 있는 것이 바로 남성육아휴직할당제라고 생각한다.

◇ 아이는 갖고 싶지만, 결혼은 하기 싫다?

어른들에게는 불편하게 들릴 수 있겠지만, 2030세대가 보기에 결혼은 굉장히 고리타분한 제도다. 개인과 개인의 결합조차 엄청난 배려와 양보, 헌신이 필요한 일인데, 하물며 가족의 결합은 생각만으로도 거추장스럽기 짝이 없기 때문이다. 결혼한 뒤에도 번거로운 건 마찬가지다. '가족 간 불화의 이유'를 묻는 설문에 꼭 들어가는 이유가 '고부갈등'이다. 명절 전후로 이혼율이 폭증하는 이유 역시 가족의 결합이라는 결혼제도의 결함으로부터 비롯되는 것이다. 결혼에 대한 거부감은 각종 설문에서도 나타난다. 여성가족부의 〈2020 청소년 종합실태조사〉에 따르면 만 9~24세 청소년 중 "반드시 결혼을 해야 한다"는 질문에 동의하는 비율은 39.1%에 불과했다. 2017년 51%에 비교해도 한참 낮아진 수치로, 감소세는 계속될 것이다.

저출산의 가장 큰 원인도 바로 혼인율 감소다. 우리나라는 결혼을 해야만 아이를 낳는, 보수적인 문화를 갖고 있기 때문이다. "그럼 결혼을 안 하고 아이를 낳을 수도 있느냐"라는 반문이 이상하지 않을 만큼, 우리나라에서 '결혼을 해야 아이를 낳는다'는 명제는 공고하다.

실제 우리나라의 기혼 여성은 평균적으로 1.8명의 아이를 낳는 데 반해, 비혼 출산율은 전체의 5% 미만으로 극히 일부에 불과하다. 혼인율이 낮아지면 출산율도 낮아지는, 정비례 관계를 보인다는 것이다. 반면 영미권을 비롯한 스웨덴·프랑스·아이슬란드 등의 국가는 비혼 출산율이 50~60%에 달한다. 결혼한 상태로 출산하는 경우보다 결혼을 안 한 상태에서 출산하는 경우가 더 많다는 것이다. 또한, 비혼 출산율이 높은 상기 국가의 출산율은 1.8명~1.9명 수준으로 우리나라를 비롯해 비혼 출산율이 낮은 일본과 그리스 0.8명~1.4명보다 훨씬 높다. 개인주의 분위기 속 여전히 결혼이라는 낡은 제도를 고집하는 국가의 출산율이 낮아지는 것은 이론적으로나 경험적으로나 증명된 사실이라는 것이다. 이에 '한국개발연구원(KDI)'도 "결혼이 출산의 전제가 돼야 하는 아시아 국가들의 문화적 특성상 비혼·만혼 추세는 출산율 회복 가능성을 어둡게 한다"라고 지적했다.

물론 양육의 관점에서 봤을 때는 부부간 더 강한 결속을 담보할 수 있는 결혼제도가 유리할 수 있다. 그러나 잘 기르는 게 중요하다며 결혼하지 않고 아이만 갖고 싶다는 사람들에게 결혼을 강제할 수도 없는 노릇이다. 실제 이처럼 출산을 결혼보다 우선순위에 두는 2030세대의 비율은 점점 높아지고 있다. 조선일보가 SM C&C 플랫폼 '틸리언 프로'에 의뢰한 설문조사 결과에 따르면 30대 미혼 여성 열에 한 명이 '결혼하지 않고 자녀만 갖고 싶다'라고 답했다. '결혼 여부와 상관없이 자녀를 갖고 싶다'라는 응답도 7.5%였다. 약 17.5%가 결혼보다 출산을 우선시하고 있다는 것이다. 또한, 2021년 9월 '시사

IN' 〈20대 여자 현상〉에 따르면 '페미니즘 지수 높음'으로 분류되는 20대 여성의 89.7%가 '사회·경제적 여건이 된다면 싱글 맘도 할 수 있다'라는 명제에 동의하고 있었다. 결혼을 강요하는 것은 시대 변화에도 역행하며 출산율 회복에도 전혀 도움이 안 된다는 결론이다.

거스를 수 없는 흐름이라면 제도로 타협하는 것이 바람직하다. 결혼만큼의 부담을 수반하지 않는 새로운 가족제도의 도입이 상책이라는 것이다. 실제 프랑스의 시민연대계약(PACS)이 좋은 예로, 우리나라에는 '생활동반자법'이라는 이름으로 논의되고 있다. 생활동반자법은 종래 결혼제도와도 충분히 양립할 수 있는 제도다. 구속이 적은 만큼 부여되는 권리도 적기 때문이다. 이를테면 생활동반자법에 의해 만들어진 가족에는 상속·입양·재산분할 등의 권리(의무)가 부여되지 않는다. 한편 생활동반자법은 다양성의 가치를 담는다. "다 늙어 주책"이라며 결혼을 부담스러워하는 노인 커플부터 동성 커플, 친구끼리의 가족 형성에 이르기까지, 종래 제도가 포괄하지 못했던 다양한 계층을 포괄할 수 있기 때문이다. 각자의 이유로 1인 가구를 자처하는 이들에게도, 생활동반자법이 새로운 삶의 가능성을 열어줄 수 있다.[72] 저출산 문제는 분명 난제지만 아예 대안이 없는 것도 아니다. 대안을 고안하려는 노력과 그 대안을 받아들이려는 개방성이 부족할 뿐이다. 복수의 정치를 멈추고 산재한 국난 극복을 위해 머리를 맞대야 할 때이다.

---

72) 물론 생활동반자법은 외국인과 혼인했을 때의 법적 지위에 대한 고려 등 부작용을 최소화하기 위한 추가적인 논의가 필요하다. 따라서 미혼모나 미혼부 자녀의 법적 지위를 인정하고 각종 복지정책을 동일하게 받을 수 있도록 하는 변화부터 선행되어야 한다.

04

65세 청년?
생애주기의 재정의

저출산은 극복해야 할 문제이면서 동시에 적응해야 할 문제기도 하다. 출산율이 높아져도 고령화에 의한 인구구조 변화까지 해결할 수는 없기 때문이다. 실제 2017년 전체 인구의 14.3%였던 65세 이상 고령 인구는 2033년이면 1,427만 명으로 2배 가까이 늘어나게 된다. 전체 인구 10명 중 3명이 노인으로 채워진다는 것이다. 따라서 저출산·고령화의 진행 속도를 지연시키려는 노력과 별개로 적응을 위한 노력이 필요하다. 정확히는 시대 변화에 맞는 사회제도들의 개편이다. 이를테면 정년이다. 바야흐로 100세 시대다. 30살에 취업해서 60살까지 일한다고 하면, 은퇴 후 40년이 남는다. 교육을 받는 시간, 일하는 시간보다도 쉬는 시간이 더 많아진다는 것이다. 수명만 늘어난 게 아니다. 전반적인 건강도 좋아졌다. 과거의 기준으로 일할 수 있는 연령을 제한하는 것은 개인적으로나 국가적으로나 큰 손실이라는 것이다. 2018년 2월 대법원 전원합의체 역시 기존 판례상 60세였던 노동 가능 연령 상한을 65세로 보는 것이 타당하다는 취지의 판단을 내놓았다.

또한, 상기 논의는 곧 65세로 규정된 노인 연령에 대한 문제의식으로까지 연결된다.[73] 60대 중후반의 나이가 노인으로 규정되어 각종 복지혜택을 누려야 할 만큼 경로한 나이가 맞느냐는 의문이다. 실제 현재 만 65세로 설정된 노인 연령은, 1981년 우리나라의 평균수명이 66.1세일 당시 결정된 것이다. 그리고 2019년을 기준으로 우리나라의 평균수명은 83.3세다. 시대 변화를 따라가지 못하는 낡은 제도는 여러 부작용을 낳는다. 기본적으로 복지의 지속가능성이다. 당장 국민연금부터 개혁하지 않으면 '90년대생부터'는 내기만 하고 받지는 못하는, 불합리한 상황에 놓이게 될 거라고 한다. 생산가능인구가 감소하여 세원은 점점 줄어드는데, 부양을 받아야 할 노인만 늘어나는 상황은 극심한 세대갈등을 초래할 것이다.

따라서 생애주기를 재조정하여 연령별 새로운 역할을 부여하는 것은, 시대 변화에 따른 자연스러운 추이이다. UN 또한 2015년 새로운 연령 기준을 제시했다. 인류의 체질과 평균수명 등을 고려해 생애주기를 5단계로 나눈 것인데, 구체적으로 '미성년자'는 0~17세, '청년'은 18~65세, '중년'은 66~79세, 노년은 80~99세로 분류한다.

---

73) 특별히 현행법에 명시된 것은 아니지만 '노인복지법'에 "65세 이상에게 경로우대한다"라는 내용이 포함되어 있으며, 국민연금이나 기초연금 따위의 사회보장 급여들의 수급 시작 기준이 되는 연령이 만 65세라는 점에서 만 65세 이상을 통상 '노인'으로 여긴다.

마지막으로 100세 이후는 '장수노인'이다.[74] 이 같은 새로운 기준을 가장 반기는 건 다름 아닌 노인 당사자들이다. 보건복지부가 실시한 '노인실태조사'에 따르면 우리나라 65세 이상 국민은 노인의 기준을 평균 71.7세라고 생각하고 있었다. '75세 이상'을 노인이라고 답한 비율도 전체의 3분의 1에 달했다.

　　문제는 시기와 방법, 그리고 사회적 합의다. 명시적인 기준만 변하는 게 아니라, 법적 지위 전반이 변하는 대수술이기 때문이다. 이를테면 복지의 기준이 되는 노인 연령 기준을 만 70세로 일괄 인상할 경우, 65~69세는 기초연금 지급 대상에서 벗어나 복지 사각지대에 놓이게 된다. 통계청의 〈2021 고령자통계〉에 따르면 우리나라의 66세 이상 은퇴연령층의 '노인빈곤율(중위소득 50% 이하 비율)'은 43.2%로 OECD 회원국들 가운데에서 압도적 1위였다. 혼자 사는 고령자 중 노후를 준비하는 비중도 고작 33%에 그쳤다. 갑작스러운 기초연금 자격 박탈이 직접적인 생계 위협으로 이어질 수 있다는 것이다. 따라서 엄밀한 설계를 통해 정년과 노인 연령을 유기적이면서도 점진적으로 변화시키려는 노력이 필요하다.

　　선행되어야 할 건 정년의 연장이다. 그러나 앞서서도 언급했듯 베이비 붐 세대의 은퇴 지연이 청년 실업에 미칠 영향을 고려해, 임금피크제를 동반하는 등 대타협이 필요하다. 또한, 노인들이 스스로

---

74)　확인되지 않은 '가짜뉴스'라는 주장도 있다. "65세 이상도 늙지 않았다"라는 주장을 대표하는 하나의 해석 정도로 이해하기를 바란다.

부양할 수 있도록 사회 활동 참여를 장려하는 사업의 연령 기준도 적용해야 한다. 그렇게 바뀐 것이 '이야기할머니 사업'과 '노인일자리 사업'의 연령 기준이다. 다음으로 복지의 기준이 되는 노인 연령의 변화가 필요하다. 이때 중요한 것은, 기준이 바뀔 경우 복지 공백이 크게 발생하는 사업부터의 점진적 변화이다. 현재 만 65세를 기준으로 하는 노인복지는 기초연금과 노인장기요양보험, 도시철도 무임승차와 일반철도 할인, 노인 의료비 본인부담금 감면, 임플란트 건강보험 적용 확대, 경로당 이용 등이다. 이 중에서 중요도가 낮은 도시철도 무임승차 등의 기준부터 서서히 조정해나가자는 것이다. 정년연장과 함께 노인의 사회 활동 참여가 활발해지면서 노인빈곤율이 개선되면 종국에는 기초연금까지 조정될 수 있다.

2021년 통계청의 〈1인당 생애주기 적자〉에 따르면 우리나라 국민의 소득은 신입사원 평균 연령인 28세부터 흑자가 되며, 정년에 도달하는 60세부터는 다시 적자로 전환된다. 그만큼 제도와 생애주기는 긴밀한 연관성을 갖는다. 그러나 총론에 그쳐서는 안 된다. 결국, 장차 정년을 마친 노인들에게 어떤 사회 활동의 기회를 보장할 수 있느냐가 중요한 화두가 될 것이기 때문이다. 그 단서가 될 수 있을 법한 해외의 사례를 몇 가지 소개해보려고 한다.

◇ 사회적 역할이 사라지게 된다는 것

모든 인간은 타인에게 쓸모있는 사람이길 원한다. 사회적 필요가 사회적 동물로서 존재 의미를 뜻하기 때문이다. 다른 말로 사회적 역할의 상실은 곧 사회적 고립으로 이어진다. 마찬가지로 노인들에게 일자리가 필요한 이유는 단순히 돈 때문만은 아니다. 실제 은퇴 직후 중장년층들은, 휴식을 취하고 싶을 거라는 통념과는 달리, 자원봉사 등 사회 활동을 갈망하고 있었다. '한국보건사회연구원' 조사에 따르면, 은퇴한 베이비 붐 세대의 7.35%는 이미 자원봉사에 참여하고 있었으며 43.9%가 자원봉사 참여를 희망하고 있었다. 절반 이상이 경제적 이익이 없더라도, 사회에 기여하고 싶다는 의사를 밝힌 것이다. 그들이 은퇴 후 가장 염려하는 것 역시 '의미 있는 삶을 유지하는 것(25.9%)'이었다. '노후에도 경제적 필요로 일해야 하는 상황'에 대한 우려는 23.2%로 그다음이었다. 사회적 역할을 제공하면서, 가능하다면 경제적 필요까지 충족시켜주는 것이 최상의 대안이 될 수 있다는 의미다.

또한, 고령화사회에서 복지의 핵심은 돌봄서비스다. 통계청에 따르면 우리나라의 '65세 이상 1인 가구의 수'는 2010년 약 99만명에서 2020년 약 159만명으로 50% 이상 폭증했다. 이는 곧 노인장기요양보험 등 돌봄서비스가 필요한 독거노인의 수도 늘어난다는 의미다. 또한, 정보의 부족이나 사회적 낙인 때문에 복지혜택을 누리지 못하는 노인들이 22%에 달한다는 점도 '간접비용' 상승의 원인이다. 이처럼 돌봄과 같은 간접비용이 복지예산의 큰 부분을 차지하는 상황에서 베이비 붐 세대를 위시한 중장년층 이상 은퇴자들의 자원봉사는 정부의 재정 운영에도 큰 보탬이 될 수 있다는 것이다.

자원봉사를 희망하는 사람들이 많은데도 실제 참여하는 인원이 극소수인 이유는 창구와 유인 동기들이 부족하기 때문이다. 우리나라와 달리 복지선진국에 속하는 북유럽 국가들은 민간 자원봉사를 장려하기 위한 다양한 조치들을 취하고 있다. 기본은 '자선법'이나 '지방당국 사회복지법' 등의 법제화다. 또한, 법제화를 기초로 하여 '택스 바우처' 등의 인센티브를 부여하기도 한다. 직접 예산을 투입하지 않으면서도 참여의 유인을 제고하려는 노력이다. 덕분에 북유럽 국가는 성인 인구의 약 30%가 다양한 형태의 사회봉사에 참여하고 있으며, 이를 경제적 가치로 환산하면 작게는 30조원에서 많게는 90조원에 달한다. 현재 우리나라 노인복지예산의 3배 이상을 자원봉사로 충당하고 있다는 의미다. 현재 고용노동부에서 시행 중인 '사회공헌 일자리 사업'부터 확대해야 한다. 또한, 민관협력을 통하여 자원봉사를 원하지만, 방법을 모르는 사람들을 위한 창구를 만들어야 한다.

급속한 경제성장은 단기간에 엄청난 환경 변화를 만들었고, 그러한 환경 변화가 곧 세대 경험의 차이로 이어졌다. 또한, 저출산·고령화 시대는 계속해서 새로운 과제들을 던지고 있다. 서로를 이해하지 못한 채로 부대껴야 하는 세대가 갈등하는 건 어쩌면 당연한 일이라는 것이다. 그러나 어차피 함께해야 할 사람들이다. 각자의 자리에서 각자의 역할을 다해야 할 사람들이다. 그러니 더욱 서로를 이해하려 노력해야 한다. 무엇보다 정부의 역할이 중요하다. 세대가 각자의 역할에 충실할 수 있도록 자리와 창구를 만들어줄 책임은 정부에게 있기 때문이다. 그 책임을 다할 수 있는, 능력 있는 후보자는 누구인가? 그 답을 기다린다.

Chapter 4

공정·젠더

01

로스쿨,
무엇이 문제인가

사법고시 부활(로스쿨 폐지)은 '공정 사다리' 논의의 핵심이다. 더욱이 이번 대선에서는 '공정'이 2030세대의 핵심 의제로 떠오르면서 더 치열한 갑론을박이 펼쳐졌다. 특히 국민의힘 경선에서 사법고시 부활이 중요한 의제가 됐다. 지난 5월 대표 선거에서는 주호영·조경태·나경원 후보가 일제히 사법고시 부활에 대한 강한 의지를 표명했으며, 대선 경선에서는 홍준표 후보가 사법고시 부활을 핵심 공약으로 내걸었다. 여론도 사법고시 부활 쪽으로 기운다. 최근 여론조사로는 2020년 9월 한국경제신문이 '입소스'에 의뢰한 조사가 있는데, 사법고시 부활에 찬성하는 여론이 무려 82.7%로 나타났다. 이어 다루게 될 '대입 정시 확대'에 대해서도 찬성하는 여론이 69.7%로 압도적이었다. 또한, 국민이 사법고시 부활과 정시 비율 확대에 찬성하는 가장 주된 이유는 계층 이동 사다리의 회복, 즉 공정의 회복이다.

필자도 공정한 사회를 원한다. 누구라도 그럴 것이다. 그런데 공정이란 무엇일까? 단지 기회만 똑같이 주어진다고 해서, "공정하다"라고 말할 수 있는 걸까? 당연히 그렇지 않다. 기회가 공정하다고 해도 과정에서의 차별이 존재할 수 있기 때문이다. 쉽게 말해 모든 국민에게 시험에 응시할 기회를 공정하게 부여한다고 해도, 준비 과정에서의 부모의 지원 여력 등 환경의 차이가 존재하는 한 과정까지 공정했다고 말하기는 어렵다. 또한, 과정이 평등하다고 해서 결과까지 평등해지는 것은 아니다. 필자는 전혀 동의하지 않는 생각이지만, 열심히 노력할 수 있는 유전자를 물려받은 것도 뜻하지 않은 행운이기에 그 재능으로 얻은 결과까지 그렇지 못한 사람들과 나눠야 한다고 주장하는 사람들도 있다. 또한, 과정의 평등이 보장되어도 인종 · 성별 · 장애 · 성적지향 등에 의해 불평등한 결과가 나타날 수도 있다. 그런 생각이 반영된 대표적인 제도가 바로 기계적인 결과의 평등을 지향하는 '할당제'다.

아무튼, 공정을 논할 때는 기회 · 과정 · 결과 세 가지 층위에서의 논의가 필요하다. 문재인 대통령이, 비록 말뿐이었지만, '기회의 공정 · 과정의 평등 · 결과의 정의'라는 세 단계의 슬로건을 내걸었던 이유도 그 때문이다. 따라서 공정한 제도를 만들기 위해선 기회뿐 아니라 과정, 결과까지도 고려할 수 있어야 한다.

필자는 결과의 기계적 평등을 지지하지 않는다. 그러나 기회의 공정에만 머무르는 것도 좋은 제도의 '필요충분조건'은 아니라고 생각한다. 적어도 과정의 평등까지는 고려할 수 있는 제도라야, 좋은 제도라고 생각한다는 것이다. 환경의 차이를 고려하지 않는 제도는 부·명예·학력·지위 등의 대물림으로 이어질 수밖에 없기 때문이다. 또한, 환경의 차이를 고려하지 않은 상태에서 만들어진 결과를 능력의 차이에 의한 결과라고 포장하는 것도 어불성설이다. 그런 의미에서 사법고시제도는 공정한 제도라고 말하기 어렵다. 오직 기회의 공정에만 매몰된 제도이기 때문이다. 실제 사법고시가 부활한다고 해도, 환경 차이를 극복할 만큼 엄청난 재능을 가진 극소수를 제외하면, 계층 이동의 사다리를 오르기란 여전히 불가능에 가까울 것이다. 설상가상, 극소수의 성공을 위해 나머지 절대다수가 실패를 거듭하는 상황은 사회적 비용 측면에서도 엄청난 손실이다.

◆ 사법고시 vs 로스쿨, 비용과 편익 비교

기회의 공정에 있어선 사법고시가 우월한 제도임이 틀림없다. 30~39세 응시인원만 40%가 넘었으며, 2016년 기준 최고령 합격자의 나이가 만 54세일 만큼 모두에게 열려 있었기 때문이다. 반면 로스쿨은 준비생의 70% 이상이 30세 미만으로 사실상 꾸준히 입학을 준비해온 학부생에 국한되며, 정성평가항목(자기소개서·면접 점수)과 정량평가항목(학점·법학적성시험 성적·공인영어 점수) 등 요구하는 것도 엄청나게 많다. 평가방식 또한 다수의 정성평가항목이 포함되는 로스쿨보다는 시험을 통해 투명하게 성적과 석차가 결정되는 사법고시 쪽이 더 공정하다고 생각하기 쉽다.

그러나 사법고시는 어떠한 과정의 평등도 보장하지 않는다. 주어진 조건이 무엇이든 오직 성적으로 평가한다는 것이 그 자체로 양날의 칼이 될 수 있다는 것이다. 실제 '고졸' 학력으로 사법고시에 합격한 인원은 사법고시 역사상 10명 내외에 불과한 것으로 추정된다. 많은 이들에 귀감이 된 노무현 대통령의 사례는 예외적인 사례일 뿐, 사법고시의 긍정적 효과라고 칭하기는 어려운 것이다. 또한, 사법고시를 준비하는 기간은 평균 4.5년으로 대학을 졸업하고 사법연수원을 수료하기까지 총 10.5년이 소요된다. 막연하게 준비할 수 있는 시험이 아니라는 것이다. 윤석열 후보가 사법고시에 9번이나 도전할 수 있었던 것도 시험에만 몰두할 수 있는 환경과 경제력이 뒷받침되었기 때문이다.

물론 로스쿨을 졸업하는데도 많은 돈과 시간이 필요하다. 그러나 로스쿨은 과정의 평등을 보장하기 위한 다양한 수단들을 동원할 수 있다. 이를테면 '특별전형제도'와 '장학금'이다. 실제 매년 10% 내외의 경제 · 신체 · 사회적 취약계층이 특별전형제도를 통해 로스쿨에 입학하며, 대부분은 전액 장학금을 받고 학교에 다닌다. 사법고시제도에서는 법조인을 꿈꿀 수조차 없었을 이들에게 기회를 제공할 수 있다는 의미다.

사법고시의 가장 큰 문제는 '기회비용(포기해야 하는 비용)'이 지나치게 크다는 사실이다. 1963년 제1회 사법시험을 시작으로 2012년까지 총 68만여 명의 수험생이 사법고시에 도전했는데, 합격자는 약 2만여 명(3%)에 불과했다. 절대다수는 아무런 경력도, 자격도 남지 않는 '고시 낭인'으로 전락하고 말았다는 것이다. 근래 취업 시장에서 학점과 스펙은 기본이고 나이 등 정성적 요소까지 중시한다는 점을 생각하면, 사법고시의 기회비용은 더더욱 커진다. 반면 로스쿨은 최종 자격시험에 해당하는 변호사시험의 합격률이 매년 약 50%로 높은 편이고, 설시 시험에 통과하지 못해도 석사학위는 남는다는 점에서 기회비용이 훨씬 적다. 결과적으로 법조인이 되기까지 필요한 비용 또한 장학금으로 상쇄되는 학비를 제하고, 고시 낭인 양산에 따른 기회비용을 더한다면 로스쿨 쪽이 낫다고 보는 게 합리적이라는 것이다. 따라서 사법고시가 부활하더라도, 나에게도 기회가 주어질 수 있다는 심리적 효능감은 생길 수 있겠지만, 실제로 지금보다 많은 성공의 가능성이 열릴 가능성은 희박하다.

◇ '현행' 로스쿨제도가 옳다는 것은 아냐

물론 사법고시의 맹점이 크다고 해서 현행 로스쿨제도의 맹점이 정당화되는 것은 아니다. 현행 로스쿨제도의 폐쇄성은 다양한 분야의 인재를 선발해 양성하겠다는 로스쿨제도의 본래 취지에도 어긋나는 것이기 때문이다. 실제 로스쿨에 입학하기 위해선 대학에 입학하자마자 학점관리부터 시작해야 하며, 정성평가항목을 충족시키기 위한 각종 대외활동 참여와 면접 준비는 물론 법학적성시험(LEET)까지 준

비해야 한다. 인재를 '양성하겠다'라는 취지와는 달리 철저히 '만들어진' 인재들만 로스쿨에 입학하는 형국이라는 것이다. 다른 분야에 종사하던 사람들에게 기회가 주어지기는 하지만, 정말 해당 분야에서 뛰어난 성취를 거둔 극소수를 제외하면, 실제 입학으로 이어지는 경우는 거의 없다. 심지어 고졸에게는 아예 기회조차 주어지지 않는다. 로스쿨이 기득권층에 의해 사유화되었다는 국민적 위화감은 막연한 오해로부터 비롯된 게 아니라는 것이다.

이 같은 상황은 우리나라 법학전문대학원 제도의 뿌리인, 미국의 로스쿨제도와도 배치된다. 입학제도가 훨씬 개방적인 것은 물론 심지어는 사이버 강의를 통해서도 학점을 이수할 수 있기 때문이다. 우리나라로 치자면 '방송통신대학교'와 같은 '사이버대학교'를 통해서도 시험에 응시하기 위한 자격요건을 갖출 수 있고, 시험에만 통과하면 누구라도 법조인이 될 수 있다는 의미다.

국민의 말을 무조건 따르는 게 현명한 지도자의 모습은 아니다. 국민의 요구가 언제나 국가 전체에 이로운 것은 아니며, 심지어 국민 스스로에게도 불리하게 작용할 수 있기 때문이다. 그렇다고 무작정 자신의 신념만 앞세우는 지도자도 현명하지 못하다. 진짜 현명한 지도자는 국민의 요구에 담긴 '진의'를 파악해, 국민을 이롭게 하는 변화를 만들어내는 사람이라고 생각한다. 그런 의미에서 "국민의 뜻에 따라 무조건 사법고시를 부활시키겠다"라는 포퓰리즘도 부적절하며, 현행 로스쿨제도의 맹점을 바로잡으려는 노력 없이 무작정 사법고시 부활을 바라는 국민적 염원을 "잘 모르는 이들의 떼쓰기"로 치부하는 것도 부적절하다.

'사법고시 부활'을 외치는 국민의 진의는 열린 사회에 대한 갈망이라고 생각한다. 다른 말로 닫힌 사회에 대한 거부다. 켜켜이 기득권화되어 최소한의 변동성마저 사라진 갑갑한 사회를 바꿔 달라는 것이 국민의 진짜 요구라는 것이다. 공정의 회복이란 도전할 기회를 주는 것과 그 도전이 실제 성취로 이어질 수 있도록 뒷받침해주는 것, 두 가치의 조화를 통해서만 달성될 수 있다. 기회의 공정을 보장하는 것뿐만 아니라 사회적 약자들이 그 기회를 통해 '실제로 도약할 수 있도록' 만들어주는 것이 정치권의 역할이라는 것이다. 다른 말로 '공정하게 보이는 것을 넘어 실제 공정하게 작용하도록' 고안된 정책이 좋은 정책이다. 그러려면 사법고시를 부활시키는 것보다는, 현행 로스쿨제도의 잘못된 점을 바로잡기 위한 보완책을 마련하는 쪽이 바람직하다. 애초에 다양성과 개방성을 표방하면서도 법조계 기득권에 타협해 현재의 폐쇄적인 입시제도 형태로 출범한 것이, 그렇게 첫 단추부터 꼬이게 된 것이, 문제의 발단이었다. 누군가는 바로잡아야 한다. 말뿐인 공정이 아닌 진짜 국민을 위한 공정을 이야기할 지도자가 필요하다.

02

'착한 수시' 와
'나쁜 수시'

흔히들 입시와 병역을 우리 국민의 역린이라고 한다. 거의 모든 국민이 이해당사자이며, 그만큼 공정성이 핵심적인 가치로 작용하기 때문이다. 조국 전 장관의 딸 조민 씨의 '입시 비리' 의혹과 추미애 전 장관 아들의 군복무 중 '황제휴가' 의혹이 엄청난 공분에 휩싸인 것도, 그 때문이다. 실제 '조국 사태' 이후 수시제도에 대한 국민적 불신은 어느 때보다 커졌으며, 정시의 비중이 스멀스멀 늘어나더니 이제는 아예 수시제도를 폐지해야 한다는 목소리까지 힘을 얻고 있다. 그러나 사법고시 부활 논의와 마찬가지로, 기회의 공정 단 하나를 제외하면, 모든 측면에서 정시제도는 수시제도보다 열등하다. 문제는 물을 흐리는 미꾸라지 몇 마리와 도덕적 해이를 차단하지 못하는 제도의 결함이지, 제도 그 자체는 아니라는 것이다.

정시의 가장 큰 문제는 '패자부활전'이 없다는 것이다. 1년에 단 한 번 치러지는 시험이 학창 시절의 모든 것을 평가하기 때문이다. 더 큰 문제는 당일의 '운'에 결과가 좌우될 수 있다는 점이다. 컨디션 관리는 둘째치고 통제 불가능한 변수들이 무수히 많다. 얼마 전 치러진 '2022 수능' 때만 해도 감독의 실수로 교실의 학생 전체가 시험을 망친 사례가 대서특필됐다. "선택과목부터 풀어야 한다"라는 규정에도 없는 규칙을 강요한 것이 문제였다. 그러나, 재발 방지를 위한 노력 외에 시험을 망친 학생들을 위한 실질적인 보상이 이루어질 가능성은 거의 없다. 인천의 한 고사장에서는 10분 간격으로 시간을 물어보더니, 시험 중간에 "소변이 마려워 못 참겠다"고 소리치며 화장실로 뛰쳐나간 학생 때문에 전체 학생이 피해를 받았다. 그러나 이 사례 역시 보상이 이루어질 가능성은 거의 없다. "재수가 없었다"라며 다음 시험을 준비할 수밖에 없다는 것이다. 학업의 과정이 아닌 결과에만 치중한 평가방식이 가질 수밖에 없는 고질적인 한계다.

또한, 정시는 학생의 다양한 면모를 평가할 수 없다. 학생이 자신의 탁월함을 증명할 수 있는 증거도, 대학이 확인할 수 있는 증거도 성적표에 명시된 숫자가 전부다. 중고등학교 당시의 학업성취도, 관심사와 꿈, 인성과 잠재력, 그 무엇도 평가할 수 없다는 것이다. 시험을 잘 보는 학생이 똑똑한 학생이라는 보장도 없다. 무조건 점수에 맞춰 가는 입시 풍토를 부추기는 면도 크다. 철저한 줄 세우기로 평가가 이루어지기 때문이다. 자기소개서와 면접 등에서 해당 학과에 지원한 이유를 설득해야 하는 수시제도와 대조되는 지점이다. 이를 방증하듯 수시로 입학한 학생들의 학점이 대체로 뛰어나며, 졸업 후 성과(전문직 진출·고시 합격률 등)에서도 뛰어난 양상을 보인다. 대학이 수시전형을 선호할 수밖에 없는 이유다.

그러나 그 모든 장점을 뒤집는 문제가 바로 '불공정' 문제다. 정성평가항목이 많이 개입될수록 평가에 주관성이 개입될 수밖에 없으며, 조국 사태에서 확인할 수 있듯 '스펙 품앗이(자녀 스펙을 쌓기 위해 부모들 간에 이뤄지는 상부상조)' 등의 형태로 부모의 입김이 작용할 수 있기 때문이다. 따라서 적어도 기회만큼은 더 공정하게 부여하는 정시제도가 더 공정한 제도라고 주장하는 것도, 전혀 무리가 아니다. 그러나 사법고시 논의와 마찬가지로 정시가 더 공정한 제도라는 주장은 신기루다. 오직 기회의 공정만을 보장할 뿐, 과정의 평등을 달성하기 위한 어떤 수단도 개입될 수 없기 때문이다. 초등학교에 입학하기 전부터 조기유학을 다녀온 뒤 고등학교에 입학하기 전에 대입 수학과정을 모두 끝마친, 부모로부터 완벽한 지원을 받는 학생과 용돈을 벌기 위해 아르바이트를 하며 평범한 고등학교에서 정규교과과정만 겨우 따라가는 학생이 수능 점수만을 가지고 경쟁하는 상황을 공정하다고 말할 수 있을까? 실제 수시제도 없이, 오직 학력고사 성적만으로 대학이 결정됐던 1996년의 결과는 공정하다는 착각의 위험성을 경고한다. '고교별 서울대 합격자 수'에서 대원외고가 199명, 서울과고가 150명, 한영외고가 129명, 한성과고가 120명 등 상위 10개 고교에서 서울대에 1,000명(정원의 약 30%)을 입학시키는 기염을 토한 것을 보면 말이다. 반면 수시제도가 주류가 된 2021년 현재는 74명을 서울대에 입학시킨 서울예고가 전체에서 가장 좋은 성적을 기록해, 상당히 평준화된 모습을 보였다. '정시 비율이 높아지면 내게 더 많은 기회가 돌아올 것'이란 생각은, 공정하다는 착각에 불과하다는 것이다.

나쁜 수시제도는 폐지되어야 마땅하다. 정확히 '입학사정관제'와 같이 의도와 다르게 위화감만 부풀리는 수시제도는 폐지하거나 축소되어야 한다. 입학사정관제의 문제는 '입학사정관 출신은 사교육 시장에 취업할 수 없다'라는 기본적인 규칙조차 지켜지지 않는다는 것이다. 그러나 내신 · 논술 등 정시와 병합하여 대학에는 또 다른 판단의 기준을, 학생에겐 또 다른 실력 발휘의 기회를 제공하는 기틀까지 무너뜨리는 건 빈대 잡으려다 초가삼간을 불태우는 격이다. 또한, 경제력과 환경의 문제로 당장 실력은 부족하지만, 충분히 잠재력을 발휘할 수 있는 학생들에게 기회를 제공하기 위한 수시제도의 유의미성도 부정할 수 없다. 실제 '대학정보공시'에 따르면 2019년 대학 신입생 중 저소득층 · 농어촌 출신과 같은 사회적 약자들을 위한 '기회균형' 전형으로 입학한 신입생의 비율은 약 11.7%였다. 이처럼 '기울어진 운동장'을 바로잡으려는 노력은, 수시제도를 통해서만 가능하다.

하물며 수시가 완전히 폐지되면 공교육은 완전히 붕괴하게 될 것이다. 수능만 잘 보면 되기 때문이다. 검정고시로 조기입학에 성공하면 훨씬 빠르게 미래를 준비할 수 있는데, 구태여 정해진 학제를 따라 10년 이상을 낭비할 필요가 없는 것이 당연하다. 중고등학교 때부터 LEET · MEET를 공부하는 대치동 학생들이라면 더더욱 그렇다.

공교육 붕괴는 곧 사교육에 대한 의존성을 키우며, 있는 집에서 자란 학생과 그렇지 못한 학생의 학력 격차는 걷잡을 수 없이 커질 것이다.

◇ 학력주의, 어떻게 해결할 수 있을까?

근본적인 문제는 학력주의다. 학력주의의 늪에서 빠져나갈 수만 있다면, 군이 학력에 매달리지 않고도 어려움 없이 살아갈 수 있다고 한다면, 경쟁의 규칙은 시시껄렁한 '남의 문제'가 되기 때문이다. 그러나 아쉽게도 학력주의 해결은 요원해 보인다. 대학의 평준화 혹은 특성화에 성공한 다른 국가들과 달리, 우리나라 대학의 대부분은 정부의 영향이 제한되는 사립학교이기 때문이다. '공동학위제'를 통해 대학 간판의 영향력을 줄이는 방법도 고려해볼 수는 있으나, '블라인드 채용'도 반발이 큰 마당에 실현 가능성이 매우 낮은 방법이다.

　한편 학력주의는 비단 우리나라만의 문제가 아니다. 영미권은 두 말할 필요조차 없으며, 모든 대학이 평준화·특성화되었다고 평가받는 프랑스조차 대략 1%의 엘리트들을 양성하는 '그랑제꼴(엘리트 학교)'의 존재로 '사교육의 메카'라 불린다. 정도의 차이는 있겠지만, 어디에나 줄 세우기는 존재한다는 것이다. 또한, 학력주의는 부작용이 큰 만큼 효용도 컸다. 가진 거라곤 인적자본밖에 없는 우리나라가 이만큼 성장할 수 있었던 배경에 학력주의가 자리했음은 경제학적 계량분석을 통해서도 확인되는, 부정할 수 없는 사실이기 때문이다.

중요한 건 조화다. 정시와 수시의 조화로운 활용으로 공정하게 느껴질 뿐만 아니라 실제로 공정한 제도를 수립해야 한다. 직관적으로 국·공립대학교는 정시 100%를 시행하되, 사립대학은 자율에 맡기는 방법을 고려해볼 법하다고 생각한다. 국민적 요구에 부응하면서도 부작용을 최소화할 수 있는 대안이다. 그러면 머지않아서 다시 과정의 평등에 대한 사회적 요구가 커지게 될 것이다. 애초에 정시제도에 대한 그와 같은 문제의식이 있었기에 지금의 수시제도가 생겨난 것이기 때문이다. 그때 다시 종래 '기회균형·지역균형' 전형을 부활시키는, 유동적인 방식을 취하는 게 상책이다. 그리고 무엇보다 중요한 것은 정치권 등 기득권층의 도덕적 해이를 차단하려는 노력이다. '제2의 조국 사태'는 없어야 한다.

03

군복무에 대한
정당한 보상

혹자는 2030세대 남성들이
군대만 가지 않았어도 우리나라의 젠더갈등이 지금처럼 심각해지
지는 않았을 거라고 말한다. 필자도 그 생각에 동의한다. 오직 남성
들만 경험하는 치명적이고도 실질적인 피해가 바로 군대이며, '여성
피해자 서사'를 거부하게 만드는 가장 직접적인 원인이라고 생각하
기 때문이다. 현역병 판정률이 지나치게 높아진 것도 문제다. 군대
가 2030세대 '일부 남성'의 문제가 아닌 '모든 남성'의 문제가 되어 '집
단의식화'되었기 때문이다. 실제로 2022년부터는 현역병 판정률이
90%를 넘어설 예정이라고 하며, 한술 더 떠 문신은 물론 고교 중퇴
자와 중학교 중퇴자까지 모조리 현역병으로 입대시킬 예정이라고 한
다. 병력자원이 점점 부족해지고 있기 때문이다.

가장 간단한 해결책은 '여성징병제'의 도입이다. 하다못해 자발적

인 의사에 따라 입대할 수 있게 해주는 '여성희망복무제[75]'라도 도입해야 한다. 진짜 군대에 가게 될지도 모른다는 두려움이 있는 10대라면 몰라도, 2030세대 여성들은 과반수가 여성복무제 도입에 찬성하고 있다. 그러나 정작 정책을 입안해야 할 정치권의 중심이 586세대이며, 여성 피해자 서사가 그들의 지배적인 정서로 자리하고 있기에 가까운 미래에 남녀가 병역의 의무를 함께 짊어지는 형태로의 급격한 변화가 이루어질 가능성은 매우 낮다. 그렇다면 남은 해결책은 하나다. 정당한 보상을 제공하는 것이다. 모두가 함께 짊어지는 의무가 아니라면 희생하는 사람에게 보상해주는 것이 너무도 자명하기 때문이다. 또한, 군대는 학력 단절과 경력단절이라는 부차적인 문제까지 동반하여 그 차이를 극복할 수 있도록 지원해야 할 당위가 크다.

보상을 위한 방법으로는 크게 두 가지가 있다. 첫 번째는 가산점을 제공하는 것이다. 그러나 군가산점제는 이미 위헌으로 폐지되었고, 공무원 시험을 준비하는 일부 남성에게만 혜택이 돌아간다는 점에서 부활의 당위도 떨어진다. 두 번째는 가장 간단한 방법, 돈을 주는 것이다. 또한, 이 방법이 가장 현실적이면서도 합리적인 보상안이라고 생각한다. 문재인 정부 들어 병사의 월급이 병장 기준 약 60만원으로 책정되는 등 괄목할 변화가 있었던 건 사실이지만, 여전히 턱없이 부족하다. 18개월을 오롯이 모아도 1,000만원이 안되는 푼돈에

---

[75] 노르웨이가 이와 같은 형태의 여성징병제를 채택하고 있다. 구체적으로는 여성들에게도 병역의 의무를 부과하고 신체검사를 진행하지만, 의무를 거부했을 때 불이익은 부과하지 않는 방식이다.

불과하기 때문이다. 필자가 생각하는 '최소한'이 최저임금 80% 수준의 임금이다. [76] 주 52시간으로 계산하면 월 약 150만원이다. 주말과 밤낮이 없는 것은 물론 심지어 자다가도 초소 근무에 투입되어야 하는 열악한 복무 조건까지 고려하면 사실 이것도 한참 모자란 수준이라고 생각한다. 국가는 지금까지 남성들의 희생을 너무 '헐값'에 이용해왔다. 희생을 당연시해왔다는 것이다. 그러나 2030세대는 그런 구시대적 관념을 거부한다. 군복무에 대한 개념이 종래 '무조건적 희생'에서 '다소간의 희생을 동반한 계약'으로 전환하여야 하는 이유다. 그런 변화 없이는 군 기강 확립도 요원하다. 경제학적으로 근로자의 생산성에 가장 큰 영향을 끼치는 건 단연 높은 임금이다. '받는 만큼 일해야 한다'라는 생각이 곧 생산성 향상으로 이어지는 것이다. 기업으로 치면 '염전노예' 수준의 임금을 제공하면서 국방력을 확립하겠다는 건 어불성설이다. 실제 미국 군대에서 사병들이 가장 두려워하는 처벌은 단연 급여의 삭감과 휴가 및 외박의 제한이다. 경제적 보상의 중요성은 예비군 및 민방위 훈련에도 똑같이 적용된다. 형식화한 예비군 및 민방위 훈련을 강화함과 동시에 상응하는 금전적 보상을 제공해야 마땅하다.

더불어 군대를 전역한 뒤 자립을 위한 자금으로 활용할 수 있도록 목돈 마련도 지원해야 한다. 정부와 병사 개인이 1:3의 비율로 '공동적금'을 넣어 최종적으로 1,000만원을 만들어주는 방식이다. 필자

---

76) 문재인 정부 들어 군인의 월급은 2018년 최저임금의 30%, 2020년 최저임금의 40%, 2022년 최저임금의 50% 수준으로 인상됐다. 마찬가지로 2년마다 10%를 연동해 올리는 방식이면 4년 안에 최저임금 80% 수준까지 군인 월급을 맞춰줄 수 있다.

가 군복무 당시 국방부 공모전에 제출했던 정책이기도 한데, 당시에는 예선에서 탈락했던 정책이 이제 더불어민주당의 싱크탱크에서 그대로 논의되는 모습은 반가우면서 한편 씁쓸하기도 했다.

당연히 예산은 지금보다 훨씬 많이 필요할 것이다. 그러나 예산은 문제가 안 된다. 국방의 영역으로 한정해도 장병 복지의 중요성은 몇 번을 강조해도 부족할 지경인데, 이제는 인권은 물론 젠더갈등과 같은 훨씬 복합적인 문제들과 엮여 중요도가 배가되었기 때문이다. 매년 20조원의 일자리 예산을 쓰고서도 외려 일자리가 줄어들었으며, 5년간 200조원을 넘게 쓰고도 출산율이 1.0명 미만으로 내려앉았다는 것을 생각해봐도 예산은 전혀 문제가 안 된다.

물론 가장 합리적인 예산 차출 방안은 '국방세'다. 구체적으로는 병역의 의무가 면제된 남녀에게 근로소득이 발생한 해로부터 18개월 (의무복무기간) 동안 과세하는 형태를 고려해볼 수 있다. 혹은 방위는 국민 전체가 향유하는 공공재라는 점을 감안하여 국민 전체를 대상으로 부과하되, 징병 의무 면제자들을 대상으로 가산하는 방법을 고려할 수도 있다. 세금을 부과하는 것이 정치적으로 부담스럽다는 점 하나를 제외하면, "여성들은 어떤 국방의 의무를 하느냐"라는 질문에 가장 직접적인 대답이 될 수 있으며 재원까지 마련할 수 있는 합리적인 방식이다. 또한, 여성들 역시 '무임승차'라는 비판에서 벗어나 국방의 의무를 다하는 동등한 시민으로서의 효능감을 느낄 수 있다. 물론, "세금을 낼 바에야 군대에 가겠다"라는 여성들을 위한 보완책이 필요하며 그것이 바로 앞서 언급한 여성희망복무제다.

◇ 병역자원 감소, 어떻게 대응해나가야 할 것인가?

보상과 별개로 병력자원 감소는 심각한 문제다. 당장 2037년부터는 남성 100%를 징집해도 현재의 병력 수준을 유지할 수 없는 상황이기 때문이다. 구체적으로 현재 57만명으로 편성된 병력 중 병사는 30만명이다. 복무 기간이 18개월로 유지된다고 했을 때, 매년 20만명이 입대해야 현재 수준을 유지할 수 있다는 것이다. 그러나 통계청 〈장래인구추계〉에 따르면 작년 말 기준 20세 남성 인구는 33만명이었으며, 2022~2036년에는 22~25만명으로, 2037년 이후에는 20만명 이하로 줄어들게 된다. 앞에서 언급한 것처럼 현역병 판정률은 이미 90%를 넘어섰다. 군대에 적응하기 어려운 경우에도 무리하게 입대시키고 있다는 것이다. 그런 의미에서 병역자원 감소에 따른 문제는 이미 시작되었다고 봐도 무방하다.

그래서 대안으로 거론되는 게 모병제다. 그러나 모병제는 무책임한 주장이다. 모집인원을 채울 수 있을지조차 미지수기 때문이다. 국방 전문가들은 모병제 정예병을 기준으로 인구의 0.5%를 적정 병력으로 권장한다. 우리나라의 경우 산악지형이 많아 보병이 더 필요하다는 걸 고려하면 최소 25~30만명이다. 2년 복무를 가정했을 때는 매년 15만명을 모집해야 한다는 의미이며[77], 4년 복무를 가정해도

---

[77] 모병제가 징병제에 비해 적은 병력의 수를 유지할 수 있는 이유는 오랜 훈련을 받은 숙련병이기 때문이다. 분야에 따라 상이하나 통상 3년 이상을 훈련해야만 전문성이 생긴다는 것이 전문가들의 일반적인 견해이며, 이에 따라 모병제 군인의 복무 기간은 4년을 기준으로 하는 것이 일반적이다.

매년 7~8만명을 모집해야 한다는 것이다. 2037년 20세 남성이 20만명 이하로 줄어든다고 하는데, 약 40%가 '자발적으로' 입대해야 겨우 맞춰지는 숫자다. 모병제를 도입한 국가 모두 같은 어려움을 겪고 있다. 이를테면 미국은, 군인에 대한 인식과 처우가 좋은 편인데도 불구하고, 인구대비 0.5%의 병력을 간신히 유지 중이다. 일본은 자위대 모집을 위해 CF 홍보까지 하는데도 병력의 수가 고작 24만명, 인구의 0.2% 수준에 불과히다. 2013년 모병제를 도입한 대만의 사례는 더욱 처참한데, 첫해 모집 목표치 약 3만명 중 30% 수준에 불과한 9,000명을 모집하는 데 그쳤다. 보병·포병 등 전투병과는 상황이 더욱 심각했는데, 그중에서도 기갑병은 3,000명 모집에 고작 41명이 지원했다. 군대에 대한 인식이 최악인 우리나라는 대만의 전철을 따라갈 가능성이 크다.

당장은 징병제를 유지할 수밖에 없다고 본다. 다만, 인구 감소 때와 마찬가지로 적응하려는 노력이 필요하다. 기본적으로 편제의 변화다. 일단 현재 병사들이 담당하고 있는 임무 중 운전·행정·군수·취사·보급 등 비전투병과 임무를 폐지해야 한다. 특히 행정·군수·취사 등 책임성이 수반되는 임무는 간부들이 수행하게 하고, 취사·제설 등 군인의 역할과 무관하며 장병 복지와도 직결되는 부분에 대해선 군무원이나 민간에 위탁하는 방식을 고려해야 한다. 그리고 병사들은 오롯이 전투병과 업무에만 충실하게 만들어야 한다. 또한, 편제가 재편되는 만큼 전투병과 임무를 충실히 수행할 수 있다고 판단되는 경우에만 징병 대상으로 삼아야 한다. 비전투병과에 투입되는 병력이 줄어드는 만큼, 현역병 판정률이 다소간 내려가더라도 병력 유지에는 큰 무리가 없을 것이다. 병사들의 근무 부담 역시 자동화 기기 도입 등을 통해 개선해야 한다. CCTV 감시나 감지 센서 등을 통해 대체할 수 있는 업무를 군이 병사에게 맡기는 건, 기계를 설치하는 것보다 병사를 굴리는 게 싸고 편한 현재의 잘못된 임금 체계 때문이다. 따라서 병사의 임금만 높여줘도 상당히 개선될 수 있는 문제다. 정리하자면 비전투병과는 행정 간부가 전담하고, 나머지 간부와 병사는 오직 전투병과 훈련에 매진하며, 취사·제설·근무 등은 외주화와 자동화로 해결하는 것이 병역자원 감소에 대한 필자의 제안이다.

그리고 모병제는 훨씬 장기적인 관점에서 추진해나가야 한다. 모집에 대한 구체적인 구상도 없이 일단 모병제를 던지고 보는 것은, 당장 모든 국민에게 기본소득을 제공하겠다는 것만큼이나 무책임한 포퓰리즘이다. 당장은 불가능하다고 단언할 수 있으나, 상기 대안이 정착하여 군인의 처우와 인식, 임금체계 등이 개선된 뒤의 군대라면 얘기가 달라질 수 있다. 지금 정치권이 해야 할 일은 상기 계획을 구체화하여 실제 현실에 적용하려는 노력이다.

한편 BTS 병역면제 논의의 부적절성을 지적하지 않을 수 없다. "뭣이 중헌지" 전혀 갈피를 못 잡는 모습이다. 병역자원 감소로 현역병 판정률이 전쟁 상황을 방불케 하며, 정상적인 경우라면 면제되어야 할 남성들조차 징집되는 현실이다. 그런데 병역자원을 어떻게 늘려야 할지를 고민하기는커녕 외려 면제 항목을 신설하겠다는 판국

이니 2030세대, 특히 남성들이 분개하는 것은 너무도 당연하다. 정작 BTS 당사자들도 병역특례를 원치 않는다는데, 당최 무슨 오지랖인지 모를 일이다. 공정성에 어긋나는 건 두말할 필요도 없다. 오직 BTS만을 위한 법을 만드는 것도 문제지만, 그 법이 나쁜 전례가 되어 다시 누군가에게 병역특례를 제공해야 할 근거가 될 가능성이 크다. 2030세대는 국가의 성취를 자신의 성취와 동일시하지 않는다. 특혜를 받는 당사자도, 희생하는 당사자도 동의하지 않는 불공정한 병역특례 논의는 누구를 위한 것인가. 정치권이 심각하게 재고해봐야 할 일이다.

04

할당제(Affirmative Action),
필요한가?

할당제의 시초였던 미국에서는 이를 '적극적 조치(Affirmative Action)'라고 부른다. 말 그대로 가장 강력한 형태의 차별시정조치이기 때문이다. '차별금지법'이 현재 발생하고 있는 차별을 시정하는 데 초점을 맞추고 있다면, 우대정책은 과거 차별로 인해 형성된 현재의 질서까지 모두 개선하는 데 그 목적이 있다. 기회와 과정의 평등을 넘어 기계적인 결과의 평등을 지향하는 제도가 바로 할당제인 것이다. 또한, 할당제는 기계적 평등을 달성하는 과정에서 능력주의를 부정하는 '역차별' 문제를 발생시킨다. 때문에, 할당제는 미국 내에서도 상당히 과격한 조치로 평가되며, 시행 초기부터 지금까지 치열한 갑론을박 속에 현재는 축소 및 폐지 수순을 밟아나가고 있다. 그러나 우리나라는 차별금지법과 같은 상대적으로 온건한 형태의 시정 노력조차 선행되지 않은 상태에서 일단 할당제부터 들이고 보았으며, 그 결과가 현재의 젠더갈등이다. 한편 상당 부분 공산주의적 평등주의 관점이 담긴 할당제를 자칭 보수정당이 거리낌 없이 지지하는 모습 또한 아이러니다.

현재 우리나라에 존재하는 대표적인 할당제는 '여성할당제'다. 구체적으로 여성들의 취업을 돕기 위한 '양성평등채용목표제[78]', 여대 로스쿨·의대·약대·한의대 할당(입시 요강에서 남성 배제), 여성교원(교수) 할당, 장학금 이공계 할당 권고 및 가종 취·창업 가산점[79] 등이 있다. 또한, 국회와 지방의회에 여성의 정치적 대표성을 제고하기 위해 만든 비례대표 '정치할당제'가 있다. 이 중에서 필요하다고 생각되는 건 오직 정치할당제 하나뿐이다. 국회는 존재 의미 자체가 국민을 대표하는 것이며, 성별·세대 대표성의 결여는 정치권의 논의에서 해당 계층을 소외시키는 결과를 낳기 때문이다. 쉽게 말해 2030세대를 위한 법을 만들 수 있는 건 2030세대이듯, 여성을 위한 법을 만들 수 있는 건 통상 여성이기에 국회만큼은 강력한 시정조치가 필요하다고 본다. 나머지 영역에서의 할당제는 첫째, 능력주의를 부정하는 등 가치 훼손 문제가 심각하며, 둘째, 기계적으로 숫자를 맞추는 것 이외에 실효성을 발견할 수 없기에 폐지되어야 한다. 이 같은 논리는 지역할당제에도 똑같이 적용된다.

---

78) 9급 공무원 시험의 경우 남성들이 혜택을 본다는 반론도 있다. 그러나 남성들이 혜택을 본다는 건 그만큼 성차별이 존재하지 않는다는 증거기도 하다. 할당제 자체가 불필요하다는 의미다.

79) 중소벤처기업부 연도별 공고를 살펴보면 청년창업사관학교 주요 가점사항으로 여성 3.0점 (2018년)이 장애인(0.5점)보다 높았다. 2021년에는 장애인 가산점이 사라지고 여성은 0.5점으로 조정됐다.

현재 능력주의를 파괴하는 것을 넘어 남성들의 기회 자체를 박탈하는 수준의 심각한 부작용을 초래하는 할당제는 여성 교수 할당제다. 지난해 교육부가 '교육공무원법'을 개정해 국·공립대에 한해 교수들 가운데에서 특정 성별이 4분의 3을 초과하지 못하도록 못 박으면서 남성들은 지원 기회 자체를 박탈당하게 된 것이다. 실제 2021년 8월 서울시립대가 발표한 하반기 전임교수 채용공고에는 총 15개 분야 중 8개 분야의 지원자격을 여성으로 한정시켜 남성의 지원 자체를 배제했다. 이에 문제가 제기되자 관계자는 "본부에서 전달한 목표 비율을 맞출 수 없어 나온 불가피한 조치"라며 "젊은 남성 연구자들의 불만이 있겠지만, 앞으로도 25% 비율을 달성할 때까지 이런 식으로 채용할 수밖에 없다"라고 말했다. 기존에 있던 남성 교수들을 자를 수는 없으니 2030세대 연구자들이 희생하라는 논리다. 1~2년 공부해서 지원하는 자리도 아닌데 진입로를 아예 차단해버리는 건 어떻게 봐도 폭력적이다. 또한, 할당제 적용 대상이 개별 전공인 것도 문제다. 여성들이 기피하는 전공에는 여성 후보자가 없어 질적 수준이 낮은데도 오직 여성이라는 이유로 교수가 되는 등의 문제상황이 발생할 수 있기 때문이다.

일반적으로 여성의 비율이 낮은 이공계에서도 할당제에 의한 다양한 부작용들이 목격된다. 2014년 국공립연구기구들은 신규채용인력의 53.4%를 여성으로 뽑았다. 당해 공학 계열에 지원한 여성의 비율이 16%에 불과한데도, 3배가 넘는 인원을 채용했다는 것이다. 이는 다른 말로 84%에 달하는 남성들은 46.6%의 좁은 문을 통과하기 위해 훨씬 치열한 경쟁을 치러야 했다는 것을 뜻한다. 그 과정에서 능력 있는 남성은 떨어지고, 능력 없는 여성은 합격하는 문제가 발생할 수 있음은 두말할 필요도 없다. 한국전력공사 · 석탄공사(현재는 한국광해관리공단으로 통합) 등 현장인력이 다수 필요한 공공기관이나 경찰 등에서도 할당치를 채우기 위해 내근직은 전부 여성으로 채우고, 남성들은 예외 없이 외근직으로 빠지는 진풍경도 펼쳐진다. 한편 여성은 당직과 숙직에서도 제외되어, 과거보다 적은 수의 남성들이 더 많은 부담을 떠안아야 하는 불합리한 상황들이 연출되고 있다. 남성들의 불만이 증폭되는 건 정당하고 당연하다는 것이다.

여성들에게도 불리한 건 마찬가지다. 실력이 아닌 할당제의 덕을 봤다는 인식에 휩싸일 수밖에 없기 때문이다. '할당제가 없었다면 결코 그 자리에 오를 수 없었을 것'이라는 차별적 인식 아래 여성들은 사회가 선심 쓰듯 제공한 30%라는 더욱 견고해진 유리천장 안에 갇히게 된다. 실제 '한국여성정책연구원'에 의하면 '공공기관 여성관리자 임용목표제'에 의해 관리직에 오른 여성들에 대해 "능력이 없다"고 인식하는 비율은 같은 자리의 남성에 비해 2배 가까이 높았다. 상기 언급했던 여성 교수 할당에 대한 여성 당사자 일부의 생각도 그와 같았다. 국내 대학에서 공학 계열 박사를 딴 연구원 A씨는 "교수 사회에 여성에게 적대적인 문화가 분명히 있지만, 할당제는 반대한다"라며 "월등한 실력을 갖춘 교수를 뽑는다고 해도 할당제 덕을 봤다는 프레임에서 벗어나기 어려울 것"이라고 말했다. [80]

---

80) 2021년 8월 18일 중앙일보 〈여교수 우선 채용, 양성평등이냐? 남 역차별이냐?〉 기사 참조

오랜 기간 할당제를 유지해 온 미국의 상황도 마찬가지다. 지금도 할당제 혜택을 받은 여성이나 흑인에게는 'Affirmative Action Baby(소수계 우대정책 아동)'라는 혐오 표현이 난무한다. 이런 현상에 대하여 뉴욕 대학의 '메를린' 교수는 "여성이 그들의 실적이나 역량에 대한 고려 없이 채용되었다는 느낌을 받을 때, 스스로 능력이 없다고 느끼며 실제로 무기력한 행위를 나타낸다"라고 밝혔다.

◇ 차별 시정의 긍정적 효과도 찾아보기 어려워

이처럼 큰 부작용이 동반된다면, 그 부작용을 능가할 만큼의 긍정적인 효과가 증명되어야 한다. 일부 여성운동단체들의 일천한 주장과는 달리, 단순히 기계적인 숫자를 맞추는 게 할당제의 목표일 수는 없기 때문이다. 애초 할당제가 '25%~30%'를 명시하는 것은 단순한 우연의 결과가 아니다. 종래 형성된 특정 집단 중심의 문화를 깨뜨리기 위해서는 새로운 집단이 최소 30% 이상 동시에 진입해야 한다는 연구결과에 따른, 철저한 계산에 의한 결과다. 따라서 할당제는 조직의 경직된 문화를 깨뜨려 종국에는 할당제의 도움 없이도 종래 배제되었던 계층이 유입될 수 있는 환경 조성에 기여해야만 한다. 낙수효과의 존재가 곧 할당제의 과격한 방법론을 정당화하는 논리라는 것이다. 그러나 할당제의 그와 같은 기능은 앞서 할당제를 도입했던 해외에서도, 우리나라에서도 발견된 적이 없다.

당장 '여성과학기술인재 채용목표제'의 경우 도입한 지 10년이 넘었음에도 공학 계열에 지원하는 여학생의 비율은 증가하기는커녕 외려 줄어들었다. 적성의 문제를 차별의 문제로 치환한 결과로, 예견된 실패였다. 실제 완전한 성평등에 가깝다고 평가받는 스웨덴조차 IT 업계의 여성 종사자 비율은 22%에 불과하다. 또한, 시카고 대학의 경제학 연구팀이 기업 이사회 이사의 40% 이상을 여성으로 구성하도록 강제당한 노르웨이 기업을 대상으로 분석한 결과, 할당제의 혜택을 받은 여성들의 진출이 늘어난 것 외에 사내 문화에 있어 어떤 긍정적인 변화도 발견할 수 없었다. '뉴욕 타임스'에 보도된 미국과 노르웨이의 협업연구 역시 할당제로 기업의 높은 지위에 오른 여성들이 하위그룹 여성들에 미치는 긍정적인 영향은 전무하다고 밝혔다. 실제 노르웨이는 '여성임원할당제'로 도입 초기 고위직 여성 비율이 2%에서 6%로 늘어나는 실효를 거뒀으나, 같은 기간 할당제를 시행하지 않은 덴마크에서도 같은 수준의 변화가 나타났다. 할당제에 의한 독립적인 효과는 발견할 수가 없었다는 것이다.

성별 임금격차는 여러 이유가 있다. 그중에서도 가장 심각한 건 결혼과 출산에 따른 경력단절 문제다. 복잡하게 설명할 필요 없이, 노동시장에 막 진입한 20대를 기준으로 했을 때는 남성과 여성 간 유의미한 임금격차가 나타나지 않는다. 그러나 본격적인 경력단절이 시작되는 30대 중후반부터 차이가 급격하게 벌어져, 55세 이상에서는 거의 두 배 가까운 임금격차가 발생한다. 경력이 단절된 여성은 승진과 임금에 불이익을 받거나, 심하게는 비정규직 일자리로 밀려나게 되기 때문이다. 실제 통계청 〈경제활동인구조사〉에 따르면

2020년 기준 비정규직 근로자 비율은 남성이 29.4%, 여성이 45.0%였다. 경력단절 이후 비정규직으로 밀려나는 것이 성별 임금격차의 가장 큰 원인이라는 것이다. 따라서 여성들이 비정규직으로 밀려나지 않아도 되거나, 비정규직의 처우가 개선되면 성별 임금격차도 줄어들게 된다. 핵심은 노동시장에 처음 진입할 당시의 차별이 아니라, 노동시장에 '재진입'할 때의 차별이라는 것이다. 할당제는 전자에 혜택을 주는 제도로서 실효성이 없는 게 당연하다.

기득권 남성들이 선심 쓰듯 제공해온 할당제는 뚜렷한 효과 없이 젠더갈등만을 부추겨왔다. 정작 가장 중요한 경력단절 문제는 여전히 해결이 난망하며, 결혼한 여성들의 생활상은 여전히 열악하다. 다양한 할당제가 생겨났음에도 여성들이 '독박 육아'의 어려움을 호소하고 있으며 결혼을 거부하고 있다는 것이 증거다. 잘못된 해결책이 여성과 남성 모두를 불행하게 만들었다는 것이다. 정확히는 자본주의적 노동시장의 작동원리들과 배치되는 단순무식한 제도들이 난립하여 사태를 악화시키기만 했다. 조금 돌아가더라도 덜 갈등적이며, 더 효과적인 방식으로 접근해야 한다. 노동시장 이중구조 문제와 근속연수가 곧 높은 임금으로 직결되는 연공서열제의 폐해를 바로잡고, 육아휴직제를 남성과 여성이 평등하게 사용할 수 있도록 하는 게 시작이다. 편 가르기 정치는 당장 과반수로부터의 지지를 얻는 데는 도움이 될지 모르나, 종국에는 모두에게 버림받게 될 수 있다는 사실을 명심해야 한다.

사명감으로

필자는 정치권의 손님이었다. 정확히는, 손님처럼 머무르는 사람이었다. 두 번의 대변인직을 역임하면서도 누군가를 대변해야 한다고 생각하지 않았다. 또한, 진심으로 누군가를 위해보지도 않았다. 그래서 누구보다 빠른 나이에 스피커를 손에 쥐었음에도, 그 누구를 위해서도 사용하지 않았다. 왜 그랬을까. 아마 오랜 시간 토론을 배우며 '세상에 진리는 없다'라는, '회색지대'에 익숙해진 게 하나의 이유였을 것이다. 그러나 돌이켜 생각해보니 또 하나의 이유가 있었다는 생각이 든다. 바로 정치와 정책의 무게에 대한 중압감이다. 정치권에 입문해 가장 처음 마주했던 사건이 기간제 교사의 정규직전환 문제였다. 비정규직을 구제하기 위한 정책이 '을과 을의 갈등'을 낳는 것을 보면서 누군가를 위한다는 정치와 정책이, 다른 누군가에게는 상처가 될 수도 있다는 사실을 몸소 깨달을 수 있었다.

그래서 주변 정치인, 당직자들께 습관적으로 묻곤 했다. "좋은 정치와 정책의 조건을 무엇이라고 생각하시냐"고. "내 지지자들을 위해 다른 누군가를 상처입히는 정치와 정책도 강행하는 게 맞다고 보시느냐"고. 보통은 "정치는 원래 그런 것"이라는 상투적인 답이 돌아왔다. 신념과 신념이 맞부딪히며 더 강한 신념이 승리를 거머쥐는 것이 곧 정치의 본질이라는 것이다. 그러나 그 답은 정치의 생리에 대한 답은 될 수 있어도, 필자가 정치에 진심으로 몸담아야 하는 이유가 되지는 못했다. 그래서 잠시, 정치권을 떠났다. 그러나 질문은 그치지 않았고, 이후로도 많은 답을 얻었다. 그중에서도 가장 마음에 와닿았던 답은, "그런 것이 정치와 정책이기에 반대쪽도 바라볼 수 있는, 그 무게를 아는 사람이 정치인이 되어야 한다"라는 답이었다. 문제는 한쪽만을 바라보는 미숙한 정치와 정책이지, 정치와 정책 그 자체는 아니라는 것이다. 그 답이 목소리를 내기 전에 더 치열하게 고민하고 토론해야 한다는 깨달음이 되었고, 그렇게 이제야 작은 목소리를 내보기로 했다.

물론 그렇다고 해서 신념과 신념이 대립할 수밖에 없는 정치의 본질까지 달라지는 건 아니다. 그만큼 반대쪽도 바라보려는 사람이 정치권에 필요하다는 당위만이 남을 뿐이다. 〈MZ세대라는 거짓말〉에 그런 당위를 담으려고 애썼다. 그러나 야속하게도 아직 역량과 생각이 일천하여 여전히 누군가에게 상처가 될 수도 있는, 자신의 것을 빼앗으려 한다고 생각할 수도 있는 주장들을 전했는지도 모르겠다. 하지만 이제는 지레 겁을 먹고 도망치지는 않을 것이다. 내가 옳다고 생각하는 것을 가감 없이 주장하고 최선을 다해 설득해보려 한다. 그렇게 부딪히고 깎여나가며, 더 성숙한 생각을 만들어나가려고 한다. 누구도 완벽할 수 없으며, 누군가는 스피커를 들어야 한다는 사실을 깨달았기 때문이다. 이제는 누군가를 대변해보려고 한다. 다름 아닌 또래의 2030세대다. 그리고 그것이 2030세대 당사자로서 가져야 할 신념이자, 장차 미래세대를 위해서도 꼭 필요한 사명이라는 생각이 들어서다.

◇ 분노를 어떻게 표출해야 할지조차 모르는

지금 2030세대는 분노와 불안으로 가득차 있다. 주위에 온통 이용하려는 사람들뿐, 진정으로 위해주는 사람은 없으니 당연한 결과다. 또한, 안타깝게도 그 분노를 제대로 표출하여 정화하는 방법까지는 모르고 있다는 생각이 든다. 그래서 당장 복수에만 집중하는, 기성세대의 정치를 답습하고 있는 건 아닌지 한편 우려된다. 그런 과격함은 그들 자신에게도 독이다. 2030세대의 분열이 국민의힘 대통령 후보자 선출 경선과 더불어민주당 대통령 후보자 선출 경선에서의 패배라는 아픈 결과로 돌아왔고, 그들을 다시 뿔뿔이 방황해야 하는 '정치 노마드'로 만들었기 때문이다. 한편 원하는 후보를 얻는 데 성공했다고 해도, 한쪽을 배제하는 정치는 5년 뒤 다시 부메랑이 되어 돌아오는 자가당착의 결과를 초래할 가능성이 크다. 정치 세력화에 있어 무엇보다도 확장성이 중요하다고 생각하는 이유다. 큰 정치는 절대로 혼자서는 할 수 없는 법이다. 시혜적인 관점에서 같잖은 선민의식을 설파하려는 게 아니다. 다만 정치와 정책에 있어선 또래 중 상대적으로 훈련된 사람으로서, 그들의 감정과 언어를 정치권에 전하는 데 힘을 보태려는 것일 뿐이다. 실제로 많은 2030세대 청년들이 원하는 건, 복수가 아닌 미래를 위한 정치라고 생각한다.

물론 어른들도 미숙하다. 어른들도 잘 모른다. 특히 다른 세대에 대해서라면 더욱이 그렇다. 2030세대가 어른들에 대해 잘 모르는 것과도 똑같은 이치다. 그런 어른들에게 필요했던 것이 'MZ세대'라는 거짓말이었는지 모른다. 'MZ세대를 아는 것'이 곧 '청년을 아는 것'이라는 자기 위안을 위해 그들만의 작은 틀을 만들어냈다는 것이다. 그리고 당연하게도, 잘못된 틀은 외려 2030세대의 분노를 오인하게 만드는 장애물로 작용할 뿐이었다. 그래서 'MZ세대'라는 타자의 언어를 해체하는 게 모든 변화의 시작이라고 생각했다. 2030세대의 정체성이 타인에 의해 정의된 MZ세대에 머무르지 않기를 바라는 마음이 첫째였으며, 잘못된 틀로 잘못된 행보를 계속하는 어른들에게 당사자의 관점을 설파하려는 마음이 둘째였다. 2030세대가 그들 자신의 이름을 갖기를 희망한다. 〈MZ세대라는 거짓말〉은 그 여정의 시작이었다. 그리고 진짜 이름을 찾기까지, 더 많은 2030세대 청년들의 관심과 참여가 필요하다. 또한, 그런 2030세대의 여정을 응원하는 우리 사회 어른들의 지지와 후원이 필요하다. 2022년 대선전쟁, 그 끝은 연대와 화합의 결론이기를 간절히 바라본다.

◇ 3개월의 여정을 마무리하며

처음 책을 써보자는 제안을 받은 건 8월의 어느 날이었다. 대통령선거가 마무리되기 전까지 총 4~5권의 책을 낼 계획이라는 말을 듣고, 처음에는 허무맹랑하다고 생각했다. 혼자 모든 책을 담당하는 건 아니라고 하더라도, 일을 병행하면서 한 달마다 한 권 분량의 원고를 정리하는 건 불가능하다고 생각했기 때문이다. 영혼까지 갈아 넣으면 가능하긴 하겠지만(실제로 그렇게 했다) 원하는 수준의 글이 나올 리 만무했다. 그래서 조금 치사하지만, '청년 방패'를 정당화의 수단으로 삼았다. 아직 어리니까 모자란 글을 쓰는 게 당연하다는 일종의 자기 위로였다. 그렇게 넓고 얕은 글을 쓰면서 새삼 분야별 깊이가 많이 부족하다는 사실을 통감하기도 했다. 더 치열하게 고민하고 공부하며 청년 방패를 벗겨내고, 오롯이 실력으로 인정받을 수 있는 사람이 되기 위해 정진해야겠다는 생각이다. 그때는 2030세대 당사자라는 정체성도 벗겨내고, 국민을 아우르는 스피커가 될 수 있기를 기원한다.

또한, 그런 성장의 기회를 주신 '원코리아 혁신포럼'의 모든 '어른'들께 감사의 마음을 전하려고 한다. 특히 문병길 사무총장님께 감사의 마음을 전한다. 청년을 진정으로 이해하고자 하는, 그런 어른들의 후원과 지지가 없었더라면 〈20대 남자, 그들이 몰려온다〉와 〈MZ세대라는 거짓말〉은 세상에 나오지 못했을 것이다. 안주할 수 있는 상황에도 안주하지 않고 변화구를 던질 수 있다는 것, 그것이 바로 '청년다움'의 발로라고 생각한다. 사실 어른들도 모두 청년이었기에, 어쩌면 누구보다 청년을 잘 이해할 수 있는 존재이기에, 그들의 순수한 열의에서 세대가 화합의 장에서 마주할 수도 있겠다는 희망을 본다. 책을 쓰겠다고 하니 피드백부터 교정, 홍보까지 물심양면 도와준 친구들에게도 감사하다. 특별하게는 일각을 다투는 상황에서 겨우 하루 만에 모든 교정 작업과 팩트 체크를 진행해주신 박종석 님의 깊은 노고에 감사를 드린다. 그들이 각자의 의견을 통해 다양한 시각을 첨가해주지 않았더라면, 두 권의 책은 필자와 같은 '일부 청년'의 생각을 드러내는 것으로 끝났을지도 모른다. 직접 조언을 해주지 않았더라도, 그들의 '삶'은 그 자체로 귀감이 되고, 영감이 되었다. 그리고 마지막으로, 〈청년정치혁명 시리즈〉의 나머지를 이끌어갈, 아직은 얼굴도 모르는, 청년들에게도 응원의 메시지를 전한다. 출렁이는 바다에 물수제비 놀이는 미동에 그칠 뿐이지만, 그 미동에 주목하는 이들의 힘이 모여 종래 큰 변화로 이어질 수 있으리라 믿는다.

기획자의 변

문병길

2022년 대한민국 청년생태계 그리고 청년정치혁명

|

작년 초여름인 2021년 6월 22일, 서울 여의도 켄싱턴 호텔에 300여 명의 전, 현직 대학교수, 퇴임 공직자, 의료인, 법조인, 예비역 장성, 기업인 등 다양한 분야의 전문가와 지식인이 모여서 '원코리아 혁신 포럼' (공동대표 3인: 조장옥 서강대 명예교수, 황준성 전 숭실대 총장, 민상기 전 건국대 총장) 창립총회를 열고, 국정 운영 전반에 관한 정책 씽크탱크로 공식 출범하였다.

본 '청년정치혁명 시리즈'는 상기 포럼 25개 분과의 정책위원회 중 하나인 '청년정책위원회' (위원장 김진권 변호사)의 활동지원과 포럼 사무국의 재정후원을 받아 기획되었다.
기획의도는 "젊은 세대의 능동적 선거운동 참여와 적극적 투표행위를 통한 민주적 정치혁명"을 어떻게 이루어 낼 수 있는지에 대한 "당사자성이 반영된 현실적 방안"의 모색이다.

따라서 '청년정치혁명 시리즈'는 청년세대가 가진 불공정에 대한 분노라는 시대정신을 기본에너지로 하여 2022년 3월 대선부터 6월 지방선거를 거쳐 2024년 4월 총선까지 세 차례의 대규모 선거를 통해 청년 스스로 분명한 정치의 효능감을 갖게 되는 것을 목표로 하고 있다.

2021년 11월, 제1권으로 출간된 〈20대 남자, 그들이 몰려 온다〉에서는 '2022년 대선'을 앞두고 대한민국에 놓여 있는 두 개의 기울어진 운동장, 세대(Generation)와 성(Gender)에 관한 담론을 청년 유권자의 관점에서 총론으로 다루었다. 출간되자마자 뜨거운 관심을 받으며 네이버 베스트셀러 금딱지 라벨을 받는 등 사회적 반향과 정치적 호응을 이끌어 내고 있는 중이다.

금번 출간되는 제2권 〈MZ세대라는 거짓말〉에서는 선거판의 스윙보터 또는 캐스팅 보터로 등장한 2030청년 유권자의 실체를 규명하고, 그들에게 소구할 수 있는 제반정책에 대한 심층적 분석을 하였다. '2022년 대선'을 3개월 정도 남긴 시점에 정치권에 큰 시사점을 공급할 것으로 본다.

곧이어 출간될 제3권 〈우리는 이런 대통령을 원한다 (가제)〉에서는 한국정치시장에 최대 유효 정치소비자로 출현한 청년유권자 층의 선호도 조사에 근거하여 '후회와 반품 없는 정치상품'의 공급을 정치권에 요구하는 새로운 시도(자발적 정치소비자 운동)를 선보일 예정이다.

그 후에도 지속적으로 '2022년 지방선거'와 '2024년 총선'의 주요 이슈에 정합되는 주제 (지방선거 이대로 좋은가?-청년층 지역정치권 진입장벽 제거 방안, 존폐기로에 선 여성가족부와 실패한 청년 정책, 4차 산업 시대가 요구하는 디지털 집단지성 플랫폼 정당의 출현, 왜 청년을 위한 선거법 개정이 필요한가? 등등)를 다루어 가면서 '선거대응과 투표행위를 통한 청년정치혁명'의 이정표를 차곡차곡 쌓아갈 것을 계획하고 있다.

||

오늘날 대한민국 청년들은 건국 이래 가장 열악한 생태계에 서식하고 있다고 해도 과언이 아니다. N포세대(연애, 결혼, 출산, 취업, 주택구입, 인간관계, 여가, 건강, 꿈, 희망 등 많은 것을 포기한 버림받은 세대라는 신조어)가 당연한 것처럼 여겨지고, 부의 대물림과 각종 기회의 불공정한 부모찬스, 구조적 소득양극화와 젠더갈등 등 사회, 경제적인 압박과 경쟁이 나날이 가중되고 있는 상황이다. 그 와중에 부동산의 관행적 불공정 사건 속출, 주택가격의 광기 어린 폭등, 비트코인 등 가상자산 시장에서의 투기성 거래까지 심리적 박탈감을 더하고 있는데 거기다가 2년 이상의 코로나바이러스 비상시국까지 겹쳤으니 설상가상이라 아니할 수 없다.

그런데 좀 이상하지 않은가?

기성세대, 기존정치세력, 법조인, 관료 등 기득권층이 적폐로 쌓여 있는 이 문제들을 해결해 줄 수 있을 거란 기대는 하지도 않으면서 내 문제를 수용적으로 받아들이거나 피해자로 남는다는 것이!

Political Action*이 필요한 이유이다.

청년의 미래가 보이지 않는 나라는 건강할 수 없다.

이제 시작일 뿐이다.

청년들이 시민정신으로 무장하여 기성정치를 접수하고,

낡은 여의도 정치문법을 폐기하는 그날까지!

청년의

청년에 의한

청년을 위한 정치가 뿌리내려

청년이 행복한 나라가 될 때까지!

'선거를 통한 청년정치혁명'은 계속 되어져야 한다.

---

* 〈Political Action〉 Michael Waltzer, 박수형 옮김, 후마니타스, 2021. 4. 5.
　〈운동은 이렇게-변화를 꿈꾸는 사람들을 위한 지침서〉

기성세대가 살아오며 만든 결과가 지금의 생태계라면 그 생태계에서 살아남기 위해 지금의 청년세대는 현재의 모습을 거쳐 또 어떤 모습으로 진화되어 가게 될까? 아마도 청년세대는 지금의 생태계에 적응하면서 또 다른 그들만의 새로운 역사를 만들어 나갈 것이다.

젊은 남녀가 만나서 연애하고, 취업하고, 결혼하고, 주거걱정 없이 아이 낳아 키우며, 인간답게 살아가는 나라! 신뢰하는 이웃과 함께 환경을 생각하며, 소박한 행복을 추구할 수 있는 나라! 젊은 세대가 각자의 미래를 계획하고, 공정한 성취를 꿈꿀 수 있는 나라!
그것이 기성세대가 젊은 세대에게 유산으로 물려 줄 '대한민국'이어야 한다.

Ⅲ

청년정치혁명 시리즈 제1권 〈20대 남자, 그들이 몰려 온다〉(2021.11. 18)에 이어, 곧 제2권 〈MZ세대라는 거짓말〉이 출간될 수 있었던 데에는 많은 분들의 도움과 지원이 있었다.

우선 본 시리즈를 기획할 수 있는 영감, 그리고 기회를 제공해 주신 〈원코리아 혁신포럼〉 공동대표 민상기 전 건국대 총장님께 마음 깊은 존경과 함께 감사의 말씀을 드리고 싶다.
1권 〈20대 남자, 그들이 몰려온다〉와 이 책의 원고를 모두 읽고, 전체적 틀은 물론 세밀한 부분까지 촘촘한 조언을 주신 포럼공동대표 황준성 전 숭실대 총장님의 열정적 관심과 과분한 격려도 큰 힘이 되었다. 포럼의 청년정책위원장 김진권 변호사님은 세부정책에 대한 자문과 더불어 재정적으로도 아낌없이 후원해 주셔서 감사를 표하지 않을 수 없다.

또한 물심양면 지원을 아끼지 않으신 김시곤 서울과학기술대학교 교수님, 1권 서평과 2권 추천 코멘트를 써주신 이한상 고려대학교 교수님, 동 서평을 친절하게도 포스팅해 준 셀럽 논객 진중권 작가님, 시리즈 전체에 대한 지지와 다양한 실질적 자원을 공급해 주신 팬클럽 회장 최미정 교수님, 격무로 바쁘신 와중에도 청년과 기성세대의 콜라보적 화합의 해법을 제시해 주신 원희룡 국민의힘 대선캠프 정책 총괄본부장님, 그리고 기성세대를 향해 고해성사와 같은 살신성인 코멘트를 아낌없이 날려주신 김용태 전 의원님께도 감사와 존경의 인사를 드리며 고맙다는 말씀을 꼭 전하고 싶다.
인쇄 직전 마감 시간까지 최선을 다해 서평을 써서 보내주신 이준석 국민의힘 대표님께도 깊은 감사를 드린다.

무엇보다 3개월 만에 두 권의 책을 연속해서 써내는 기염을 토한 앙팡테리블 "특급작가" 박민영님의 놀라운 역량과 정열에 경의를 표한다. 정치서적은 안 된다며 사래질 치는 풍토 속에서도 끝까지 외면하지 않고 손을 잡아준 출판계의 품격 있는 젠틀맨 엔터스코리아 양원근 대표와 오랜 관록의 도서출판 집사재 유창언 대표도 나의 예민하고 까다로운 요구를 모두 수용해 주어서 큰 은혜를 입었다. 새로운 임프린트 브랜드 "도서출판 미래세대"를 흔쾌히 맡아주신 이정기 대표에게도 고마움을 전한다.

또한 1권에 이어 2권까지 창의적인 디자인을 공급해서 세련미를 뽐내게 해준 김동광 북디자이너의 공헌을 꼭 짚고 싶다.

아들이 뒤늦게 벌이는 "세상을 향한 Political Action"을 사회봉사활동이라고 정확하게 정의해 주실 만큼 건강하신, 머지않아 100세에 이르는 부모님께서 베푸시는 사랑은 갚을 길이 없다. 한편 나이 먹고 뭐하는 짓이냐며 뜨악한 눈길로 쳐다 보아준 나의 아내 모니카도 내심 많은 응원을 했다는 걸 잘 안다. ^^

격려를 보내 준 모든 친구들에게도 땡큐!

지식자산 큐레이터 〈컨텐츠 클라우드〉

대표 문 병 길

기획자 소개

문 병 길

biz-id@naver.com
bgmoon@law-lin.com

현재

- 지식자산 큐레이터 〈컨텐츠 클라우드〉 대표
- 〈원코리아 혁신포럼〉 사무총장
- 〈법무법인 린〉 글로벌 R&BD 전문위원
- 시민단체 〈규제개혁 당당하게〉 활동가

학력

- 한국 고려대학교 사회학과 졸업 (문학사)
- 미국 Coppin State University 대학원 수학
  (Civics, Political Science & Criminal Justice)
- 한국 고려대학교 경영대학원 졸업 (경영학 석사)
- 영국 City, University of London, CASS School 수료

사회진출 후 36년간 4개국(한국, 미국, 영국, 호주)에 소득세와 사회보장세를 납부했고, 국내외 총 24번의 이사를 해가며 "노마드형 얼리어댑터" 비즈니스맨으로 살았다. 자본자유화 시대 해외투자 1세대 펀드매니저로 시작해서, 대일무역적자 개선을 위한 3조 원 규모 산업정책투자 프로젝트 PM, 국책기술연구소와 공동으로 진행한 자율주행자동차 핵심부품국산화 프로젝트의 R&BD 설계자 등을 거쳐, 가장 최근에는 호주 소재 Bio회사의 코로나19 치료제 신약개발 미FDA 승인 컨설팅에 이르기까지 약 100여 개에 달하는 매우 다양하고 트렌디한 프로젝트를 수행하였다. 국내/해외, 민/관, 기술/제조/건설/금융/서비스업, 대/중소/벤처기업 등 산업 전반의 범위와 수준을 망라하는 전방위적 와이드 스펙트러머 산업전략가이다.

현재는 대한민국 시민사회의 구성원으로서 권리와 의무에 충실한 삶을 꾸린다는 목표를 가지고, 다양한 경험을 통해 얻은 지식자산을 (모으고 전파하고 확장하고 제시하고 활용하는 큐레이팅!) 가치 있게 쓰기 위해 동분서주하며 협업 중이다.

포노사피엔스 시대에 손에 잡히는 '4차산업기술'이 낙후된 정치를 선도할 수밖에 없다는 인류시대사적 신념을 갖고 있으며 그 주역은 단군 이래 지식, 문화, 기술 수준의 최고점에 올라 있는 이 시대의 청년이어야 한다고 믿고 있다.

관련 활동으로 〈청년정치혁명 시리즈〉 프로젝트를 진행하고 있는데,

이는 주로 18세~30세의 청년층(현재 약 835만 명, 총유권자의 19% 수준)을 대상으로 한 정치소비문화 및 선거참여 행태 등의 조사를 기초로 청년 스스로 정치 세력화하는 방안을 도출하는 능동참여형 연구활동이다. 동시에 청년이 '의도적으로 드러내 보인 (intentional Manifest) 정치행위'로 '세상의 변화'를 이끌어 내는 자발적생활형 사회운동이다.

프로젝트의 최종 목표는 블록체인 기술 등으로 투명성이 보장되는 "디지털 집단지성 메타버스 플랫폼 정당"의 기본틀 제시로, 낡은 여의도 정치문법을 일거에 쇄신할 수 있는 저비용구조 정치패러다임으로 안착시키는 것이며 궁극적으로는 K-정치정당모델을 세계 전역에 수출함으로써 글로벌 스탠다드로 우뚝 세우는 것이다.

손바닥만 한 정원을 가꾸며 꼬박꼬박 돌아오는 사계절을 느끼고 있고, 그 안에서 새싹같이 귀한 '의제'와 바람처럼 다가오는 '아이디어'를 얻는 것이 취미이다. 성장한 두 자녀를 모두 독립시키고, 고교 1학년 때 만난 미국국적의 동갑내기 여친과 여전히 소꿉놀이하듯 고향 서울에서 노부부생활을 하고 있다. 진정 업그레이드된 디지털 노마드가 되어 지구를 훌훌 떠돌다가 그 마지막 도착지는 오로라가 신비로운 아이슬란드쯤이기를 꿈꾼다. 처절한 현실에 사는 이상주의자 (realistic idealist)이다.